本专著获西安石油大学优秀学术著作出版基金、西安石油大学油气资源经济管理研究中心资助

内外资控制行业价格变动
对中国物价水平的影响

毛毅 著

中国社会科学出版社

图书在版编目(CIP)数据

内外资控制行业价格变动对中国物价水平的影响/毛毅著 . —北京：中国社会
科学出版社，2020.5

ISBN 978 - 7 - 5203 - 6207 - 8

Ⅰ. ①内…　Ⅱ. ①毛…　Ⅲ. ①外资企业—物价调控—影响—
物价水平—研究—中国　Ⅳ. ①F726

中国版本图书馆 CIP 数据核字（2020）第 055037 号

出 版 人	赵剑英
责任编辑	刘　艳
责任校对	陈　晨
责任印制	戴　宽

出　　版	中国社会科学出版社
社　　址	北京鼓楼西大街甲 158 号
邮　　编	100720
网　　址	http://www.csspw.cn
发 行 部	010 - 84083685
门 市 部	010 - 84029450
经　　销	新华书店及其他书店

印　　刷	北京明恒达印务有限公司
装　　订	廊坊市广阳区广增装订厂
版　　次	2020 年 5 月第 1 版
印　　次	2020 年 5 月第 1 次印刷

开　　本	710 × 1000　1/16
印　　张	14
插　　页	2
字　　数	196 千字
定　　价	69.00 元

前　言

　　改革开放以来，随着中国经济崛起与国内投资环境的不断改善，中国吸引的外资数量不断增加，2012 年，UNCTAD 发布的《全球投资趋势监测》报告显示：中国继 2003 年之后再次超过美国成为全球最大的外国投资目的地。然而，由于长达 30 多年的鼓励引资，加上长期对外资的超国民待遇，致使外资对我国某些工业行业的市场占有率及控制程度急速上升。很多学者也将部分工业行业价格的上涨归因于外资对该行业的控制，也有部分学者持相反的观点，认为外资进入不仅没有形成行业垄断，相反还促进了市场竞争，而国有企业产生的行业垄断才是造成行业价格上涨进而促进国内物价总水平上涨的主要原因。那么，外资进入对中国工业行业价格变动究竟产生了何种影响？其影响机理又是如何？控制结构发生变化时会对中国工业行业价格变动产生何种影响？外资控制行业与内资控制行业的价格变动有何差异？外资控制行业与内资控制行业价格变动会对国内物价总水平变动产生何种影响？毫无疑问，对这些问题进行研究和解答，对于正确把握外资控制的行业价格变动效应、为中国因地制宜地设计相关的外资与反垄断政策具有重要的理论与现实意义。

　　本书首先从外资控制的角度，分析了外资进入对中国工业行业价格变动的影响机理与效应，在此基础上，从行业异质角度对控制结构变化与中国工业行业价格变动的关系进行实证分析，并比较了外资控制行业与内资控制行业价格变动的差异，最后分析了外资控制行业与内资控制行业价格变动对国内物价总水平变动的影响。本书的主要内容如下：

1

（1）构建了外资进入对工业行业价格变动影响机理及效应的理论框架。本书以 Melitz 和 Ottaviano（2008）模型为分析框架，构建了一个包含外资企业进入的两国一般均衡模型，进而分析了外资进入通过劳动生产率与垄断势力对工业行业价格变动的影响机理及效应，并利用中国工业行业的相关数据，对其影响机理及影响效应进行验证。研究发现，自 1999 年以来，外资进入促进了中国工业行业劳动生产率的提高，削弱了中国某些工业行业的垄断势力，从整体上降低了中国工业行业的价格和抑制了通货膨胀，从而提高了社会福利水平；分行业来看，外资进入对中国不同工业行业价格变动的影响效应存在着较大差异。这些发现不仅弥补了现有研究中较少考虑外资进入对价格变动影响机理的缺陷，还为外资进入对价格变动的影响研究提供了来自中国工业行业的经验证据。

（2）从行业异质角度分析了控制结构变化对中国工业行业价格变动的影响效应。本书将各行业内不同所有制企业的生产率及垄断势力差距作为行业异质的衡量指标，并通过扩展于津平和梁琦（2005）关于最优外资规模的数理模型，分析了行业异质、控制结构变化与中国工业行业价格变动的关系。研究发现，控制结构变化对中国工业行业价格变动有显著影响，其中外资控制力上升抑制中国工业行业价格上涨，而内资控制力上升促进中国工业行业价格上涨，并且相比私营控制力，国有控制力上升的促进作用更明显。此外，不同所有制企业的生产率及垄断势力差距变化会使控制结构变化对中国工业行业价格变动的影响效应产生显著变化。上述发现为中国工业行业价格变动的原因分析提供了另一种考察思路及经验证据。

（3）借助行业控制力的概念对行业控制、外资控制行业以及内资控制行业等概念进行界定，并采用该界定标准将中国的工业行业划分为外资控制行业与内资控制行业，在此基础上对两者的价格变动差异进行比较分析。研究发现，外资控制行业的年均价格上涨率比内资控制行业低 2.2%；将内资控制行业划分为国有控制行业和私营控制行业，外资控制行业的年均价格上涨率比国有控制行业、私营控制行业分别低 2.4%、

1.9％。这些发现弥补了国内外价格变动的影响因素研究中较少考虑控制主体的缺陷，从而为中国价格变动的理论分析提供了新的研究视角。

（4）通过对中国工业行业的分类，利用投入产出价格影响模型模拟了外资控制行业与内资控制行业价格变动对国内物价总水平变动的影响作用。另外，通过构造外资控制行业价格指数与内资控制行业价格指数，利用递归结构向量自回归模型及脉冲响应函数、方差分解方法研究了外资控制行业与内资控制行业价格变动对国内物价总水平变动的动态影响。研究发现，相比内资控制行业，外资控制行业价格上涨对国内物价总水平上涨的影响更明显，而且影响速度也更快。这些发现不仅有助于更深入地了解中国物价总水平变动的原因，同时可以为政府有关部门制定相关的反垄断政策提供理论参考。

目　　录

第一章 绪论

第一节 研究背景与问题提出

改革开放以来，随着中国经济崛起与国内投资环境的不断改善，中国吸引的外资数量不断增加，2012 年，UNCTAD 发布的《全球投资趋势监测》报告显示：中国继 2003 年之后再次超过美国成为全球最大的外国投资目的地。2013 年中国实际利用外资金额再创新高，达到 1175.86 亿美元，比 2012 年上涨了 5.25%，其中外资企业总计 56808 家，占规模以上工业企业数的 16.53%，工业总产值达到 5765.98 亿元，占规模以上工业企业总产值的 24.76%。实践表明，外资进入对于弥补国内投资不足、促进经济发展起到了重要作用。然而，我们也应清醒地看到，由于长达 30 多年的鼓励引资，加上长期对外资的超国民待遇，致使外资对我国某些行业的市场占有率及控制程度急速上升。

早在 2006 年，国务院研究发展中心的一份研究报告就指出，在中国已实行开放的 28 个主要行业中，其中 21 个行业的多数资产控制权都已被外资拥有，例如：在家电行业中的 18 家国家级定点企业已有 11 家与外商合资；玻璃行业中最大的五家企业都是合资企业；医药行业有 20% 的资产由外资占有。国家工商总局所做的一份调查显示，其中在电脑操作系统、软包装产品、感光材料、子午线轮胎、汽车制造、高速列车机车、快递、手机八个行业，外资已占据绝对控制地位，在轻工、医药、化工、机械、快递、电子等行业，外资企业的市场占有

1

率也已占据了 30% 以上的市场份额。北京交通大学产业安全研究中心 2009 年底发布的《2009 中国产业外资控制报告》称，2000 年后，外资对中国第二产业即工业制造业的市场控制程度稳步上升，平均控制率已接近三分之一，超过一般行业市场控制度的警戒线（30%）标准。从中国工业行业外资企业市场占有率的变化状况来看，外资企业市场占有率经历了先增大后减小的变化过程，外资企业的市场占有率由 1999 年的 25.72% 增长到 2004 年的 32.73%，达到顶峰，2004 年后外资企业市场占有率逐年下降，到 2013 年下降到 23.46%，但仍有部分工业行业的外资企业市场占有率居高不下，如计算机通信和其他电子设备制造业与汽车制造业，2013 年上述两个行业的外资企业市场占有率分别高达 71.918% 与 46.346%，另有六个工业行业的外资企业市场占有率也超过了一般行业市场控制的警戒线（30%），超过警戒线的行业占工业行业总数的近 1/4（见表 1-1）。

表 1-1　　　我国主要年份外资企业市场占有率情况　　　单位:%

	1999 年	2000 年	2005 年	2010 年	2011 年	2012 年	2013 年
工业行业	25.721	26.792	31.610	27.049	25.695	23.884	23.455
煤炭开采和洗选业	0.889	0.601	1.480	3.618	3.764	4.607	5.671
石油和天然气开采业	—	2.349	4.350	7.609	7.139	5.454	5.908
黑色金属矿采选业	0.645	0.720	2.054	2.203	2.723	2.907	2.794
有色金属矿采选业	1.145	0.832	5.165	7.052	2.367	2.383	2.244
非金属矿采选业	4.600	5.084	7.508	4.520	3.477	2.574	2.426
农副食品加工业	23.975	24.339	29.003	23.260	21.185	19.579	18.629
食品制造业	37.735	40.809	37.067	32.403	33.284	31.537	30.126
酒、饮料和精制茶制造业	27.655	29.735	36.140	31.792	30.400	27.077	25.897
烟草制品业	0.825	0.517	0.309	0.071	0.075	0.022	0.027
纺织业	21.286	21.159	25.188	21.012	20.499	17.161	16.804
纺织服装、服饰业	49.210	49.050	46.468	37.225	35.439	33.702	32.343
皮革、毛皮、羽毛及其制品和制鞋业	58.215	57.259	52.918	44.552	43.352	38.582	36.600

	1999 年	2000 年	2005 年	2010 年	2011 年	2012 年	2013 年
木材加工和木、竹、藤、棕、草制品业	32.650	32.765	23.344	11.840	10.537	9.173	8.569
家具制造业	42.849	45.962	55.405	32.834	29.564	27.082	26.347
造纸和纸制品业	28.266	31.518	35.705	30.538	28.336	27.027	26.471
印刷业和记录媒介的复制业	31.086	32.519	32.832	23.147	23.265	21.838	21.187
文教、工美体育和娱乐用品制造业	60.632	60.464	51.242	42.157	40.046	35.456	34.225
石油加工、炼焦和核燃料加工业	5.365	5.463	10.412	13.310	12.461	11.635	11.216
化学原料和化学制品制造业	18.844	21.092	25.748	26.150	25.966	23.397	22.898
医药制造业	21.771	22.478	24.056	26.547	24.521	23.395	22.103
化学纤维制造业	33.295	35.495	27.384	31.168	29.412	28.097	27.938
橡胶和塑料制品业	39.277	41.613	41.606	31.850	29.452	27.026	25.673
非金属矿物制品业	16.073	17.669	18.547	14.304	13.144	11.525	10.723
黑色金属冶炼和压延加工业	6.477	6.746	12.389	12.556	12.449	11.125	10.754
有色金属冶炼和压延加工业	13.166	13.523	14.994	13.742	12.984	11.341	11.069
金属制品业	35.532	39.274	36.896	25.435	24.543	20.351	19.239
通用设备制造业	20.747	21.898	28.445	23.140	22.788	26.206	25.177
专用设备制造业	14.356	16.053	25.733	25.393	22.960	20.849	19.814
汽车制造业	34.775	37.656	51.876	51.637	48.285	45.793	46.346
铁路、船舶、航空航天和其他运输设备制造业	19.312	17.508	21.085	26.032	24.639	20.526	18.473
电气机械和器材制造业	32.233	33.861	37.995	31.362	29.973	27.549	26.489
计算机通信和其他电子设备制造业	69.485	72.211	83.531	76.634	75.688	73.821	71.918
仪器仪表制造业	57.332	57.481	66.986	48.754	46.609	31.373	30.380
电力、热力生产和供应业	11.075	9.924	10.747	6.651	6.372	5.534	5.599
燃气生产和供应业	16.447	21.138	31.762	35.749	36.001	39.444	38.441
水的生产和供应业	2.935	2.308	9.729	18.131	19.548	16.935	16.152

注：表 1-1 以 2011 年的国民经济行业分类为标准。

天下没有免费的午餐，利用外资必定要以出让本国权益或未来利益作为代价。随着外资规模的日益扩大，外资引进的收益逐渐递减，与此同时风险却在不断增加（隆国强，2007）。国内外学术界近年来的一些研究也表明，外资进入可能会对东道国经济社会的发展产生负面影响，如对某些行业形成了垄断和控制，会导致行业产量减少，价格上升，并降低消费者的福利水平（石俊华，2009；李全根，2009；郭天宝和梁秉茹，2011）。很多学者也将我国部分行业的价格上涨归因于外资对该行业的控制，如商业地产（崔晶莉，2009）、食用油（李全根，2009）、汽车行业（李晓钟等，2014）、生产性服务业（索寒雪，2014）等。另有部分学者则持相反的观点，他们认为外资企业占有行业市场份额的扩大并不能简单地等同于外资垄断，也不会提高行业的整体价格。得出这一结论主要是基于两方面的原因：第一，同一行业内的外资企业之间也存在竞争，因此，不能通过简单地叠加将所有外资企业作为一个市场主体来进行判断；第二，市场集中是垄断的必要而非充分条件，也就是说，市场份额的集中不能直接等同于垄断，判断垄断的标准主要是看这个企业是否利用其优势地位限制竞争。此外，他们通过对外资并购境内企业的案例进行调查、分析得出，虽然有少数行业的确存在某一外资企业市场占有率较高的情况，但还没有一个在其所在的行业内形成垄断。而目前真正的行业垄断还较多出自于国有企业，因此，提出绝大多数行业应该继续加大开放步伐，允许并鼓励外资、民营企业进入，这样对中国的产业安全最有利，也会有效抑制近年来物价不断上涨的状况（王志乐，2010；张雪慧和林平，2014）。

基于上述现实背景，我们自然会提出如下问题：第一，外资进入对中国工业行业价格变动究竟产生何种影响[①]？其影响机理又是如何？第二，控制结构发生变化时会对中国工业行业价格变动产生何种影响？第

[①] 需要说明的是，由于农业部门以及服务业部分部门价格及外资企业市场占有率数据的缺失，因此，本书以中国工业各行业作为研究对象。

三，外资控制行业与内资控制行业的价格变动有何差异？第四，外资控制行业以及内资控制行业价格变动会对国内物价总水平变动产生何种影响？毫无疑问，对上述问题进行研究和解答，对于解读外资控制的行业价格变动效应、为中国因地制宜地设计相关的外资与反垄断政策具有重要的理论与现实意义。

第二节　研究意义

本书从外资控制的角度，首先分析了外资进入对中国工业行业价格变动的影响机理与效应，在此基础上从行业异质角度对控制结构变化与中国工业行业价格变动的关系进行实证分析，并比较了外资控制行业与内资控制行业价格变动的差异，最后分析了外资控制行业与内资控制行业价格变动对国内物价总水平变动的影响。本书的研究意义主要表现在以下两个方面：

一　理论意义

第一，结合外资企业市场占有率居高不下的现实背景，从理论上分析了外资进入对中国工业行业价格变动的影响机理。本书试图将外资进入通过劳动生产率与垄断势力影响中国工业价格变动的两种渠道纳入同一分析框架中，以便更加准确地刻画外资进入对中国工业行业价格变动的影响效应。本书采用的研究方法可以为理解外资进入的价格变动效应提供更全面的研究视角。

第二，鉴于我国工业各行业外资控制的差异，从理论上分析了控制结构变化对中国工业行业价格变动的影响，从而为中国工业行业价格的快速上涨提供了更充分的解释，并通过对外资控制行业与内资控制行业的识别，利用实证分析方法检验了外资控制行业与内资控制行业价格变动的差异，进一步丰富了现有外资控制与行业价格变动理论的研究内容。

第三，通过构造外资控制行业价格指数与内资控制行业价格指数，分析了外资控制行业与内资控制行业的价格变动对国内物价总水平变动的影响。本书的研究有助于全面而深刻地认识中国国内物价总水平变动的影响因素，并为理解中国工业行业外资控制以及物价总水平变动提供了一个更全面的视角。

二 现实意义

第一，有助于更深入地了解我国国内物价水平变动的原因。近年来，居高不下的外资企业占比对中国国内物价水平变动的影响已经成为一个热点问题。有学者认为，较高的外资企业占比已经使外资对部分工业行业形成垄断和控制，进而可能会导致行业产量减少，价格上升，并降低消费者的福利水平，因此，必须限制行业的外资进入从而降低外资企业占比；也有学者认为，较高的外资企业占比并没有对我国工业行业形成垄断，反而增加了工业行业的市场竞争程度，进而抑制物价的上涨。本书的研究，将帮助我们认识外资进入对中国工业行业价格变动的影响机理，这无疑有助于更深入地了解我国工业行业价格变动以及国内物价水平变动的原因。

第二，可以为政府设计相关的外资与反垄断政策提供决策参考。政府部门作为监管机构，制定相关政策引导并规范外资企业进入以及制止垄断行为是其重要职能。探讨外资进入对工业行业价格变动的影响效应以及外资控制行业与内资控制行业的价格变动差异，能够为政府监管部门制定相关的外资与反垄断政策提供借鉴与参考。

第三节　研究方法

本书主要采用规范分析与实证分析、定性分析与定量分析相结合的研究方法。外资控制行业与内资控制行业价格变动以及对国内物价总水平变动的影响不仅是一个理论问题，还是一个实践问题。本书在研究过程中除了采用规范分析方法之外，特别注重通过理论逻辑和经验实证的方法来论证本书提出的命题和观点。

本书采用的研究方法主要有：

（一）规范分析与实证分析相结合

规范分析是指从概念出发，经过判断和推理从而认识事物的本质和规律的思维方法，主要解决"应该是什么"的问题，规范研究的主要特点是在对研究对象进行研究之前，首先要确定相应的准则，然后依据这些准则来判断结论是否符合这些准则。而实证分析则是回答"是什么"和"能不能"的问题，着重对理论分析的结论进行经验支持检验。本书结合外资企业市场占有率居高不下的现实背景，从理论上分析了外资进入对中国工业行业价格变动的影响机理以及控制结构变化对中国工业价格变动的影响效应，主要是运用了逻辑分析及数理分析方法。另外，本书采用计量分析工具对理论分析的一系列假设进行了实证检验。最后，基于理论分析与实证检验的结论，本书就有效抑制国内物价总水平的过快上涨提出了规范性的政策建议。

（二）逻辑演绎与经验分析相结合

逻辑演绎是指从相关概念出发，经过判断与推理从而认识事物发展的本质，而经验分析是利用数据以证实逻辑演绎的分析结果。本书在建立数理模型的基础上，运用逻辑演绎分析方法深入分析了外资进入对中国工业行业价格变动的影响机理以及控制结构变化对中国工业行业价格变动的影响效应。基于1999—2012年36个工业行业的相关数据，分别就外资进入对中国工业行业价格变动的影响机理、控制结构变化对中国工业行业价格变动的影响效应，以及外资控制行业与内资控制行业的价格变动差异进行了经验分析。经验分析建立在逻辑演绎的基础上，从而有助于减少单纯经验分析的偶然性，并增强了研究的可靠性。

（三）比较分析方法

比较分析是按照一定的标准将具有不同性质的事物进行分类比较，并从中挖掘出事物的本质规律。本书在分析中主要在两部分运用了比较分析方法：一是对外资控制行业与内资控制行业价格变动差异的比较，二是外资控制行业与内资控制行业价格变动对国内物价总水平变动影响的比较。通过对不同情形的对比研究，形成相对全面的研究内容，在此基础上形成相应问题的分析依据，使得研究结论更具说服力。

第四节　基本概念界定

（一）行业控制

控制一词，来自希腊语，原意为掌舵术，包含了调节、操纵、掌控、管理、指挥、监督等多方面的含义，是由诺伯特·维纳（1948）首先提出的。控制在辞海中给出的含义有两种：①掌握住不使任意活动或越出范围；②使处于自己的占有、管理或影响之下。郝云宏（1999）认为"控制"是一个"相对"概念，它所注重的是控制力，因而更接近于相对优势，既与自身的实力有关，更与竞争对手的实力及组合有关。然而，虽有部分学者认为中国的部分行业已被国外资本控制（张宗斌，1999；石俊华，2009），但对"行业控制"概念的明确界定却从未涉及。对"行业控制力"的概念，我国学者李孟刚在《产业安全理论研究》中对其进行了严格界定：行业控制力是指外资或内资对东道国行业的控制能力，以及对东道国行业控制能力的削弱能力和由此影响行业安全的程度。因此，本书借助行业控制力的概念来界定"行业控制"，即某一投资主体对东道国行业呈现出控制能力高过其余投资主体的特征，具体而言，如果该投资主体对东道国某一行业的控制力大于其余投资主体的控制力，则称该投资主体对东道国某一行业控制或东道国某一行业被该投资主体控制。

（二）外资控制行业与内资控制行业

我国在经济转轨过程中投资主体类型极其复杂，在划分标准上也各不相同，最为简单的划分是按照经济类型不同，分为国有投资、私营投资和外商投资三种类型（郝大明，2006；郑群峰，2010）。其中国有投资主要是指国有控股企业依照中华人民共和国法律的规定，在中华人民共和国境内进行直接投资；私营投资是指私营公司、私营企业、自然人依照中华人民共和国法律的规定，在中华人民共和国境内进行直接投资；

外商投资是指外国的公司、企业、其他经济组织或者个人依照中华人民共和国法律的规定，在中华人民共和国境内进行直接投资。因此，根据行业控制的概念，对外资控制行业与内资控制行业的概念界定如下：如果外资对东道国某一行业的控制力大于该行业的国有控制力与私营控制力，则称该行业为外资控制行业；内资控制行业包括国有控制行业与私营控制行业两部分，其中国有控制行业为国有控制力大于私营控制力与外资控制力的行业，私营控制行业为私营控制力大于国有控制力与外资控制力的行业。

第五节 研究内容与研究框架

一 研究内容

本书以价格理论、产业组织理论、宏观经济学、管制经济学等为依据，在对相关文献和中国工业行业外资进入程度及价格变动的现状进行梳理和描述的基础上，建立了外资进入与价格变动的理论分析框架，以此框架分析了外资进入对中国工业行业价格变动的影响机理及效应，在此基础上从行业异质角度对控制结构变化与中国工业行业价格变动的关系进行实证分析，随后通过对外资控制行业及内资控制行业的识别，比较了两者的价格变动差异，最后研究了外资控制行业及内资控制行业价格变动对国内物价总水平变动的影响。本书共八章，从整体框架来看，可概括为"问题提出—现状分析—理论分析—实证检验—研究总结"的逻辑关系。本书各章的内容安排如下：

第一章为绪论。主要是对本书研究背景、研究意义、基本概念、研究内容、研究方法及技术路线等内容的阐述。

第二章为文献综述。本章对与本书主题相关的文献进行了概括与总结，具体来说，主要对以下四个方面的文献进行了梳理：①价格变动的影响因素研究；②行业控制力的相关研究；③国外投资对中国价格变动的影响研究；④国内投资对中国价格变动的影响研究。对现有文献进行了简要评述，分析了现有文献的贡献，揭示了现有文献的局限性。

第三章为现状描述。本章通过对外资控制行业及内资控制行业的识别，首先对外资控制行业及内资控制行业的变化进行描述，随后通过构造外资控制行业价格指数及内资控制行业价格指数，对外资控制行业及内资控制行业的价格变动差异进行分析比较。

第四章构建了外资进入对工业行业价格变动影响机理及效应的理论框架。本章通过构建包含外资企业进入的两国一般均衡模型，分析了外资进入通过劳动生产率与垄断势力进而对工业行业价格变动的影响机理及效应。并利用1999—2012年36个工业行业的相关数据，运用单方程模型及联立方程模型就外资进入对劳动生产率与垄断势力的影响以及通过劳动生产率与垄断势力对中国工业行业价格变动的影响展开了实证研究。

第五章在第四章的基础上从行业异质角度分析了控制结构变化对中国工业行业价格变动的影响效应。本章将各行业内不同所有制企业的生产率及垄断势力差距作为行业异质的衡量指标，通过构建理论模型对行业异质、控制结构变化与工业行业价格变动的关系进行分析，并利用1999—2012年中国36个工业行业的相关数据展开了实证研究。

第六章为外资控制行业与内资控制行业价格变动差异的实证研究。本章在前文现状分析的基础上，运用Heckman样本选择模型对外资控制行业与内资控制行业价格变动差异以及影响因素展开进一步的实证研究。

第七章为外资控制行业与内资控制行业价格变动对国内物价总水平变动影响的实证研究。本章分别运用投入产出价格影响模型和递归结构向量自回归模型及脉冲响应函数、方差分解方法，对外资控制行业与内资控制行业价格变动对国内物价总水平变动的影响效应进行了实证研究。

第八章为结论与展望。本章首先对本书的主要研究结论进行了归纳总结，然后根据前文理论分析与实证研究结果，并结合我国外资控制及国内物价总水平变动实际情况，较为系统地提出了抑制中国物价总水平快速上涨的相关政策建议，随后分析了本书研究的不足，并对未来进一步的研究方向进行了展望。

二 研究框架

本书的研究框架如图 1-1 所示：

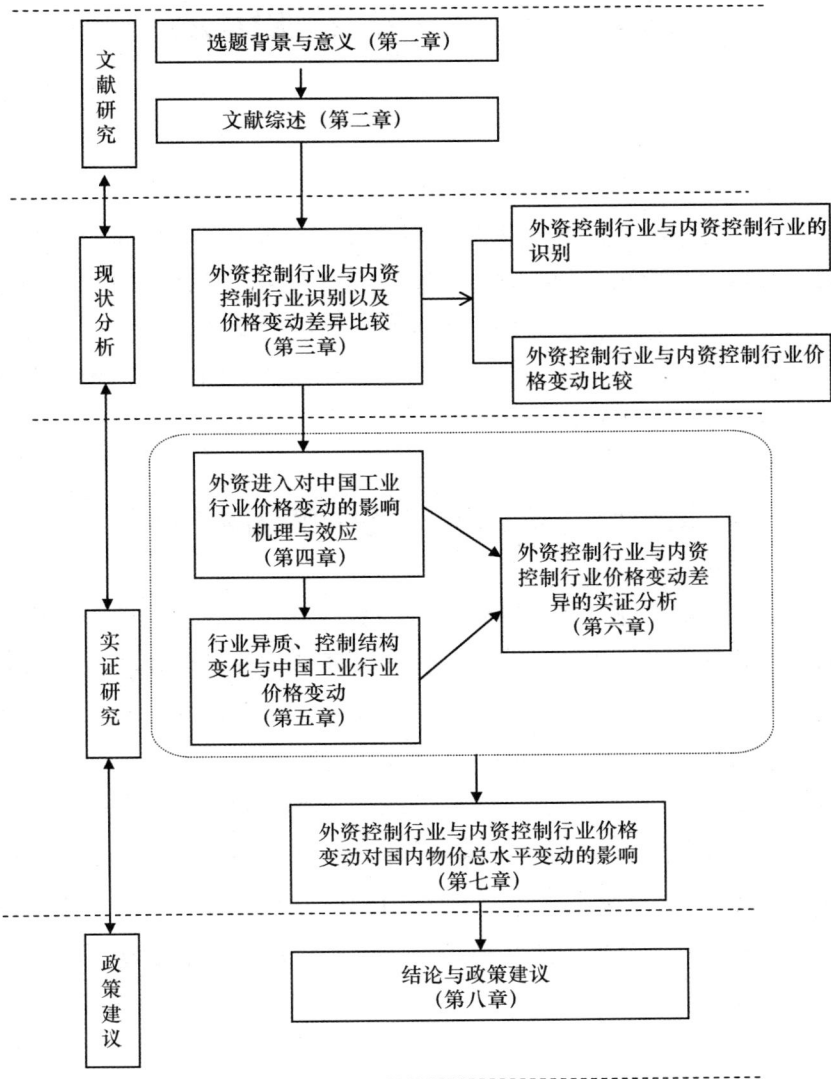

图 1-1 研究框架

第二章　相关文献综述

　　梳理和总结相关研究成果的贡献与不足，是展开本书研究的起点。本章对与本书主题相关的文献进行了总结与分析，具体来说，主要对以下四个方面的文献进行了梳理：①价格变动的影响因素研究；②行业控制力的相关研究；③国外投资对中国价格变动的影响研究；④国内投资对中国价格变动的影响研究。

第一节　价格变动的影响因素研究

　　价格变动是市场经济运行的一项重要特征，因此，找出影响价格变动的因素是学术界的研究重点之一，国内外学者就价格变动的影响因素研究已有多年历史，取得了丰富的研究成果，其中较有影响力的文献有Fisher（1911）、Keynes（1936）、Phillips（1958）、Friedman（1968）、Lucas（1976）、Okun（1978）、Dornbusch（1987）、Branson 和 Marston（1989）、Corbo 和 Mcneilis（1989）、钱宥妮（2005）、范志勇（2008）、周其仁（2010）、欧阳志刚和潜力（2015）。从现有文献来看，价格变动的影响因素研究主要集中于货币供给、需求拉动、成本推动、外部市场传递四个方面。

一　货币供给与价格变动

　　早期有关价格变动影响因素的研究文献主要集中在货币供给上。

1911 年，耶鲁大学教授 Fisher 在出版的《货币的购买力》一书中提出了"现金交易方程式"，该方程描述了货币供应量、货币流通速度、社会交易量与平均物价水平之间的相互关系，方程式为：$PT = MV$，即社会交易量 T 与平均物价水平 P 的乘积等于货币供应量 M 与货币流通速度 V 的乘积。为了使平均物价水平 P 能被表达为关于货币供给量 M 的函数形式，方程做出了两个假定，第一是假定社会交易量 T 在短期内不发生变化，处于均衡值水平，第二是假定货币流通速度在短期内是一个相对固定的常数，因此，现金交易方程式改写为：$P = M \overline{V/T}$，该式说明平均物价水平 P 取决于货币供应量 M，并与货币供应量同比例变动。货币主义学派的代表人物 Friedman（1968）研究了美国货币供应量与价格总水平变动之间的关系，发现美国的货币供应量对美国价格总水平的上涨具有重要影响，因此认为所有的价格上涨本质上都是一种货币现象，大幅的价格上涨一定是货币供给增长率太高导致的，并提出为了抑制价格的快速上涨，在政策实践上应实行单一规则的货币政策，货币供给应每年按一定的比例增长，并且与实际的国内生产总值要保持一致。Lucas（1976）从理性预期的角度对货币供给增加的经济效应进行分析，认为货币供应增加只会对价格、工资等名义变量起作用，而不会影响产量、就业等实际经济变量。随后，学者们就货币供给对一国或者多国价格变动的影响做了大量的实证研究，Friedman and Kuttner（1992）、Brouwer and Ericsson（1998）、Taylor and Spriggs（1989）、Nikolic（2000）、Horvath 等（2011）对美国、澳大利亚、加拿大、俄罗斯以及中欧等发达国家与地区，Edwards（1984）、Darrat（1987）、Biswas and Saunders（1990）、Beltas and Jones（1993）、Qayyum（2006）、Budina 等（2006）、Bonato（2007）、Ibrahim and Shah（2012）、Togay and Kose（2013）、Moriyama and Naseer（2009）对哥伦比亚、北非、印度、阿尔及利亚、巴基斯坦、罗马尼亚、伊朗、马来西亚、阿根廷以及苏丹等发展中国家与地区，得出的结论基本一致：货币因素始终是解释该国或该地区价格变动的关键因素。国内方面，多数学者也认为中国的物价上涨主要是由经济中货币供应量的增加引起的（杨辉建，2004；杨丽萍等，2008；任立民，2008；杨继生，2009；吴剑飞和方勇，2010；孔丹凤，2012；田涛，2013；王飞，2015；许志伟等，2015），周其仁（2010）也始终强调中国价格的上涨归根结底是一种货币现象。但在中国出现的货币迷失之谜，也引发了部分学者对货币供给导致价格上升这一观点的质疑，郭琪（2011）、殷波（2012）、费兆奇（2012）、马龙和刘澜飚（2012）的研究均发现货币量与中国价格上涨的关系不显著，货币扩张并不是中国价格上涨的最主要原因。刘霖和靳云汇（2005）认为货币供应增长率导致货币流通速度逐年降低，大量的货币增量被经济消耗，因此，货币供应增长率提高并不一定导致中国物价上涨。

二　需求拉动与价格变动

需求拉动导致价格变动的理论基础是凯恩斯主义及其衍生出的菲利普斯曲线模型，该理论的主要思想是总需求的过度扩展，无论是来自于消费需求、投资需求，还是来自于国外的需求都会引发价格的上涨。Keynes（1936）在其著作《就业、利息和通论》中提出，总需求的增大才是影响价格上涨的最重要因素，而货币供给数量的增加只有在达到充分就业水平时才能导致物价水平上涨。菲利普斯曲线模型是需求拉动的凯恩斯主义的衍生和发展，Phillips（1958）提出了一条用以表示失业率和货币工资变动率之间方向变动关系的曲线，菲利普斯曲线提出后立刻引发了经济学者的关注。Samuelson and Solow（1960）采用通货膨胀率修正了菲利普斯曲线，并得到总需求的变化是造成经济周期性波动进而引起通货膨胀的根本原因。Friedman（1977）在菲利普斯曲线模型中引入了自然失业率的概念，认为通货膨胀是由实际失业率与自然失业率的差（失业缺口）决定，由于自然失业率难以衡量，Okun（1978）采用实际产出与潜在产出之间的差距——产出缺口，来替换实际失业率与自然失业率差距表示的失业缺口。至此，学者们开始利用产出缺口作为过量需求的衡量指标来研究需求拉动与价格变动的关系，以及菲利普斯曲线在各国的适用性，Coe and McDermott（1997）、Claus（2000）、Bolt and Van（2000）、Mehra（2004）、Bjornland 等（2008）、Michaelides and Milios（2009）、Katria 等（2011）对亚洲、新西兰、欧盟、美国、挪威、俄罗斯、南盟等国家与地区，得出的结论基本一致：产出缺口对该国或该地区价格的上涨具有明显的促进作用。国内方面，多数学者也认为产出缺口是中国物价上涨的重要影响因素。吴敬琏（1988）认为我国的价格上涨属于典型的需求拉动型，因为宏观经济中出现了总需求超过总供给的状况。余永定（2007）认为，次贷危机后中国价格发生大幅度上涨的最根本原因在于人民币被严重低估导致的国际市场的产出缺口，因此，我国近期的价格上涨是由外部需求扩展所拉动的。实证方面，多数学者也得出产出缺口是中国物价上涨的重要影响因素（刘金全和谢卫东，2003；王煜，2005；郭雄和李亚琼，2006；陈丹丹和任保平，2008；郭鹏辉和钱争鸣，2009；黄桂田和赵留彦，2010；中国人民银行营业管理部课题组等，2011；石林松等，2012；周嘉和余升国，2012；张明和谢家智，2012；刘辉，2013）。但从 20 世纪末开始显现的严重产能过剩与价格过快上涨的并存现象（田娟和王鹏飞，2008；罗毅丹和徐俊武，2010；崔建军和王利辉，2015），也引发了部分学者对菲利普斯曲线在中国是否适用的质疑，陈学彬（1996）发现菲利普斯曲线对我国的解释力较弱。钱宥妮（2005）利用产出缺口和通货膨胀率的滞后值作为解释变量对通货膨胀率进行回归，结果发现在我国菲利普斯曲线在长期内是不成立的。谢太峰和王子博（2008）的实证结果表明经济中出现正的产出缺口，只能说存在价格上涨的压力，但并不一定会出现价格上涨的事实。

三 成本推动与价格变动

20 世纪 50 年代后期，一些资本主义国家出现了"滞胀"现象，"货币供给""需求拉动"等理论显然难以对其进行解释，因此，部分学者抛弃了从需求角度对物价上涨的分析框架，开始从供给角度分析成本提高对物价水平上升的重要作用（范志勇，2010）。这些学者认为物价变动的根源在于社会总供给的变化，在产品和劳动力需求不变的状况下，供给方面造成生产成本的大幅增加从而使产能下降，并最终导致物价水平上升。供给方面造成生产成本大幅增加又可以进一步根据来源区分为工资成本上升和垄断利润上升两方面，工资成本上升对价格变动的影响途径可以概括为：工资上升—企业利润下降—企业提高产品价格—物价总水平上升，垄断利润上升对价格变动的影响途径可以概括为：垄断利润上升（垄断产品价格提高）—利用该产品作为原材料的成本上升—物价总水平上升（Kibritcioglu，2001；马龙，2012）。国外学者针对不同国家与地区的成本推动与价格变动关系进行了大量的实证研究，Holzman（1960）、Fountas 等（1999）、Akinboade and Niedermeier（2002）、Zanetti（2007）、Piovarciova（2009）、Malesevic（2009）、Dunstan 等（2009）、Kumar 等（2012）、Mohammadi（2014）对美国、爱尔兰、南非、瑞士、斯洛文尼亚、克罗地亚、新西兰、澳大利亚、伊朗等国家，均得出成本增加对该国价格的上涨具有明显的推动作用。也有少数学者发现成本增加对价格上涨的推动作用不明显，如 Gordon and Hall（1985）、Mehra（1991）均发现工资增长仅仅对美国价格的上涨存在非常微弱的推动关系。Mills and Wood（2002）发现工资增长不能直接用于预测英国价格水平的变动。国内关于成本上升对价格变动的影响研究数量相对较少，并且存在两种不同结论。一是成本上升对价格变动的影响作用明显。金重仁（1987）发现当国有经济在国民经济中占主导地位时，为了保证国有企业盈利增长，成本上涨向产品价格上涨的传导作用明显。樊纲（1995）分析了上、下游产业之间的价格传导机制，认为中国 1994 年较高的消费物价涨幅存在成本推动现象。杨春雷（2008）认为工资水平对中国价格变动具有显著影响，并且影响程度在 1991—2006 年经历了先上升后下降的变动过程。王轶君（2011）、彭方平等（2012）、龙少波等（2014）的实证研究均发现工资成本的上升是导致我国价格上涨的重要原因之一。二是成本上升对价格变动的影响作用不明显。胡小平等

（1994）、吕江林（1995）均指出产品市场的供需状况会对成本推动价格上涨的作用造成影响，特别是在供给大于需求时成本上升对价格上涨的传导渠道是不畅通的。范志勇（2008）发现 2000—2007 年超额工资并非是导致中国价格上涨的主要因素，也未发现中国在这一时期存在工资和价格螺旋上升的循环机制。

四　外部市场传递与价格变动

外部市场传递导致的价格变动包括由汇率传递引起的国内价格变动和由贸易伙伴国价格变化引起的国内价格变动两种情况。汇率传递引起的国内价格变动是指汇率的升值或贬值对国内价格变动的影响，一方面汇率的升值或贬值会影响进口的商品成本进而影响国内价格，另一方面汇率的升值或贬值会通过影响净出口进而影响国内价格。贸易伙伴国价格变化引起的国内价格变动是指贸易伙伴国价格变化对国内价格变动的影响，一方面贸易伙伴国价格变化会导致该国出口变化，从而影响该国的出口需求，另一方面会改变本国居民对国外进口商品的消费，从而影响本国居民对本国商品的需求，引起社会总需求的变化，进而影响国内价格变动（朱映凤，2011）。20 世纪 70 年代后，随着经济全球化进程加速，大量文献开始关注外部市场传递对国内价格变动的影响。Dornbusch（1987）较早地利用市场集中度、进口渗透率以及国内外产品的同质性与替代性等变量分析了外部市场传递与国内价格波动之间的关系。Branson and Marston（1989）提供了造成国内价格上涨的更详尽检验，指出净出口将提高国内居民收入，且国内居民收入的增加将直接带来更多的进口需求、更多的消费及储蓄，从而推高价格，如果需求的增加发挥了作用并溢出到不同的产业部门，则国内的价格总水平将上升。Corbo and Mcneilis（1989）发现随着一国经济开放程度的不断提高以及贸易壁垒的不断下降，该国的工业品就会不断地变为贸易品，从而影响该国的价格水平。随后，学者们针对不同国家及地区外部市场传递与价格变动的关系进行了大量的实证研究。Feinberg（1986）、Bailliu and Fujii（2004）、

Ito 等（2005）、Ihrig 等（2006）、Mumtaz 等（2006）、Marazzi and Sheets（2007）、Khundrakpam（2007）、Oyinlola（2010）对德国、11 个工业化国家和地区、东亚、G7、英国、美国、印度、尼日利亚等国家和地区的研究均支持外部市场传递是国内价格变动的重要影响因素。随着对外开放程度的不断提高，国内学者对外部市场传递与中国价格变动关系的研究文献也不断涌现，这些文献采用不同时期、不同方法对外部市场传递与中国价格变动的关系进行了分析和检验，存在着两种观点，一是外部市场传递对中国价格变动存在显著的影响（屈新英，2007；孙丹和何俊芳，2009；王宇雯，2011；胡援成和张朝洋，2012；高伟刚，2014；欧阳志刚和潜力，2015）。二是外部市场传递对中国价格变动并未造成很大的冲击（陈克新，2003；左小蕾，2008；邓永亮，2010，陈菁泉，2013；张素芹，2013）。

还有一些文献，同时从多个因素对价格变动的影响进行检验，并对各因素对价格变动影响的相对重要程度进行比较。例如，傅强等（2011）研究了 1995—2010 年中国价格上涨的主要因素，结果发现货币供给增多对价格上涨的影响最大，需求拉动次之，成本推动排第三，外部市场传递的影响最小。张延群（2012）从超额工资、过剩流动性和进口价格三个方面对中国价格上涨的来源进行量化分析，结果表明，超额工资是 2011 年价格上涨的主要原因之一。张伟进和方振瑞（2014）构建了一个开放经济体系动态随机一般均衡（DSGE）模型，并对 1997—2013 年中国季度数据进行贝叶斯估计，研究结果发现，影响中国价格变动的因素按重要程度依次为生产技术冲击、货币政策冲击及国外价格冲击。卢颖超（2015）发现需求冲击对中国价格上涨的影响最大，其次为国际输入冲击，总供给冲击最小。

第二节　行业控制力的相关研究

在发达的市场经济国家，国有经济及外资经济的占比较小，国外学者就这一问题的研究成果也比较少，因此，这一研究的国际借鉴相对缺乏。国内方面，由于近年来国有经济占比的不断下降以及外资企业的不断进入，国内学者就国有经济行业控制力与外资经济行业控制力的测算方法及具体结果进行了大量研究。

一 国有经济行业控制力的相关研究

周学文（1999）认为国有经济控制力既需要考察"量"，还必须兼顾"质"，并提出利用国有经济成分控制的企业的经济总量占相应的国民经济总量的比例，表示国有经济控制力的"量"的指标，通过对国民经济中部分关键行业的横向对比，衡量国有经济控制力"质"的方面。李崇新（2001）提出可以利用每单位国有资本所能支配的非公有制经济资本来衡量国有经济的控制力。国家统计局课题组（2001）将控制力划分为调节、保障能力以及经济活力两部分，其中前者基于国有经济比重指标，后者基于国有经济的发展速度与全行业发展速度的差距，并将两者的乘积定义为国有经济的控制力系数，再将各行业的国有经济控制力系数进行加权平均，得出国有经济的整体控制力系数，并利用此方法，对我国工业行业的国有控制力水平进行了测算，具体结果为：1999 年我国国有经济的控制力系数为 0.611，其中，调节与保障系数为 0.6170、活力系数为 0.9902，表明国有经济基本控制了我国整个工业行业，分行业来看，我国 196 个工业行业中有 18 个被国有经济垄断，有 38 个工业行业国有经济居于主体地位，但面临非国有经济的严峻挑战，其余工业行业的国有经济处于非控制地位，但竞争力较强，调整重组后的发展前景比较乐观。杨宽宽等（2003）利用国有控制企业的单位个数、从业人员数、营业收入所占比重对国有经济控制力进行衡量，结果发现国有经济在一些重要行业和国民经济关键领域仍牢牢占据主导地位，此外，国有经济的控制力还表现出明显的地区性差异，其中东部沿海地区国有经济的控制力明显低于内地，但对当地经济仍具有较强的控制能力。徐国祥和苏月中（2003）利用各行业国有经济单位的从业人员总数、国家资本总额、总生产经营用固定资产净值以及总营业收入所占比重的等权重平均数，测算了上海市各行业国有经济的控制力，结果表明，上海市的国有经济仍处于绝对控制地位，但随着非国有经济的发展，国有经济的绝对控制地位将面临极大的挑战。金碚和黄群慧（2005）综合利用国有资本占比和产业集中度，以确定国有经济在不同行业的相对强弱。王江等（2009）通过等权重法将国有经济单位工业增加值、资产总计、所有者权益、主营业务收入、利润总额合成为一个综合指标，测度了工业各行业的国有经济控制力，结果显示煤炭开采和洗选业，石油和天然气开采业，烟草制品业，石油加工、炼焦及核燃料加工业，黑色金属冶炼及压延加工业，交通运输设备制造业，电力、热力的生产和供应业，燃气生产和供应业，水的生产和供应业九个行业的国有经济控制力大于50%，其余工业行业均小于50%。盛毅（2010）认为国有经济的控制力是相关行业市场结构变化的重要影响因素，因此在实证中利用行业集中度指标对我国各行业的国有企业经济控制力进行了评估，分析结果表明：关系国家安全和国民经济命脉需要绝对控制的行业（包括军工、电网电力、石油石化、电信、煤炭、航空运输、航运等行业），除公路运输业外，国有经济均在行业中处于绝对控制地位，需要有较强控制力的行业（包括装备制造、汽车、电子信息、建筑、钢铁、有色金属、化工、勘察设计、科技等行业），国有经济对行业均有一定的控制能力，并且仍存在控制力过强的特点。周耀东和余晖（2012）将国有企业从业人员、总产值、销售收入和资产净额占全部企业的比例进行等权重平均，计算出综合国有企业控制力指标，结果显示我国国有资本控制力最强的行业包括烟草、石油和天然气开采、电力、水、煤炭开采、石油加工和燃气七个行业，国有资本强控制行业包括黑色金属冶炼、交通运输设备、有色金属开采和有色金属冶炼等重型工业部门，大量的机械设备制造业、轻工业、电子电器以及医药等工业则属于一般控制或弱控制行业。赵华荃（2012）运用注册资本对公有制主体地位进行了量化分析，结果发现，1979—2003年，以公有制为主体、多种所有制经济共同发展的格局基本形成，2003 年后，由于非公有制经济的增长速度远远超过公有制经济，以致目前我国公有制的主体地位开始动摇。李钢和何然（2014）使用就业人口、资产总额、总产值、主营业务收入四个指标来测算国有企业的控制力系数，指标之间的权重利用上市公司的数据进行回归取得，结果表明：从总体上看，1996—2011 年，我国国有企业的控制力下降明显，说明"国进民退"在这一时期内是不成立的，分行业来看，国有企业在基础性、资本密集、发展迅速的行业占比较高，大型国有企业取得了很多行业的领导地位，并且领导地位不断加强，该结果也说明单纯利用国有企业占比无法对国有企业控制力进行准确度量。裴长洪（2014）以不同生产资料所有制的经营性资产价值量作为衡量主次地位的边界标准，对我国第一、第二与第三产业的公有制与非公有制的资产规模进行了估算，结果发现我国公有制资产仍占主体，但公有制经济贡献占劣势。陈宗胜和高玉伟（2015）以所有者所占有的生产资料的规模作为判断所有制经济规模的测算标准，对 2013 年我国公有经济与非公有经济资产总量进行了估算，结果发现公有资产与非公有资产占我国全社会总资产的比重分别为 81% 和 19%，表明公有经济在我国全社会总资产中仍然占据绝对主体或绝对优势地位，对国民经济的绝对控制力没有发生根本性变化。

二　外资经济行业控制力的相关研究

李海舰（1997）从 FDI 角度提出的监测国家经济安全的指标包括市场占有率、品牌拥有率、技术控制率、外资控股率，并从以上四个方面监控了外资企业对我国国民经济的控制程度，结果发现，虽然从总体上看外资企业对我国国民经济的控制程度还不是很高，但外资企业已对部分行业的安全产生威胁。何维达和何昌（2002）提出的外资产业控制力评价体系包括外资市场控制率、外资品牌拥有率、外资股权控制率、外资技术控制率、外资经营决策权控制率、某个重要企业受外资控制情况、受控制企业外资国别集中度七个指标，并利用该评价体系对我国主要行业的外资控制力进行评价。李孟刚（2006）利用外资股权控制率对我国1998—2003年主要产业的外资控制力进行评价，结果发现，农林牧渔业的外资控制力较低，平均值仅为24%，并且变动平稳；由于我国制造业在劳动力成本、资源成本及技术成本等方面具有一定的比较优势，制造业也一直以来是外商投资的主要对象，从而造成外资控制力一直维持在高位，并且外资控制力的变化幅度不大；第三产业中一些行业的外资控制力虽然不高，但从这些行业的外资进入变化过程来看，诸如金融保险业、交通运输仓储和邮电通信业及科学研究和综合技术服务业等行业逐渐成为外商投资的新热点，所以可以预期在将来的一段时间内第三产业的外资控制力将会有所提高。王水平（2010）从市场控制力、股权控制力、外资来源国集中程度、主流业态被外资控制程度四个方面对我国零售业的外资控制进行了实证测评，结果表明，由于受到外商投资不断扩张的影响，我国零售业的自主控制力逐渐减弱，零售业的安全水平已接近"基本安全"的临界线。卜伟（2011）利用1998—2008年的相关统计数据，选取外资市场控制率、外资股权控制率、外资技术控制率和主要企业受外资控制率四个指标，从产业控制力角度考察了我国装备制造业的产业安全问题。马松林（2012）分析了2001—2010年我国农副食品加工业的外资控制情况，分析发现，我国农副食品加工业的外资市场控制率、股权控制率、资产控制率的变动均以2004年、2005年为拐点，呈现出先上升后下降的变化趋势，从外资控制的区域分布看，农副食品加工业外资控制较高的地域主要集中于上海、天津、广东等沿海地区，由于粮食进口与农副食品加工业外资控制的高相关性，上述地区的外资对粮食进口也存在着一定的控制力。黄建康等（2013）利用外资市场控制度、外资股权控制度、外资技术控制度、外资总资产控制度和外资固定资产控制度五个指标，对我国食品制造业的外资控制情况进行了实证分析，发现从总体上看，外资对我国食品制造业还没有形成实质性的威胁，但外资对我国整个食品制造业的控制已高于外资控制的警戒线，若不加以合理的引导，未来可能对食品制造业的安全以及持续发展造成威胁。李泳（2014）分析了外资控制对东道国农业生产的影响机理与效应，在此基础上，通过构建外资控制力的评价指标体系，对我国玉米行业的外资控制力进行了测算，测算结果显示，外资从总体上看还没有形成对我国玉米价格的完全掌控，但在玉米收购价格以及质量标准等方面，在一些地区已经具有一定程度的话语权。

第三节　国外投资对中国价格变动的影响研究

学者们对国外投资与中国价格变动的关系研究开始于20世纪90年代中期，早期（1995—2000年）主要是结合当期价格变动的现实情况来研究两者的关系，近年来（2005年以后）则通常将中国价格变动分为若干阶段来考察。关于国外投资对中国价格变动的影响效应，学者们主要存在三种观点，第一种观点认为国外投资提高了中国的价格水平，这一观点也在学术界占据主流地位。如早期的孙婉洁和臧旭恒（1995）、陶士贵（1995）以及张礼卿（1998）都认为外资进入对1993—1994年中国的价格上涨起到了推动作用。陈德泉等（1997）也认为外资进入通过对货币供应量及国际通货膨胀传导等多渠道对国内价格总水平的上涨产生促进作用。近期，黄新飞和舒元（2007）运用VAR模型，并采用国内的季度数据，实证发现外资进入每增长1个百分点将使中国价格总水平上涨0.24个百分点。彭小兵和张保帅（2009）依据Cobb-Douglas生产函数，构建了外资进入对中国价格变动的影响模型，并利用国内1986—2006年的月度数据进行实证检验，得出外资进入增长率与中国价格总水平上涨率之间存在明显的相关性。第二种观点认为国外投资对中国价格的变动没有影响，或者影响甚微。裴长洪（1995）认为1993—1994年外资主要流向国内生产性与实业性行业，生产性与实业性行业的外资流入对我国价格变动的影响不大，其余小部分进入诸如地产和证券交易等投机性行业，从而易于提高我国的价格水平，但进入这些行业的外资数量有限。袁晓军（2009）利用多变量VAR模型对我国价格变动的原因进行了实证研究，结果发现，财政政策是我国价格总水平变动的最主要原因，而外资进入规模对价格总水平变动的影响很有限，贡献率仅在4%左右。任碧云（2012）发现外资进入并非我国价格总水平变动的主要原因，而贸易收支和商品价格对我国价格总水平变动的解释力较强。刘军（2014）的实证分析表明，从整体上看，外资进入对中国价格总水平变动的影响不明显，但分行业而言，非服务部门的外资进入会抑制其价格的上涨，而服务部门的外资进入对价格总水平则表现为正向影响。第三种观点认为只有在一定条件下国外投资才对中国价格的变动发生作用。刘晓西（1995）认为外资进入对中国价格变动的影响取决于央行调控国内信贷应对国际储备的反应速度、外资进入对进口增量的影响程度以及我国汇率的灵活性等条件。李敏婕等（2009）研究发现，在理性投资条件下外资进入会带来价格总水平的小幅上涨，而在经济过度繁荣下，外资进入则会增加国内价格总水平大幅上涨的可能。

还有学者从市场结构的角度对外资进入对中国价格变动的可能影响途径进行了研究，如江小涓（2002）认为，外资进入国内市场带来的竞争效应使得国内企业比从前"表现得更好"，即国内企业通过技术变革缩小了与外资企业的差距，从而有利于提高国内企业的劳动生产率水平，并降低产品生产成本，最终降低国内价格。如果限制外资进入，缺乏竞争压力的中国企业就会失去创新的激励，从而将价格维持在高位。李孟刚（2006）则持相反的观点，他认为实力雄厚的跨国公司在中国大量投资，可能会成为具有很强市场势力的垄断厂商，如果形成垄断，就会抑制国内投资，阻碍新投资者进入，并且向消费者索取高价，产生垄断利润，从而导致国内物价总水平上升。

第四节　国内投资对中国价格变动的影响研究

学者们主要是从整个投资层面分析对中国价格变动的影响（阿思奇，1992；徐能毅，1997；张军，2004；乔海曙和王军华，2006；程贵，

2011），而从整个投资中将国外投资扣除，仅针对国内投资对中国价格变动的影响研究文献较少，仅有的文献也是在研究其他主题时关注了国内投资对中国价格变动的影响，如黄新飞和舒元（2007）、黄贵新（2010）均在研究外商直接投资对中国价格变动的影响机制时提出，外商直接投资会通过提高国内配套资金的需求以及引起利率水平的变化增加国内投资，从而使国内市场价格面临上涨的压力，实证检验也发现国内投资对中国价格的上涨具有促进作用。但很多学者分析了作为国内投资的重要组成部分——政府投资以及国有企业投资对中国价格变动的影响。关于政府投资对中国价格变动的影响文献有：李江（2011）针对当前中国地方政府投资过热与物价上涨过快并存这一经济现象，考察了财政分权体制下地方政府投资对中国价格变动的影响，结果显示，地方政府投资通过乘数效应拉动市场总需求，同时加强了对土地财政的依赖，两者共同作用推动了中国价格的上涨。李小龙和余宇新（2012）发现政府投资导致信贷规模扩张，从而增加了国内货币供给量，进而提高价格水平。程贵（2012）认为财政利益及官员晋升双重激励催生了地方政府投资冲动，而地方政府投资冲动在银行信贷资金的配合下实现了真实需求，进而引发价格上涨。匡大伟（2013）、戴雅芳（2014）的实证检验均发现地方政府投资推高了中国的价格水平。关于国有企业投资对中国价格变动的影响文献有：杨宏志和陈欣（1998）认为国有企业过度投资引发的低效率以及国有企业向非国有企业的收入攀比，会导致价格的结构性上涨。徐文昕（2008）认为由于国企预算软约束的存在，国有企业往往表现为过度投资，而相当多的国有企业通过银行借贷投资时，并没有考虑还本付息的能力，甚至本身就没有打算偿还，如果该结果出现则会造成在银行账面上反映为不良资产的累积，这时国家为了稳定银行体系，会对银行再注资，从而增加了货币供给，另外，国有企业过度投资也会导致在贷款资金的使用上效率低下，最终，在两者的共同作用下引起价格上涨。刘瑞宝（2008）从市场结构角度出发，分析了国有企业控制力对价格上涨的影响作用，结果发现，在国有企业对国民经济控制不断强化的前提下，国有企业会滥用其市场支配地位实施提价，从而引起全社会物价上涨。周天勇（2011）认为依靠大型国有企业发展对经济的拉动，是中国目前的主要战略，然而，相较民营企业及中小企业，其大规模投资往往需要更大的信贷规模，从而使货币供给规模大幅提升，当其与生产和消费资料不相匹配时，就会引发生产价格与消费价格的上涨。刘志国和范亚静（2012）认为国有企业领导人为了满足个人政绩追求而不计代价进行的大量投资建设，是中国高物价水平形成的重要因素。

第五节　简要评述

国内外学者就价格变动的影响因素、国有经济与外资经济行业控制力以及国外投资与国内投资对中国价格变动的影响进行了大量的研究，并取得了丰硕的成果。但也存在一定的不足，主要表现在以下几个方面：

第一，缺乏从行业层面分析外资进入与中国价格变动关系的文献。现有研究主要是从宏观层面研究外资进入与中国价格总水平变动的关系，实际上，我国不同行业之间的外资进入及价格变动存在明显的异质性，如果仅从宏观角度进行分析，就难以反映出不同行业之间外资进入对价格变动的影响差异，既如此，从行业层面研究外资进入对价格变动的影响机理及其效应不仅能弥补现有研究的不足，也更加切合实际。

第二，缺乏从理论和实证层面就外资进入对中国工业行业价格变动的影响机理及影响效应的分析。现有研究虽然从理论上分析了外资进入可能通过劳动生产率及垄断势力对价格变动产生影响，但分析过程中是将劳动生产率与垄断势力割裂开，而未将两者纳入一个统一框架进行综合分析，这样势必会使研究结果造成偏差。既如此，将劳动生产率与垄断势力纳入一个统一分析框架中，系统分析外资进入通过劳动生产率与垄断势力进而对中国工业行业价格变动的影响机理与效应是非常有必要的。

第三，缺乏从行业异质角度分析控制结构变化对中国工业行业价格变动的影响效应。现有研究主要集中于对我国所有制结构变化状况以及所有制结构变化与行业绩效或产出关系的研究（朱光华和陈国富，2001；刘小玄，2004；孙早和王文，2011；潘申彪和蒋贤品，2012），但鲜有文献就控制结构变化与行业价格变动的关系进行研究，此外，我国工业各行业内不同所有制企业的生产率及垄断势力差距存在显著差异（陈柳，2006；吴海兵和李丹，2012；张倩肖等，2014），而不同所有制企业的生产率及垄断势力差距又会对控制结构变化的价格变动效应产生影响（于津平和梁琦，2005；王玲和涂勤，2007；王争，2010）。因此，有必要将工业各行业内不同所有制企业的生产率及垄断势力差距作为行业异质的衡量指标，继而从行业异质角度分析控制结构变化对中国工业行业价格变动的影响效应。

第四，缺乏从行业控制主体的角度，对不同控制主体引发的价格变动差异进行分析比较的文献。到目前为止，国内外学者未对外资控制行业与内资控制行业进行明确界定，也未将中国的工业行业按是否由国外控制或国内控制进行分类，本书试图借鉴现有关于行业控制力的研究将中国的工业行业划分为外资控制行业与内资控制行业，在此基础上对两者的价格变动差异进行比较分析。

第五，未对外资控制行业以及内资控制行业价格变动对国内物价总水平变动进行实证分析。现有研究主要是基于某一单个行业，分析该行业价格变动对国内物价总水平变动的影响，缺乏从整体上对外资控制行业以及内资控制行业价格变动与国内物价总水平变动的关系研究。因此，只有在将中国工业行业划分为外资控制行业与内资控制行业的前提下，并对外资控制行业以及内资控制行业价格变动对国内物价总水平变动的影响效应进行分析比较，才能帮助政府有关部门制定出有针对性的、准确的关于外资与反垄断政策的改善措施。

第三章 外资控制行业与内资控制行业识别以及价格变动差异比较

自改革开放以来，随着中国经济崛起与国内投资环境的不断改善，我国各级政府也将吸引外资作为推动地区经济发展的一项核心工作。1993年，中国实际使用外资金额为389.6亿美元，已居世界第二位，仅次于美国。2015年第一季度，中国实际使用外资金额就已达到348.8亿美元，由此可见，我国外资进入的规模在近20年取得了长足发展，对弥补国内投资不足起到了重要的作用。然而，由于长达30多年的鼓励引资，加上长期对外资的超国民待遇，致使外资对我国的某些行业已形成垄断和控制（张宗斌，1999；石俊华，2009），已给我国的经济带来很大的安全隐患（李孟刚，2006），并且外资对行业的控制可能导致该行业的价格快速上涨（石俊华，2009；李全根，2009；郭天宝和梁秉茹，2011）。基于此，本章在对我国外资控制行业、内资控制行业进行识别的基础上，主要对两者的价格变动差异进行分析比较。

第一节 外资控制行业与内资控制行业识别

一 不同投资主体的控制力变动趋势

（一）不同投资主体对整个工业行业控制力的动态演变特征分析

根据历年《中国统计年鉴》，我们以主营业务收入、资产、总产值为指标计算了1999—2012年不同投资主体对整个工业行业的控制力（见

图3-1、图3-2、图3-3)。出于数据可得性考虑，这里各投资主体控制力是以市场控制率作为计算依据，具体的衡量标准是：国有控制力以国有企业及国有控股企业的工业主营业务收入（资产、总产值）与全部工业主营业务收入（资产、总产值）的比值表示；私营控制力以私营企业的工业主营业务收入（资产、总产值）与全部工业主营业务收入（资产、总产值）的比值表示；外资控制力以外商投资和港澳台投资企业的工业主营业务收入（资产、总产值）与全部工业主营业务收入（资产、总产值）的比值表示。基于数据的可比性考虑，本章将不同投资主体的控制力总和作归一化处理。

由图3-1可知，1999年以来，以主营业务收入为指标计算的国有控制力由1999年的62.10%下降到2012年的32.56%，而私营控制力由1999年的6.87%上升到2012年的37.95%，外资控制力由31.03%下降到29.49%。从各投资主体控制力的变化趋势可以看出，国有控制力下降幅度明显，而私营控制力上升幅度较大，说明从工业整体上看"国退民进"是这一阶段的重要特点，从外资控制力的变化趋势容易看出，外资控制力经历了先增大后下降的反"U"型变化过程，其中2004年以主

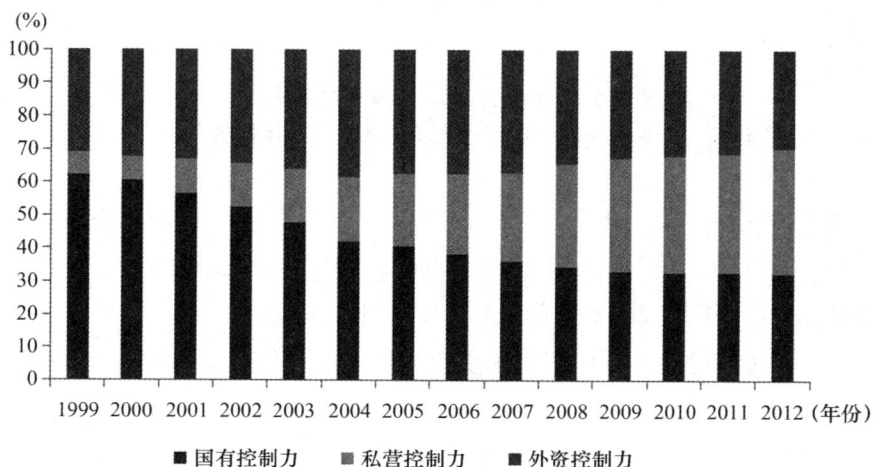

图3-1　1999—2012年以主营业务收入表示的各投资主体控制力结构图

营业务收入为指标计算的外资控制力最大。

由图 3 - 2 可知，1999 年以来，以资产为指标计算的国有控制力由
1999 年的 75. 15% 下降到 2012 年的 49. 00%，而私营控制力由 1999 年
的 3. 35% 上升到 2012 年的 23. 95%，外资控制力由 21. 50% 上升到
27. 05%。从各投资主体控制力的变化趋势可以看出，国有控制力下降明
显，而私营控制力上升幅度较大，从外资控制力的变化趋势容易看出，
外资控制力同样经历了先增大后下降的反 "U" 型变化过程，其中 2007
年以资产为指标计算的外资控制力最大。

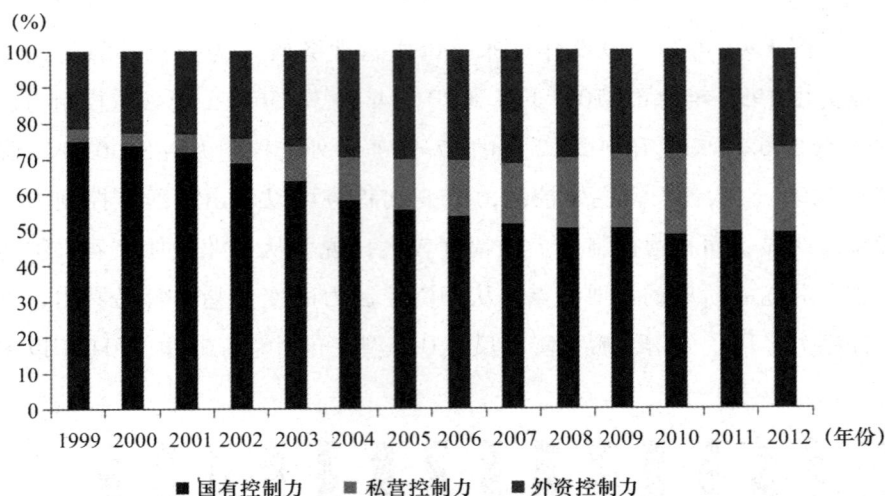

图 3 - 2   1999—2012 年以资产表示的各投资主体控制力结构图

由图 3 - 3 可知，1999 年以来，以总产值为指标计算的国有控制力
由 1999 年的 61. 44% 下降到 2012 年的 38. 04%，而私营控制力由 1999
年的 5. 81% 上升到 2012 年的 25. 37%，外资控制力由 32. 74% 上升到
36. 58%。从各投资主体控制力的变化趋势可以看出，国有控制力下降明
显，而私营控制力上升幅度较大，从外资控制力的变化趋势容易看出，
外资控制力同样经历了先增大后下降的反 "U" 型变化过程，其中 2007
年以总产值为指标计算的外资控制力最大。

(%)

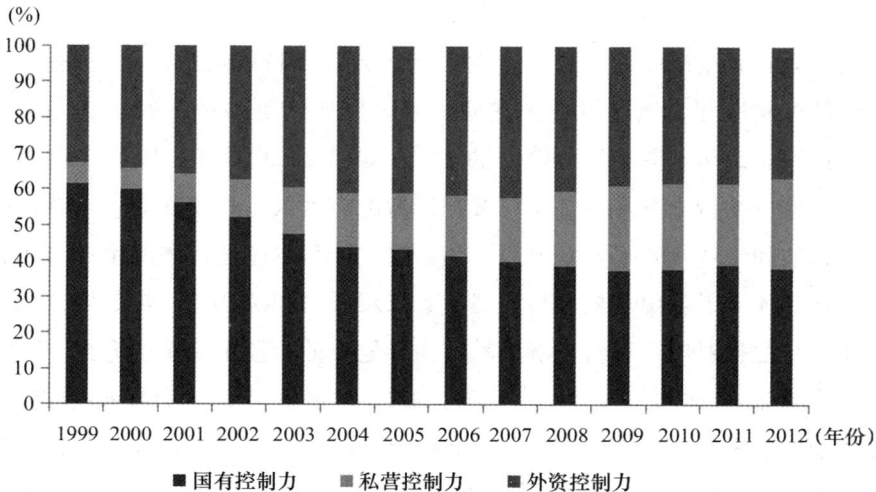

图 3 - 3　1999—2012 年以总产值表示的各投资主体控制力结构图

（二）工业各行业不同投资主体控制力的动态演变特征分析

根据历年《中国统计年鉴》，我们以主营业务收入、资产、总产值为指标计算了 1999—2012 年 36 个工业行业不同投资主体的控制力。这里主要列出以主营业务收入为指标的计算结果（见表 3 - 1）。由表 3 - 1 中工业行业各投资主体控制力的变化情况可以很明显地看出，1999 年以来，以主营业务收入为指标计算的各投资主体控制力存在显著的差异。以国有控制力为例，1999 年国有控制力最高的是石油和天然气开采业，国有控制力为 100%，最低的是皮革、毛皮、羽毛（绒）及其制品业，仅为 7.50%；2012 年最高的是烟草制品业，高达 99.90%，最低的是文教体育用品制造业，仅为 1.15%。如果以 50% 作为不同投资主体对该行业的贡献占主导地位的评价标准，1999 年共有 23 个工业行业的国有经济贡献占主导地位，按控制力由高到低排列依次为：石油和天然气开采业，烟草制品业，煤炭开采和洗选业，水的生产和供应业，石油加工、炼焦及核燃料加工业，有色金属矿采选业，黑色金属冶炼及压延加工业，电力、热力的生产和供应业，黑色金属矿采选业，煤气生产和供应业，非金属矿采选业，有色金属冶炼及压延加工业，专用设备制造业，化学原料及化学制品制造业，医药制造业，交通运输设备制造业，饮料制造业，化学纤维制造业，通用设备制造业，非金属矿物制品业，农副食品加工业，纺织业，印刷业和记录媒介的复制；截止到 2012 年，国有经济贡献占主导地位的行业下降到 7 个，按控制力由高到低排列依次为：烟草制品业，石油和天然气开采业，电力、热力的生产和供应业，水的生产和供应业，石油加工了炼焦及核燃料加工业，煤炭开采和洗选业，煤气生产和供应业。与之相对应，私营经济贡献占主导地位的行业由 0 个上升到 17 个，2012 年共有木材加工及木、竹、藤、棕、草制品业，非金属矿采选业，黑色金属矿采选业，纺织业，非金属矿物制品业，金属制品业，农副食品加工业，家具制造业，塑料制品业，印刷业和记录媒介的复制，纺织服装、鞋、帽制品业，造纸及纸制品业，化学纤维制造业，皮革、毛皮、羽毛（绒）及其制品业，有色金属矿采选业，通用设备制造业，文教体育用品制造业 17 个工业行业的私营经济贡献占主导地位。而外资经济贡献占主导地位的行业由 10 个下降到 1 个，2012 年仅有通信设备、计算机及其他设备制造业的外资经济贡献占主导地位。此外，从工业各行业不同投资主体控制力的变动趋势可以发现，从总体上看，与整个工业行业情况类似，国有控制力下降明显，而私营控制力上升幅度较大，外资控制力的变化趋势经历了先增大后下降的反"U"型变化过程。

表 3 - 1　1999—2012 年工业各行业不同投资主体的控制力变化情况表

	1999 年			2005 年			2012 年		
	国有控制力	私营控制力	外资控制力	国有控制力	私营控制力	外资控制力	国有控制力	私营控制力	外资控制力
6	97.81	1.13	1.07	84.21	14.00	1.80	71.22	23.23	5.55
7	100.00	0.00	0.00	95.51	0.07	4.42	93.99	0.28	5.73
8	83.83	14.88	1.29	31.99	65.16	2.85	22.91	73.38	3.71
9	91.88	5.87	2.25	62.13	30.04	7.83	44.78	51.61	3.61

续表

	1999 年			2005 年			2012 年		
	国有控制力	私营控制力	外资控制力	国有控制力	私营控制力	外资控制力	国有控制力	私营控制力	外资控制力
10	77.14	12.35	10.50	32.62	55.42	11.96	15.89	80.48	3.64
13	57.82	9.66	32.52	15.69	44.13	40.18	8.04	64.43	27.53
14	42.39	8.47	49.14	18.49	30.12	51.39	8.20	47.97	43.83
15	64.65	3.84	31.51	35.42	18.22	46.36	26.44	37.15	36.41
16	99.17	0.00	0.83	99.65	0.04	0.31	99.90	0.08	0.02
17	56.43	9.95	33.62	10.32	54.82	34.86	3.71	72.19	24.10
18	11.19	13.58	75.23	2.74	38.90	58.36	1.44	56.58	41.97
19	7.50	11.81	80.69	0.85	34.20	64.96	1.23	52.33	46.44
20	26.73	21.62	51.65	11.58	60.68	27.75	2.30	86.10	11.60
21	12.38	22.20	65.42	4.31	35.34	60.34	2.05	64.25	33.69
22	46.85	9.22	43.93	18.50	35.03	46.47	9.93	53.27	36.80
23	53.87	6.08	40.05	25.94	32.36	41.70	13.85	57.96	28.19
24	11.58	8.99	79.43	2.52	28.91	68.57	1.15	50.46	48.38
25	93.03	1.39	5.58	82.09	7.26	10.65	73.90	13.76	12.34
26	70.55	4.58	24.87	41.15	25.33	33.53	24.46	44.39	31.15
27	70.26	3.77	25.97	41.68	22.10	36.22	20.44	42.29	37.27
28	62.69	0.94	36.37	29.13	35.59	35.28	9.01	52.98	38.01
29	48.96	6.02	45.01	25.12	23.29	51.59	14.81	47.57	37.63
30	20.79	14.53	64.67	7.35	39.38	53.27	3.40	63.69	32.91
31	60.82	11.30	27.88	20.20	52.02	27.78	13.24	70.68	16.09
32	89.49	2.90	7.61	60.93	23.60	15.47	44.98	40.19	14.83
33	73.95	7.95	18.10	49.13	30.17	20.70	45.42	39.36	15.22
34	24.73	16.01	59.26	9.59	43.89	46.52	9.43	64.58	26.00
35	62.17	8.87	28.95	28.41	36.63	34.96	15.88	51.08	33.04
36	71.37	7.04	21.59	39.13	27.72	33.15	25.19	47.58	27.23
37	67.97	3.18	28.85	48.49	11.02	40.49	42.09	19.01	38.90
39	38.94	7.20	53.86	16.23	28.43	55.34	12.08	48.65	39.26
40	37.30	1.60	61.10	13.27	3.36	83.36	9.53	9.07	81.40

续表

	1999 年			2005 年			2012 年		
	国有控制力	私营控制力	外资控制力	国有控制力	私营控制力	外资控制力	国有控制力	私营控制力	外资控制力
41	30.06	3.62	66.32	11.89	12.33	75.78	14.41	46.44	39.14
44	88.99	0.11	10.90	88.90	0.45	10.65	93.44	1.03	5.53
45	83.75	0.00	16.25	64.07	2.46	33.48	52.87	6.25	40.88
46	96.82	0.00	3.18	86.56	2.46	10.98	74.10	7.78	18.12

注：为了与下文统一，此表是以 2002 年的国民经济行业分类为标准，其中，6 为煤炭开采和洗选业、7 为石油和天然气开采业、8 为黑色金属矿采选业、9 为有色金属矿采选业、10 为非金属矿采选业、13 为农副食品加工业、14 为食品制造业、15 为饮料制造业、16 为烟草制品业、17 为纺织业、18 为纺织服装、鞋、帽制品业、19 为皮革、毛皮、羽毛（绒）及其制品业、20 为木材加工及木、竹、藤、棕、草制品业、21 为家具制造业、22 为造纸及纸制品业、23 为印刷业和记录媒介的复制、24 为文教体育用品制造业、25 为石油加工、炼焦及核燃料加工业、26 为化学原料及化学制品制造业、27 为医药制造业、28 为化学纤维制造业、29 为橡胶制品业、30 为塑料制品业、31 为非金属矿物制品业、32 为黑色金属冶炼及压延加工业、33 为有色金属冶炼及压延加工业、34 为金属制品业、35 为通用设备制造业、36 为专用设备制造业、37 为交通运输设备制造业、39 为电气机械及器材制造业、40 为通信设备、计算机及其他电子设备制造业、41 为仪器仪表及文化、办公用机械制造业、44 为电力、热力的生产和供应业、45 为煤气生产和供应业、46 为水的生产和供应业。

二 外资控制行业与内资控制行业识别

基于外资控制行业与内资控制行业的基本概念，本章分别计算了工业各行业的外资控制力、国有控制力以及私营控制力，然后对上述三个不同投资主体的控制力进行对比，若大于其余投资主体的控制力，则视该行业为相应投资主体的控制行业，又将国有控制行业与私营控制行业统称为内资控制行业。鉴于使用单一指标衡量行业控制力的不足，参照李钢和何然（2014）的做法，采用全行业主营业务收入、资产、总产值中外资企业、国有企业、私营企业所占比重的加权平均来计算外资控制力、国有控制力以及私营控制力。依据上述原则，我们将 1999—2012 年共计504个二位码行业/年度①观测点划分为156个外资控制行业/年度观测点与348个内资控制行业/年度观测点（包括211个国有控制行业/年度观测点以及137个私营控制行业/年度观测点）。外资控制行业具体变化情况见表3-2，内资控制行业（国有控制行业与私营控制行业）具体变化情况见表3-3。

表3-2 1999—2012年外资控制行业具体变化情况表②

行业代码	1999年	2000年	2001年	2002年	2003年	2004年	2005年	2006年	2007年	2008年	2009年	2010年	2011年	2012年
6														
7														
8														
9														
10														
13				√	√	√								
14	√	√	√	√	√	√	√	√	√	√	√			
15						√	√	√	√	√	√	√	√	
16														
17														
18					√	√	√	√	√	√	√	√	√	
19				√	√	√	√	√	√	√		√	√	
20	√	√												
21	√	√	√	√	√	√	√	√	√	√	√	√	√	

---

① 具体包括1999—2012年煤炭开采和洗选业，石油和天然气开采业，黑色金属矿采选业，有色金属矿采选业，非金属矿采选业，农副食品加工业，食品制造业，饮料制造业，烟草制品业，纺织业，纺织服装、鞋、帽制品业，皮革、毛皮、羽毛（绒）及其制品业，木材加工及木、竹、藤、棕、草制品业，家具制造业，造纸及纸制品业，印刷业和记录媒介的复制，文教体育用品制造业，石油加工、炼焦及核燃料加工业，化学原料及化学制品制造业，医药制造业，化学纤维制造业，橡胶制品业，塑料制品业，非金属矿物制品业，黑色金属冶炼及压延加工业，有色金属冶炼及压延加工业，金属制品业，通用设备制造业，专用设备制造业，交通运输设备制造业，电气机械及器材制造业，通信设备、计算机及其他电子设备制造业，仪器仪表及文化、办公用机械制造业，电力、热力的生产和供应业，煤气生产和供应业，水的生产和供应业等36个工业行业共计504个观测值。

② 由于工业行业生产者出厂价格指数是以2002年的国民经济行业分类为标准，因此为了研究方便，我们对二位码行业的匹配以2003—2011年的行业代码名称作为匹配标准，从而保证了行业代码和名称的一致性。

续表

行业代码	1999年	2000年	2001年	2002年	2003年	2004年	2005年	2006年	2007年	2008年	2009年	2010年	2011年	2012年
22		√	√	√	√	√	√	√	√					
23				√	√	√	√	√						
24	√	√	√	√	√	√	√	√	√	√	√	√	√	
25														
26									√					
27								√	√	√	√			
28						√								
29		√	√	√	√		√	√	√					
30	√	√	√	√	√	√	√							
31														
32														
33														
34	√	√	√	√	√	√	√							
35						√								
36								√	√					
37														
39								√	√					
40	√	√	√	√	√	√	√	√	√	√	√	√	√	√
41	√	√	√	√	√	√	√	√	√	√	√	√		
44														
45														
46														
总计	11	13	12	14	14	17	14	15	15	10	9	6	5	1

注：√表示外资控制行业。

表3-3　1999—2012年内资控制行业（包括国有与私营控制行业）

具体变化情况表

行业代码	1999年	2000年	2001年	2002年	2003年	2004年	2005年	2006年	2007年	2008年	2009年	2010年	2011年	2012年
6	$\sqrt{}^S$	$\sqrt{}^S$	$\sqrt{}^S$	$\sqrt{}^S$	$\sqrt{}^S$	$\sqrt{}^S$	$\sqrt{}^S$	$\sqrt{}^S$	$\sqrt{}^S$	$\sqrt{}^S$	$\sqrt{}^S$	$\sqrt{}^S$	$\sqrt{}^S$	$\sqrt{}^S$
7	$\sqrt{}^S$	$\sqrt{}^S$	$\sqrt{}^S$	$\sqrt{}^S$	$\sqrt{}^S$	$\sqrt{}^S$	$\sqrt{}^S$	$\sqrt{}^S$	$\sqrt{}^S$	$\sqrt{}^S$	$\sqrt{}^S$	$\sqrt{}^S$	$\sqrt{}^S$	$\sqrt{}^S$
8	$\sqrt{}^S$	$\sqrt{}^S$	$\sqrt{}^S$	$\sqrt{}^S$	$\sqrt{}^S$	$\sqrt{}^P$	$\sqrt{}^P$	$\sqrt{}^P$	$\sqrt{}^P$	$\sqrt{}^P$	$\sqrt{}^P$	$\sqrt{}^P$	$\sqrt{}^P$	$\sqrt{}^P$
9	$\sqrt{}^S$	$\sqrt{}^S$	$\sqrt{}^S$	$\sqrt{}^S$	$\sqrt{}^S$	$\sqrt{}^S$	$\sqrt{}^S$	$\sqrt{}^S$	$\sqrt{}^S$	$\sqrt{}^S$	$\sqrt{}^P$	$\sqrt{}^P$	$\sqrt{}^P$	$\sqrt{}^P$

续表

行业代码	1999年	2000年	2001年	2002年	2003年	2004年	2005年	2006年	2007年	2008年	2009年	2010年	2011年	2012年
10	$\sqrt{}^{S}$	$\sqrt{}^{S}$	$\sqrt{}^{S}$	$\sqrt{}^{S}$	$\sqrt{}^{S}$	$\sqrt{}^{P}$	$\sqrt{}^{P}$	$\sqrt{}^{P}$	$\sqrt{}^{P}$	$\sqrt{}^{P}$	$\sqrt{}^{P}$	$\sqrt{}^{P}$	$\sqrt{}^{P}$	$\sqrt{}^{P}$
13	$\sqrt{}^{S}$	$\sqrt{}^{S}$	$\sqrt{}^{S}$				$\sqrt{}^{P}$	$\sqrt{}^{P}$	$\sqrt{}^{P}$	$\sqrt{}^{P}$	$\sqrt{}^{P}$	$\sqrt{}^{P}$	$\sqrt{}^{P}$	$\sqrt{}^{P}$
14												$\sqrt{}^{P}$	$\sqrt{}^{P}$	$\sqrt{}^{P}$
15	$\sqrt{}^{S}$	$\sqrt{}^{S}$	$\sqrt{}^{S}$	$\sqrt{}^{S}$	$\sqrt{}^{S}$									$\sqrt{}^{P}$
16	$\sqrt{}^{S}$	$\sqrt{}^{S}$	$\sqrt{}^{S}$	$\sqrt{}^{S}$	$\sqrt{}^{S}$	$\sqrt{}^{S}$	$\sqrt{}^{S}$	$\sqrt{}^{S}$	$\sqrt{}^{S}$	$\sqrt{}^{S}$	$\sqrt{}^{S}$	$\sqrt{}^{S}$	$\sqrt{}^{S}$	$\sqrt{}^{S}$
17	$\sqrt{}^{S}$	$\sqrt{}^{S}$	$\sqrt{}^{S}$	$\sqrt{}^{P}$	$\sqrt{}^{P}$	$\sqrt{}^{P}$	$\sqrt{}^{P}$	$\sqrt{}^{P}$	$\sqrt{}^{P}$	$\sqrt{}^{P}$	$\sqrt{}^{P}$	$\sqrt{}^{P}$	$\sqrt{}^{P}$	$\sqrt{}^{P}$
18										$\sqrt{}^{P}$	$\sqrt{}^{P}$		$\sqrt{}^{P}$	$\sqrt{}^{P}$
19														$\sqrt{}^{P}$
20			$\sqrt{}^{P}$	$\sqrt{}^{P}$	$\sqrt{}^{P}$	$\sqrt{}^{P}$	$\sqrt{}^{P}$	$\sqrt{}^{P}$	$\sqrt{}^{P}$	$\sqrt{}^{P}$	$\sqrt{}^{P}$	$\sqrt{}^{P}$	$\sqrt{}^{P}$	$\sqrt{}^{P}$
21										$\sqrt{}^{P}$	$\sqrt{}^{P}$	$\sqrt{}^{P}$	$\sqrt{}^{P}$	$\sqrt{}^{P}$
22	$\sqrt{}^{S}$									$\sqrt{}^{P}$	$\sqrt{}^{P}$		$\sqrt{}^{P}$	$\sqrt{}^{P}$
23	$\sqrt{}^{S}$	$\sqrt{}^{S}$	$\sqrt{}^{S}$					$\sqrt{}^{P}$	$\sqrt{}^{P}$	$\sqrt{}^{P}$	$\sqrt{}^{P}$	$\sqrt{}^{P}$		$\sqrt{}^{P}$
24														$\sqrt{}^{P}$
25	$\sqrt{}^{S}$	$\sqrt{}^{S}$	$\sqrt{}^{S}$	$\sqrt{}^{S}$	$\sqrt{}^{S}$	$\sqrt{}^{S}$	$\sqrt{}^{S}$	$\sqrt{}^{S}$		$\sqrt{}^{S}$		$\sqrt{}^{S}$		$\sqrt{}^{S}$
26	$\sqrt{}^{S}$	$\sqrt{}^{S}$	$\sqrt{}^{S}$	$\sqrt{}^{S}$	$\sqrt{}^{S}$	$\sqrt{}^{S}$	$\sqrt{}^{S}$	$\sqrt{}^{P}$		$\sqrt{}^{P}$		$\sqrt{}^{P}$	$\sqrt{}^{P}$	$\sqrt{}^{P}$
27	$\sqrt{}^{S}$	$\sqrt{}^{S}$	$\sqrt{}^{S}$	$\sqrt{}^{S}$	$\sqrt{}^{S}$	$\sqrt{}^{S}$	$\sqrt{}^{S}$					$\sqrt{}^{P}$		$\sqrt{}^{P}$
28	$\sqrt{}^{S}$	$\sqrt{}^{S}$	$\sqrt{}^{S}$	$\sqrt{}^{S}$	$\sqrt{}^{S}$		$\sqrt{}^{P}$	$\sqrt{}^{P}$	$\sqrt{}^{P}$		$\sqrt{}^{P}$	$\sqrt{}^{P}$	$\sqrt{}^{P}$	$\sqrt{}^{P}$
29	$\sqrt{}^{S}$											$\sqrt{}^{P}$	$\sqrt{}^{P}$	$\sqrt{}^{P}$
30										$\sqrt{}^{P}$	$\sqrt{}^{P}$	$\sqrt{}^{P}$	$\sqrt{}^{P}$	$\sqrt{}^{P}$
31	$\sqrt{}^{S}$	$\sqrt{}^{S}$	$\sqrt{}^{S}$	$\sqrt{}^{S}$	$\sqrt{}^{P}$	$\sqrt{}^{P}$	$\sqrt{}^{P}$	$\sqrt{}^{P}$	$\sqrt{}^{P}$	$\sqrt{}^{P}$	$\sqrt{}^{P}$	$\sqrt{}^{P}$	$\sqrt{}^{P}$	$\sqrt{}^{P}$
32	$\sqrt{}^{S}$	$\sqrt{}^{S}$	$\sqrt{}^{S}$	$\sqrt{}^{S}$	$\sqrt{}^{S}$	$\sqrt{}^{S}$	$\sqrt{}^{P}$	$\sqrt{}^{S}$	$\sqrt{}^{S}$	$\sqrt{}^{S}$	$\sqrt{}^{S}$	$\sqrt{}^{S}$	$\sqrt{}^{S}$	$\sqrt{}^{S}$
33	$\sqrt{}^{S}$	$\sqrt{}^{S}$	$\sqrt{}^{S}$	$\sqrt{}^{S}$	$\sqrt{}^{S}$	$\sqrt{}^{S}$	$\sqrt{}^{S}$		$\sqrt{}^{S}$	$\sqrt{}^{S}$	$\sqrt{}^{S}$	$\sqrt{}^{S}$	$\sqrt{}^{S}$	$\sqrt{}^{S}$
34							$\sqrt{}^{P}$	$\sqrt{}^{P}$	$\sqrt{}^{P}$	$\sqrt{}^{P}$	$\sqrt{}^{P}$	$\sqrt{}^{P}$	$\sqrt{}^{P}$	$\sqrt{}^{P}$
35	$\sqrt{}^{S}$	$\sqrt{}^{S}$	$\sqrt{}^{S}$	$\sqrt{}^{S}$	$\sqrt{}^{S}$		$\sqrt{}^{P}$	$\sqrt{}^{P}$	$\sqrt{}^{P}$	$\sqrt{}^{P}$	$\sqrt{}^{P}$	$\sqrt{}^{P}$	$\sqrt{}^{P}$	$\sqrt{}^{P}$
36	$\sqrt{}^{S}$	$\sqrt{}^{S}$	$\sqrt{}^{S}$	$\sqrt{}^{S}$	$\sqrt{}^{S}$	$\sqrt{}^{S}$	$\sqrt{}^{S}$			$\sqrt{}^{P}$	$\sqrt{}^{P}$	$\sqrt{}^{P}$	$\sqrt{}^{P}$	$\sqrt{}^{P}$
37	$\sqrt{}^{S}$	$\sqrt{}^{S}$	$\sqrt{}^{S}$	$\sqrt{}^{S}$	$\sqrt{}^{S}$	$\sqrt{}^{S}$		$\sqrt{}^{S}$	$\sqrt{}^{S}$	$\sqrt{}^{S}$	$\sqrt{}^{S}$	$\sqrt{}^{S}$	$\sqrt{}^{S}$	$\sqrt{}^{S}$
39												$\sqrt{}^{P}$	$\sqrt{}^{P}$	
40														
41														$\sqrt{}^{P}$
44	$\sqrt{}^{S}$	$\sqrt{}^{S}$	$\sqrt{}^{S}$	$\sqrt{}^{S}$	$\sqrt{}^{S}$	$\sqrt{}^{S}$	$\sqrt{}^{S}$	$\sqrt{}^{S}$	$\sqrt{}^{S}$	$\sqrt{}^{S}$	$\sqrt{}^{S}$	$\sqrt{}^{S}$	$\sqrt{}^{S}$	$\sqrt{}^{S}$
45	$\sqrt{}^{S}$	$\sqrt{}^{S}$	$\sqrt{}^{S}$	$\sqrt{}^{S}$	$\sqrt{}^{S}$	$\sqrt{}^{S}$	$\sqrt{}^{S}$	$\sqrt{}^{S}$	$\sqrt{}^{S}$	$\sqrt{}^{S}$	$\sqrt{}^{S}$	$\sqrt{}^{S}$	$\sqrt{}^{S}$	$\sqrt{}^{S}$
46	$\sqrt{}^{S}$	$\sqrt{}^{S}$	$\sqrt{}^{S}$	$\sqrt{}^{S}$	$\sqrt{}^{S}$	$\sqrt{}^{S}$	$\sqrt{}^{S}$	$\sqrt{}^{S}$	$\sqrt{}^{S}$	$\sqrt{}^{S}$	$\sqrt{}^{S}$	$\sqrt{}^{S}$	$\sqrt{}^{S}$	$\sqrt{}^{S}$
S 总计	25	23	23	20	19	14	14	12	11	11	9	10	10	10

行业代码	1999年	2000年	2001年	2002年	2003年	2004年	2005年	2006年	2007年	2008年	2009年	2010年	2011年	2012年
P总计	0	0	1	2	3	5	8	9	10	15	18	20	21	25
总计	25	23	24	22	22	19	22	21	21	26	27	30	31	35

注：$\sqrt{}^S$ 表示国有控制行业，$\sqrt{}^P$ 表示私营控制行业。

由表 3-2 和表 3-3 可以很清晰地发现，外资控制行业与内资控制行业之间发生了共计 30 次的转变（见表 3-4），其中由外资控制行业向内资控制行业的转变发生了 20 次，由内资控制行业向外资控制行业的转变发生了 10 次。具体来说，农副食品加工业在 2002 年由内资控制行业（国有控制行业）转变为外资控制行业，又于 2005 年变回内资控制行业（私营控制行业）；食品制造业于 2010 年由外资控制行业转变为内资控制行业（私营控制行业）；饮料制造业在 2004 年由内资控制行业（国有控制行业）转变为外资控制行业，又于 2012 年变回内资控制行业（私营控制行业）；纺织服装、鞋、帽制品业于 2009 年由外资控制行业转变为内资控制行业（私营控制行业）；皮革、毛皮、羽毛（绒）及其制品业于 2012 年由外资控制行业转变为内资控制行业（私营控制行业）；木材加工及木、竹、藤、棕、草制品业于 2001 年由外资控制行业转变为内资控制行业（私营控制行业）；家具制造业于 2008 年由外资控制行业转变为内资控制行业（私营控制行业）；造纸及纸制品业在 2000 年由内资控制行业（国有控制行业）转变为外资控制行业，又于 2008 年变回内资控制行业（私营控制行业）；印刷业和记录媒介的复制在 2002 年由内资控制行业（国有控制行业）转变为外资控制行业，又于 2007 年变回内资控制行业（私营控制行业）；文教体育用品制造业于 2012 年由外资控制行业转变为内资控制行业（私营控制行业）；化学原料及化学制品制造业在 2007 年由内资控制行业（国有控制行业）转变为外资控制行业，又于 2008 年变回内资控制行业（私营控制行业）；医药制造业在 2006 年由内资控制行业（国有控制行业）转变为外资控制行业，又于

2011 年变回内资控制行业（私营控制行业）；化学纤维制造业在 2004 年
由内资控制行业（国有控制行业）转变为外资控制行业，又于 2005 年变
回内资控制行业（私营控制行业）；橡胶制品业在 2000 年由内资控制行业
（国有控制行业）转变为外资控制行业，又于 2010 年变回内资控制行业
（私营控制行业）；塑料制品业于 2008 年由外资控制行业转变为内资控制
行业（私营控制行业）；金属制品业于 2006 年由外资控制行业转变为内资
控制行业（私营控制行业）；通用设备制造业在 2004 年由内资控制行业
（国有控制行业）转变为外资控制行业，又于 2005 年变回内资控制行业
（私营控制行业）；专用设备制造业在 2006 年由内资控制行业（国有控制
行业）转变为外资控制行业，又于 2008 年变回内资控制行业（私营控制
行业）；电气机械及器材制造业于 2010 年由外资控制行业转变为内资控制
行业（私营控制行业）；仪器仪表及文化、办公用机械制造业于 2012 年由
外资控制行业转变为内资控制行业（私营控制行业）。

表 3 – 4　　1999—2012 年在外资控制行业与内资控制行业之间转变的
具体行业及个数情况表

年份	外资控制行业→内资控制行业		内资控制行业→外资控制行业	
	具体行业	转变个数	具体行业	转变个数
1999	—	0	—	0
2000	—	0	22、29	2
2001	20	1	—	0
2002	—	0	13、23	2
2003	—	0	—	0
2004	—	0	15、28、35	3
2005	13、28、35	3	—	0
2006	34	1	27、36	2
2007	23	1	26	1
2008	21、22、26、30、36	5	—	0
2009	18	1	—	0
2010	14、29、39	3	—	0
2011	27	1	—	0
2012	15、19、24、41	4	—	0
总数	—	20	—	10

　　同为外资控制行业或内资控制行业，但其外资控制力与内资控制力（包括国有控制力、私营控制力）仍存在着显著的差异，因此，我们对外资控制行业、内资控制行业的广度（行业个数）以及深度（对应投资主体的控制力）变化状况进行分析，具体结果见表3－5。

表3－5　　外资控制行业、内资控制行业的广度与深度变化状况表

年份	外资控制行业		内资控制行业		国有控制行业		私营控制行业	
	广度	深度	广度	深度	广度	深度	广度	深度
1999	11	58.058	25	82.026	25	77.928	0	0.000
2000	13	58.402	23	82.373	23	77.269	0	0.000
2001	12	58.009	24	81.237	23	73.734	1	34.086
2002	14	55.733	22	81.575	20	75.005	2	31.086
2003	14	57.585	22	80.726	19	73.176	3	37.387
2004	17	54.278	19	79.021	14	70.675	5	44.342
2005	14	61.230	22	78.508	14	70.767	8	43.906
2006	15	59.172	21	78.279	12	71.222	9	47.599
2007	15	54.342	21	78.539	11	73.290	10	49.711
2008	10	59.179	26	76.922	11	72.034	15	48.028
2009	9	56.850	27	76.808	9	73.257	18	50.299
2010	6	62.871	30	75.286	10	69.799	20	50.806
2011	5	65.812	31	75.312	10	69.649	21	50.349
2012	1	77.284	35	75.660	10	68.804	25	51.557

　　从表3－5外资控制行业的广度和深度可以看出，外资控制行业广度表现出明显的阶段性特征，1999—2007年外资控制行业广度变化不大，并且基本上在15个左右徘徊，2007年后由于两税合并，劳动合同法、新的出口退税调整方案的实施，增加了外资企业的经营成本（杨振兵，2014），致使外资控制力下降，外资控制行业的广度也迅速下降，由2007年的15个下降到2012年的1个。从外资控制行业的深度可以看出，同样表现出明显的阶段性特征，1999—2007年外资控制行业深度变化不大，并且基本上在58%左右徘徊，2007年后逐渐增大，由2007年

的 54.342% 增大到 2012 年的 77.284%，说明受外资政策变化的影响，外资控制行业的数目在近几年不断减少，但是外资控制行业的外资控制强度在近几年则不断增强。从内资控制行业的广度和强度可以看出，1999—2007 年内资控制行业广度变化不大，2007 年后，内资控制行业的广度不断增加，由 2007 年的 21 个增加到 2012 年的 35 个，但 2007 年后内资控制行业的控制强度下降明显。将内资控制行业分为国有控制行业与私营控制行业，结果发现 1999—2012 年国有控制行业的广度和深度都在不断减小，而私营控制行业的广度和深度均取得大幅度增加。说明近年来国有经济的工业行业控制力在减弱，而私营经济对工业行业的控制力不断增强。

第二节　外资控制行业与内资控制行业价格变动差异比较

下面，我们依据均值化方法构造了 1999—2012 年外资控制行业价格指数及内资控制行业（包括国有控制行业与私营控制行业）价格指数，并根据其价格指数求得 1999—2012 年外资控制行业与内资控制行业（包括国有控制行业与民营控制行业）的各年平均价格变动以及总体价格变动状况，以展示外资控制行业与内资控制行业（包括国有控制行业与民营控制行业）价格变动差异的一些典型化事实。1999—2012 年外资控制行业与内资控制行业（包括国有与私营控制行业）价格指数变动情况见表 3-6，1999—2012 年外资控制行业与内资控制行业（包括国有与私营控制行业）价格变动情况如图 3-4 所示。

表 3-6　　　外资控制行业与内资控制行业价格指数变动情况表

年份	外资控制行业		内资控制行业		国有控制行业		私营控制行业	
	简单平均	加权平均	简单平均	加权平均	简单平均	加权平均	简单平均	加权平均
1999	96.300	95.973	99.112	99.193	99.112	99.193	—	—

续表

年份	外资控制行业		内资控制行业		国有控制行业		私营控制行业	
	简单平均	加权平均	简单平均	加权平均	简单平均	加权平均	简单平均	加权平均
2000	94.715	93.621	102.412	104.179	102.412	104.179	100.000	100.000
2001	93.420	91.092	101.832	103.534	101.865	103.542	98.700	98.700
2002	91.278	87.993	101.022	101.912	101.406	102.316	94.505	93.704
2003	90.463	86.129	104.897	105.598	105.884	106.540	94.663	94.420
2004	92.905	87.867	115.001	114.596	115.118	116.323	106.193	99.477
2005	94.319	87.887	123.616	121.857	126.021	125.917	110.467	101.048
2006	95.236	88.394	130.150	126.847	136.869	133.013	111.413	102.050
2007	96.741	89.485	136.200	132.795	144.023	139.834	115.881	106.105
2008	99.278	90.417	147.470	145.227	157.793	155.559	124.378	114.031
2009	98.192	87.800	139.361	137.116	148.922	146.131	117.614	108.048
2010	99.457	87.677	149.071	145.594	164.380	158.796	123.804	112.766
2011	101.590	87.597	159.848	155.917	178.662	171.519	131.895	120.026
2012	99.361	85.674	158.473	153.266	176.748	166.788	130.873	118.799

注：1999—2000 年根据本书的计算未出现私营控制行业，因此私营控制行业的价格变化是在 2001—2012 年这一时期内，价格指数除私营控制行业外都是以 1998 年为基期，私营控制行业以 2000 年为基期。

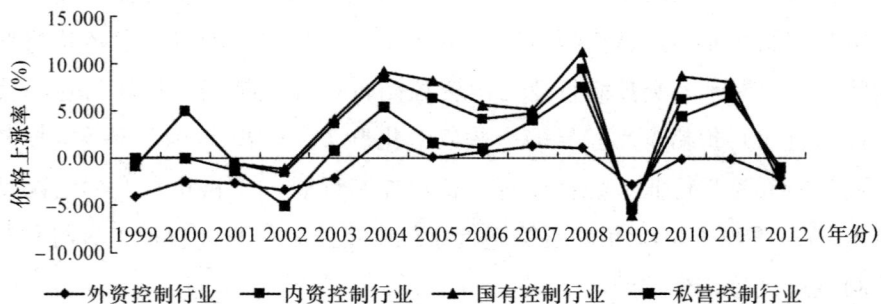

图 3-4 外资控制行业与内资控制行业（包括国有与私营控制行业）价格变动图

注：该图为 1999—2012 年历年加权计算的外资控制行业、内资控制行业、国有控制行业和私营控制行业的价格变动图。

从表 3-6 与图 3-4 可以明显看出，1999—2012 年，简单平均计算的外资控制行业与内资控制行业价格分别上涨了 -0.639% 与 58.473%，前者的涨幅远小于后者，加权平均计算的结果表现为更明显的差异化，这说明外资控制行业价格上涨幅度要明显低于内资控制行业，这与王志乐（2010）的论述一致，说明外资控制不仅没有形成垄断，反而表现为强烈的竞争性特征。从比较结果还发现，1999—2012 年，加权平均计算结果中外资控制行业价格上涨的年份共计 5 年，另有 9 年出现价格下降，而内资控制行业上涨的年份共计 9 年，仅有 5 年出现价格下降，并且仅有 2009 年这一年的外资控制行业价格涨幅大于内资控制行业，其余年份前者均小于后者。将内资控制行业划分为国有控制行业与私营控制行业，发现，国有控制行业、私营控制行业加权平均计算的价格涨幅分别为66.788%、18.799%，国有控制行业高于私营控制行业，与外资控制行业的差距也更加明显。另外，仅有 2009 年与 2012 年两年的私营控制行业价格涨幅大于国有控制行业，其余年份前者均小于后者。根据上述分析，我们初步判断内资控制行业的价格上涨幅度要高于外资控制行业，将内资控制行业划分为国有控制行业与私营控制行业后，国有控制行业的价格上涨幅度高于私营控制行业，与外资控制行业价格涨幅的差距也更加明显。

另外，我们仅选取在样本期内发生外资控制权与内资控制权转变的行业，并比较这些行业处于外资控制阶段与内资控制阶段价格变动的差异（见表 3-7）。

从表 3-7 可以发现，共有 20 个工业行业的控制权在样本期内发生转移，并且这 20 个工业行业在内资控制阶段的年均价格上涨率为1.33%，在外资控制阶段的年均价格上涨率为 1.27%，前者比后者高0.06%。其中有 13 个工业行业在内资控制阶段的价格上涨率高于在外资控制阶段，仅有 7 个行业在外资控制阶段的价格上涨率高于在内资控制阶段。该结果表明从总体上看，发生外资控制权与内资控制权转变行业在内资控制阶段的价格上涨率高于在外资控制阶段的价格上涨率。

表 3 – 7   控制权转变行业在外资控制阶段与内资控制
阶段的价格变动差异表

控制权转变 行业代码	内资控制阶段 年均价格上涨率	外资控制阶段 年均价格上涨率	两者差值
13	3.93	5.70	– 1.77
14	3.92	0.42	3.50
15	– 0.56	1.82	– 2.38
18	1.88	– 0.08	1.95
19	2.35	0.84	1.51
20	1.28	– 1.15	2.43
21	1.81	– 0.12	1.93
22	0.12	0.08	0.04
23	0.66	– 0.98	1.64
24	1.80	0.10	1.70
26	2.48	3.80	– 1.32
27	– 1.48	1.57	– 3.05
28	1.31	8.10	– 6.79
29	1.89	1.07	0.82
30	1.08	0.92	0.16
34	1.71	0.10	1.61
35	0.70	3.10	– 2.40
36	0.24	1.35	– 1.11
39	1.26	– 0.10	1.36
41	0.22	– 1.03	1.25
总计	1.33	1.27	0.06

第三节　本章小结

　　本章基于前文对外资控制行业及内资控制行业的界定标准，首先对
1999—2012 年我国工业行业的外资控制行业及内资控制行业（包括国有
与私营控制行业）进行识别，随后通过构造外资控制行业价格指数及内
资控制行业（包括国有与私营控制行业）价格指数对外资控制行业及内
资控制行业（包括国有与私营控制行业）的价格变动差异进行比较

分析。

本章的分析结果表明：①1999—2012 年共计 504 个二位码行业/年度观测点包括 156 个外资控制行业/年度观测点与 348 个内资控制行业/年度观测点（包括 211 个国有控制行业/年度观测点及 137 个私营控制行业/年度观测点）。②外资控制行业与内资控制行业之间发生了共计 30 次转变，其中由外资控制行业向内资控制行业的转变发生了 20 次，由内资控制行业向外资控制行业的转变发生了 10 次。③虽然外资控制行业的数目在近几年不断减少，但是外资控制行业的外资控制强度在近几年不断增强，与之相对应，内资控制行业数目不断增加，但其内资控制强度下降明显，将内资控制行业划分为国有控制行业与私营控制行业，发现国有控制行业的广度和深度都在不断减小，而私营控制行业的广度和深度均取得大幅度增加。④初步判断出内资控制行业的价格上涨幅度要高于外资控制行业，将内资控制行业划分为国有控制行业与私营控制行业，国有控制行业的价格上涨幅度高于私营控制行业，与外资控制行业价格上涨幅度的差距也更加明显。

第四章　外资进入对中国工业行业价格变动的影响机理与效应

从第二章的文献综述可以看出，虽然学者们从理论上分析了外资进入可能通过劳动生产率及垄断势力对价格变动产生影响，但分析过程中是将劳动生产率与垄断势力割裂开，未将两者纳入一个统一框架进行综合分析，这样难免会对研究结果造成偏差。鉴于此，本章以 Melitz 和 Ottaviano（2008）模型为分析框架，构建了一个包含外资企业进入的两国一般均衡模型，进而分析了外资进入通过劳动生产率与垄断势力对工业行业价格变动的影响机理及效应，并利用 1999—2012 年 36 个工业行业的相关数据，运用单方程估计模型及联立方程估计模型就外资进入对劳动生产率与垄断势力的影响以及通过劳动生产率与垄断势力对中国工业行业价格变动的影响进行了实证分析。

第一节　模型分析与假设提出

本章以 Melitz 和 Ottaviano（2008）模型为分析框架，构建一个包含外资企业进入的两国一般均衡模型，以便揭示外资进入对工业行业价格变动的影响机理及影响效应。

一　消费者行为

假定存在两个对称国家：h 国和 f 国。两国均存在大量的内资企业与外资企业，且企业总数为 N^m（$m = h$，f）。假定每个国家只存在工业部门，两国工业部门均生产一种同质产品和 Ω 种差异性产品，其中同质产品市场是完全竞争市场，为便于研究，以该同质产品作为计价产品，即同质产品价格等于1。两国消费者总数为 L^m（$m = h$，f），并且两国消费者具有相同的偏好，效用函数采用拟线性（quasi-linear）形式，因此，代表性消费者的效用函数表示为：

$$U^m = q_0^m + \alpha \int_{i \in \Omega} q_i^m di - \frac{1}{2} \gamma \int_{i \in \Omega} (q_i^m) di - \frac{1}{2} \eta (\int_{i \in \Omega} q_i^m di)^2 m \quad m = h , f$$

$$(4-1)$$

其中，q_0^m、q_i^m 分别表示消费者对同质产品以及第 i 种差异化工业品的消费量，参数 α、γ、η 均为正，参数 α 表示异质性产品偏好的集中度，参数 γ 表示对于商品种类偏好的集中度，η 表示工业品之间的差异化程度，当 $\eta = 0$ 时说明工业品之间完全替代，此时消费者仅关注工业品的消费总量 $Q^m = \int_{i \in \Omega} q_i^m di$。

求解式（4-1）效用函数的最大化，得到反需求函数为：

$$p_i^m = \alpha - \gamma q_i^m - \eta Q^m \qquad (4-2)$$

若生产相同产品的各个企业的产出量相同并且每个消费者对第 i 种工业品的消费量 q_i^m 均大于零，则有 $Q^m = (\alpha - \bar{p}^m) N^m / (\gamma + \eta N^m)$，其中 N^m 为市场中的企业总数（包括本国企业与国外企业），$\bar{p}^m = (1/N^m) \int_{i \in \Omega} p_i^m di$ 表示国内价格总水平，则 $q_i^m \geqslant 0$ 的充要条件为：

$$p_i^m \leqslant \frac{1}{\gamma + \eta N^m} (\gamma \alpha + \eta N_p^{m-p}) = \bar{p}_{\max}^m \qquad (4-3)$$

由式（4-3）可以得到每个消费者对第 i 种工业品的需求价格弹性为 $\varepsilon = | (\partial q_i^m / \partial p_i^m)(p_i^m / q_i^m) | = [(p_{i\max}^m)/p_i^m - 1]^{-1}$，这与 CES 需求函数的需求价格弹性不同，该需求价格弹性不仅由产品差异化程度 η 确定，还与价格总水平 $\bar{p}^m$ 以及国企业总数 N^m 相关，当价格总水平 $\bar{p}^m$ 下降或者企业总数 N^m 上升时，会降低国内市场价格阈值 $p_{i\max}^m$，从而增大在

p_i^m 给定下的需求价格弹性。

将式（4-3）代入式（4-2）可以得到消费者对第 i 种工业品需求量 Q_i^m 的函数表达式：

$$Q_i^m \equiv L^m q_i^m = \frac{\alpha L^m}{\gamma + \eta N^m} - \frac{L^m}{\gamma} p_i^m + \frac{\eta N^m}{\gamma + \eta N^m} \frac{L^m}{\gamma} \bar{p}^m \qquad (4-4)$$

二 生产者行为

为了分析简化，假定所有企业决定在本国（国外）进行生产时的固定进入成本为 g^m（$m=h, f$），并且在生产过程中仅利用劳动投入，由于企业在国外市场进行生产的过程中为了吸引劳动力，会设置较高的工资（Chor，2009），因此假设企业在本国生产单位产品的成本为 c，在国外生产单位产品的成本为 kc（$k>1$），即企业在本国生产单位产品的成本小于在国外生产单位产品的成本。因此，企业的利润由两部分组成：第一部分是在本国市场销售的利润所得，第二部分是在进入国外市场建立分厂并销售产品得到的利润，因此企业的利润函数关于单位产出成本 c 的表达式为：

$$\prod{}^m = [p_D^m(c) - c] q_D^m(c) + [p_X^m(c) - kc] q_X^m(c) \qquad (4-5)$$

其中下标 D、X 分别表示企业在本国和国外，则企业利润最大化的条件为：

$$[p_D^m(c) - c] \frac{L_D^m}{\gamma} + [p_X^m(c) - kc] \frac{L_X^m}{\gamma} = q_D^m(c) + q_X^m(c) \qquad (4-6)$$

其中，L_D^m、L_X^m 分别表示本国及国外的消费者总数。

三 市场均衡

参照 Melitz（2003），假定企业生产单位产品的成本 c 遵循 Pareto 分布函数 $G(c) = (c/c_M)^s$，且 $c \in (0, c_M]$，c_M 为企业生产单位产品的成本上限，$s \geq 1$ 为形状参数，当 $s=1$ 表示企业生产单位产品的成本 c 服从均匀分布，随着 s 的增大，高成本企业的相对比重上升，c 的分布越来越集中于高成本水平。由于本国与国外的劳动生产率存在差异，因此，我们假定两国的成本上限不同，即 $c_M^h \neq C_M^f$，$c_M^h > (<) c_M^f$ 说明 h 国生产单位产品的成本高于（低于）f 国或者 h 国劳动生产率低于（高于）f 国。

利用上述分布函数，可以得到企业在本国与国外市场的最优价格与产量关于单位产出成本 c 表达式，分别为：

$$p_D^m(c) = \frac{1}{2}(c_D^m + c) \qquad (4-7)$$

$$q_D^m(c) = \frac{L_D^m}{2\gamma}(c_D^m - c) \qquad (4-8)$$

$$p_X^m(c) = \frac{k}{2}(c_X^m + c) \qquad (4-9)$$

$$q_X^m(c) = \frac{kL_X^m}{2\gamma}(c_X^m - c) \qquad (4-10)$$

其中，c_D^m、c_X^m 分别表示企业在本国市场及国外市场生产零利润时的单位产出成本，即：$p_K^m(c_K^m) = c_K^m$（$K = D，X$）。

由式（4-5）以及企业在本国与国外的进入成本 g^m（$m = h，f$），可以得到企业在本国及国外企业生产的临界值点：

$$\int_0^{c_D^m} \prod_D^m(c)dG(c) + \int_0^{c_X^m} \prod_X^m(c)dG(c) = g^h + g^f \qquad (4-11)$$

令 N_D^h、N_D^f 分别表示在 h、f 国生产的内资企业总数，则 N_X^f、N_X^h 分别表示在 h、f 国生产的外资企业总数，因此，h 国与 f 国企业均衡条件为：

$$G(c_D^h)N_D^h + G(c_X^f)N_X^f = N^h \qquad (4-12)$$

$$G(c_D^f)N_D^f + G(c_X^h)N_X^h = N^f \qquad (4-13)$$

将式（4-2）、式（4-11）以及企业的成本分布函数代入式（4-12）、式（4-13），整理得到：

$$L^h(c_D^h)^{s+2} + L^f k^2(c_X^h)^{s+2} = 2\gamma(g^h + g^f)(c_M^h)^s(s+1)(s+2) \qquad (4-14)$$

$$L^f(c_D^f)^{s+2} + L^h k^2(c_X^f)^{s+2} = 2\gamma(g^h + g^f)(c_M^f)^s(s+1)(s+2) \qquad (4-15)$$

由式（4–14）、式（4–15）可以得出企业在本国市场生产的临界单位产出成本的表达式：

$$c_D^m = \left[\frac{2\gamma \ (g^h + g^f) \ (c_{M_X}^m)^s \ (s+1) \ (s+2) \ (1 - k^{-s} \ (c_{M_D}^m / c_{M_X}^m)^{-s})}{L^m \qquad\qquad (1 - k^{-s}) \ (1 + k^{-s})} \right]^{\frac{1}{s+2}}$$

$$(4–16)$$

其中，$c_{M_D}^m$、$c_{M_X}^m$ 分别表示本国及国外企业生产单位产品的成本上限。

由式（4–7）—式（4–10）以及企业的成本分布函数可以得出企业的平均价格、平均成本、平均垄断势力：

$$\bar{p}^m = \frac{2s+1}{2s+2} c_D^m \qquad\qquad (4–17)$$

$$\bar{c}^m = \frac{s}{s+1} c_D^m \qquad\qquad (4–18)$$

$$\bar{\mu}^m = \bar{p}^m - \bar{c}^m = \frac{1}{2s+2} c_D^m \qquad\qquad (4–19)$$

四　外资进入对工业行业价格变动的影响

我们使用外资企业的产量与内资企业产量的比值来表示外资进入的程度，因此有：

$$f = \frac{\displaystyle\int_0^{c_X^{m*}} q_X^{m*}(c) \, dG^*(c)}{\displaystyle\int_0^{c_D^m} q_D^m(c) \, dG(c)} \qquad\qquad (4–20)$$

其中，m^* 与 m 为互斥事件，如 m 为 h 国，则 m^* 为 f 国，反之亦然。将企业的成本分布函数以及式（4–8）、式（4–10）代入式（4–20），易得：

$$f = \left(\frac{c_{M_D}^m}{k c_{M_X}^m} \right)^s \qquad\qquad (4–21)$$

式（4–21）表示外资进入与内资企业和外资企业生产单位产品成本上限的差距成正比，与企业在国外和国内生产的单位成本差距成反比。

将式（4－16）代入式（4－17）—式（4－19），得到：

$$\begin{cases} \bar{p} = \dfrac{2s+1}{2s+2}\Big[\varphi\dfrac{1-\omega^{-s}k^{-s}}{(1-k^{-s})(1+k^{-s})}\Big]^{\frac{1}{s+2}} = \bar{c}+\bar{\mu} \\[2mm] \bar{c} = \dfrac{s}{s+1}\Big[\varphi\dfrac{1-\omega^{-s}k^{-s}}{(1-k^{-s})(1+k^{-s})}\Big]^{\frac{1}{s+2}} \\[2mm] \bar{\mu} = \dfrac{1}{2s+2}\Big[\varphi\dfrac{1-\omega^{-s}k^{-s}}{(1-k^{-s})(1+k^{-s})}\Big]^{\frac{1}{s+2}} \end{cases} \quad (4-22)$$

其中 $\varphi = [\gamma(g^h+g^f)(c_{M_X}^m)^s(s+1)(s+2)]/L^m$、$\omega = c_{M_D}^m/c_{M_X}^m$，$\omega$ 可以看作国外企业与本国企业生产率的比值。对式（4－22）中各式取对数求全微分，得到：

$$\begin{cases} \dot{p} = \dot{c}+\dot{\mu} \\ \dot{c} = a\dot{\omega}+b\dot{k} \\ \dot{\mu} = a\dot{\omega}+b\dot{k} \end{cases} \quad (4-23)$$

其中 $a = \dfrac{s}{s+2}\dfrac{(k\omega)^{-s}}{1-(k\omega)^{-s}}$，$b = \dfrac{s}{s+2}\Big[\dfrac{(kw)^{-s}}{1-(kw)^{-s}}-\dfrac{2k^{-2s}}{1-k^{-2s}}\Big]$，$\dot{X}$ 表明变量 X 的变化率。

由于单位成本与劳动生产率负相关，因此假定 $Z = \kappa-\beta c$（κ，$\beta > 0$），对其求全微分，得到 $\dot{Z} = -\beta\dot{c}$，再将其代入式（4－23），整理得到：

$$\begin{cases} \dot{p} = -(1/\beta)\dot{Z}+\dot{\mu} \\ \dot{Z} = -a\beta\dot{\omega}-b\beta\dot{k} \\ \dot{\mu} = a\dot{\omega}+b\dot{k} \end{cases} \quad (4-24)$$

由式（4－24），我们提出如下假设：

假设 1：劳动生产率抑制工业行业价格上涨，垄断势力促进工业行业价格上涨。

将 $\omega = c_{M_D}^m/c_{M_X}^m$ 代入式（4－21），再对其求全微分，得到 $\dot{f} = s(\dot{\omega}-$

$\dot{k}$),将其代入式(4 - 24)得到:

$$\begin{cases} \dot{p} = -(1/\beta)\,\dot{Z} + \dot{\mu} \\ \dot{Z} = -\beta(a+b)\,\dot{\omega} + \beta(b/s)\,\dot{f} \\ \dot{\mu} = (a+b)\,\dot{\omega} - (b/s)\,\dot{f} \end{cases} \quad (4 - 25)$$

式(4 - 25)说明外资进入通过影响劳动生产率及垄断势力间接影响工业行业价格变动,并且当 $b/s > 0$ 时,外资进入通过提高劳动生产率以及降低垄断势力抑制工业行业价格上涨,相反,当 $b/s < 0$ 外资进入降低劳动生产率以及提高垄断势力促进工业行业价格上涨。综上所述,本书提出如下假设:

假设 2:外资进入通过影响劳动生产率及垄断势力进而影响工业行业价格变动。

假设 3:外资进入对劳动生产率及垄断势力产生相反方向的影响,并且当外资进入提高劳动生产率以及降低垄断势力时抑制工业行业价格上涨,当外资进入降低劳动生产率以及提高垄断势力时促进工业行业价格上涨。

第二节 实证模型设定、变量选择与估计方法

一 实证模型设定与变量选择

为了验证假设 1,我们首先借鉴 Chen 等(2009)的单方程模型来分析劳动生产率以及垄断势力对中国工业行业价格变动的影响,具体模型如下:

$$\Delta \ln p_{i,t} = \alpha^p + \beta_1^p \Delta \ln f_{i,t} + \beta_2^p \Delta \ln Z_{i,t} + \beta_3^p \Delta \ln \mu_{i,t} + \beta_4^p \Delta \ln cpi_t + u_{i,t}^p$$

$$(4 - 26)$$

其中,因变量 $\Delta \ln p_{i,t}$ 表示第 i 工业行业在 t 期的价格变化值,在行业价格的度量方面,已有文献大多采用工业行业生产者出厂价格指数指标衡量(Cavelaars,2003;Przybyla and Roma,2005),本章同样采用以

1998 年为基期的工业行业生产者出厂价格指数来度量。$\Delta \ln f_{i,t}$ 表示第 i 工业行业在 t 期外资进入的变化值，本章中的外资进入采用外资企业的市场控制力来衡量，外资企业市场控制力的计算方法与第三章一致。$\Delta \ln Z_{i,t}$ 表示第 i 工业行业在 t 期劳动生产率的变化值，本章劳动力生产率采用行业增加值与行业从业人员总数的比重度量，由于 2007 年后统计年鉴中未给出分工业行业增加值的具体数值，我们根据各月的增加值累计同比进行估算得到 2007 年后的分工业行业增加值。$\Delta \ln \mu_{i,t}$ 表示第 i 工业行业在 t 期成本加成的变化值，本章成本加成借鉴 Epifaniand Gancia（2011）与 Federico（2014）的研究，采用营业收入与营业成本比值的方法进行度量。另外，价格总水平对行业价格变动有显著性影响，因此，我们在自变量中加入价格总水平的变化值，$\Delta \ln cpi_t$ 表示在 t 期居民消费价格指数的变化值，该指标同样以 1998 年为基期的居民消费价格指数来度量。α^p 为模型的常数项，β_i^p（$i = 1，2，\cdots，9$）分别表示相应变量的系数，$u_{i,t}^p$ 为模型的误差项。

由于劳动生产率以及垄断势力对工业行业价格变动的影响在短期与长期可能存在差异，因此，我们在模型式（4 - 26）的自变量中加入各自变量的滞后期以及因变量滞后期，以考察各变量对短期与长期工业行业价格变动影响的差异，具体模型见式（4 - 27）：

$$\Delta \ln p_{i,t} = \alpha^p + \beta_1^p \Delta \ln f_{i,t} + \beta_2^p \Delta \ln Z_{i,t} + \beta_3^p \Delta \ln \mu_{i,t} + \beta_4^p \Delta \ln cpi_t + \beta_5^p \ln f_{i,t-1}$$
$$+ \beta_6^p \ln Z_{i,t-1} + \beta_7^p \ln \mu_{i,t-1} + \beta_8^p \ln cpi_{t-1} + \beta_9^p \ln p_{i,t-1} + u_{i,t}^p$$

$$(4 - 27)$$

其中，$\ln f_{i,t-1}$、$\ln Z_{i,t-1}$、$\ln \mu_{i,t-1}$、$\ln cpi_{t-1}$ 以及 $\ln p_{i,t-1}$ 分别表示上期的外资进入、劳动生产率、成本价格、价格总水平以及工业行业价格状况。

本章关注的另一个主要内容是外资进入如何通过劳动生产率及垄断势力间接影响中国工业价格变动（假设 2、假设 3）。为了对其进行研究，我们在计量模型式（4 - 27）的基础上，引入联立方程模型，分别考察外资进入对劳动生产率及垄断势力的影响以及劳动生产率及垄断势力对中国工业行业价格变动的影响。于是，对式（4-27）进行扩展，得到如下联立方程模型：

$$
\begin{cases}
\Delta \ln p_{i,t} = \alpha^p + \beta_1^p \Delta \ln f_{i,t} + \beta_2^p \Delta \ln Z_{i,t} + \beta_3^p \Delta \ln \mu_{i,t} + \beta_4^p \Delta \ln cpi_t + \\
\qquad\quad \beta_5^p \ln f_{i,t-1} + \beta_6^p \ln Z_{i,t-1} + \beta_7^p \ln \mu_{i,t-1} + \beta_8^p \ln cpi_{t-1} + \\
\qquad\quad \beta_9^p \ln p_{i,t-1} + u_{i,t}^p \\
\Delta \ln Z_{i,t} = \alpha^Z + \beta_1^Z \Delta \ln f_{i,t} + \beta_2^Z \Delta \ln size_{i,t} + \beta_3^Z \Delta \ln rd_{i,t} + \beta_4^Z \ln f_{i,t-1} + \\
\qquad\quad \beta_5^Z \ln size_{i,t-1} + \beta_6^Z \ln rd_{i,t-1} + \beta_7^Z \ln Z_{i,t-1} + + u_{i,t}^Z \\
\Delta \ln \mu_{i,t} = \alpha^\mu + \beta_1^\mu \Delta \ln f_{i,t} + \beta_2^\mu \ln f_{i,t-1} + \beta_3^\mu \ln \mu_{i,t-1} + u_{i,t}^\mu
\end{cases}
$$

$$（4-28）$$

模型式（4-28）中包括了价格方程、劳动生产率方程与垄断势力方程，其中价格方程与模型式（4-27）相同，我们不再赘述。在劳动生产率方程中我们引入外资进入的变化值 $\Delta \ln f_{i,t}$、外资进入滞后期 $\ln f_{i,t-1}$ 以及劳动生产率滞后期 $\ln Z_{i,t-1}$，除上述三个变量外，企业平均规模以及科技支出是劳动力生产率变动的重要影响因素，并且上述两个指标对工业价格变动与垄断势力不产生直接影响，因此，我们在劳动生产率方程中引入企业平均规模（ln$size$）及行业科技支出（lnrd）两个变量，并将其作为劳动生产率的工具变量，企业平均规模（ln$size$）利用各行业企业平均劳动力人数进行衡量，行业科技支出（lnrd）利用各行业科技活动内部经费支出总额占总产值的比重进行度量。在垄断势力方程中我们引入外资进入的变化值 $\Delta \ln f_{i,t}$、外资进入滞后期 $\ln f_{i,t-1}$ 以及垄断势力滞后期 $\ln \mu_{i,t-1}$。α^Z、α^μ 为劳动生产率方程与垄断势力方程的常数项，β_i^Z（$i=1$，2，…，7）、β_i^μ（$i=1$，2，3）为劳动生产率方程与垄断势力方程相应变量的系数，$u_{i,t}^Z$、$u_{i,t}^\mu$ 为误差项。为了消除数据的异方差性，本章对所有变量数据均做了对数变换，并且以货币单位计量的指标均以 1998 年为基期通过 GDP 缩减指数进行了处理。

本章使用 1999—2012 年中国二位码分类的全部工业行业的面板数据进行实证分析。数据来源于 2000—2013 年的《中国统计年鉴》《中国工业经济统计年鉴》《中国人口和就业统计年鉴》以及《中国科技统计年鉴》。由于统计局于 2002 年与 2011 年两次对国民经济行业分类与代码进行修订，因此 1999—2002 年、2003—2011 年及 2012 年这三个连续区间的部分行业名称及代码存在变动。为了避免出现统计范围的差异，我们根据行业名称和内容，对 2002 年与 2011 年前后的二位码行业进行重新匹配。另外，工业行业生产者出厂价格指数是以 2002 年的国民经济行业分类为标准，因此我们对二位码行业的匹配以 2003—2011 年的行业代码名称作为匹配标准，剔除只在 1999—2002 年或 2012 年出现而 2003—2011 年统计数据中不包含的行业，从而保证了行业代码和名称的一致性。最终我们得到的样本包括 36 个二位码行业，共计 504 个观测点。

二　估计方法

（一）单方程模型的工具变量法估计

由式（4-21）与式（4-25）可以明显看出，外国企业与本国企业劳动生产率的差距也是影响价格变动的主要因素，并且该生产率的差距与外资进入程度相关，由于本章关注的焦点是外资进入对中国工业价格变动的影响，因此，在不将外国企业与本国企业劳动生产率差距纳入解释变量时，会造成外资进入变量与随机扰动项相关，产生内生性问题，则需要选取合适的工具变量来消除这一内生性问题。理想工具变量必须满足两个条件：首先，它必须与估计方程的随机误差项不相关。其次，必须与随机解释变量显著相关。而单一的工具变量往往不能同时满足上述两个条件，因而在实证中一般采用多工具变量法。既与行业外资进入水平显著相关又外生的变量往往是政策性变量，这些变量直接影响中国工业行业的外资进入水平，但无法被行业价格方程解释。基于如上考虑，本书选择外资企业实际所得税率（rate）与行业外资政策指数（policy）作为工具变量。外资企业实际所得税率利用外资企业应付所得税除以外资企业的总利润计算得出。行业外资政策指数（policy）参照殷华方等（2006）的定量化研究方法，给鼓励类、限制（甲）类、限制（乙）类、禁止类项目分别赋予权重3、2、1、0。将投资目录按照行业分类标准进行归类以后,以一个行业各种政策类别的项目数量分别乘以其权重,再相加,就可以得到该行业的外资政策指数。具体结果见表4-1。该值越大,说明国家对该行业采取了更开放的外资政策。其中1999—2002年、2003—2004年、2005—2007年、2008—2011年与2012年分别利用1997年、2002年、2004年、2007年及2011年计算的行业外资政策指数。

表4-1 工业各行业外资政策指数 单位:%

行业	1997年	2002年	2004年	2007年	2011年
煤炭开采和洗选业	1.15	1.11	1.98	0.51	0.52
石油和天然气开采业	0.58	1.66	0.85	1.54	1.56
黑色金属矿采选业	0.77	0.42	0.42	0.51	0.52
有色金属矿采选业	1.92	1.39	2.12	0.00	0.00
非金属矿采选业	0.96	1.66	0.99	1.54	1.56
农副食品加工业	0.39	1.80	3.68	1.34	1.35
食品制造业	0.58	0.83	0.00	0.93	0.93
饮料制造业	0.39	0.97	0.00	0.72	0.52
烟草制品业	0.77	1.11	1.13	1.13	0.52
纺织业	1.53	1.39	1.42	1.54	1.87
纺织服装、鞋、帽制造业	0.00	0.00	0.00	0.00	1.24
皮革、毛皮、羽毛(绒)及其制品业	0.77	0.83	0.85	0.93	0.31
木材加工及木、竹、藤、棕、草制品业	0.00	0.41	0.42	0.31	0.31
家具制造业	0.00	0.00	0.00	0.00	0.00
造纸及纸制品业	1.34	0.83	0.85	0.31	0.31
印刷业和记录媒介的复制	0.00	0.28	0.28	0.21	0.21
文教体育用品制造业	0.00	0.00	0.00	0.00	0.00
石油加工、炼焦及核燃料加工业	1.53	1.52	1.13	0.51	0.52
化学原料及化学制品制造业	10.94	12.34	12.61	10.08	7.99
医药制造业	8.06	8.32	8.50	6.17	4.77
化学纤维制造业	1.15	2.08	2.12	2.26	1.97
橡胶制品业	0.58	0.28	0.28	0.21	0.00
塑料制品业	0.58	1.24	1.27	0.93	0.93

行业	1997 年	2002 年	2004 年	2007 年	2011 年
非金属矿物制品业	4.99	3.74	3.82	6.17	7.16
黑色金属冶炼及压延加工业	4.03	1.67	0.42	0.00	0.00
有色金属冶炼及压延加工业	3.84	2.36	1.98	1.23	1.24
金属制品业	2.50	1.94	1.27	1.13	1.24
通用设备制造业	3.08	2.22	3.82	6.28	7.26
专用设备制造业	15.94	18.31	18.70	22.53	24.69
交通运输设备制造业	8.64	9.15	7.22	8.23	7.68
电气机械及器材制造业	4.03	2.91	1.70	4.01	4.67
通信设备、计算机及其他电子设备制造业	15.36	10.68	13.03	11.21	10.17
仪器仪表及文化、办公用机械制造业	3.64	2.91	3.40	5.56	4.36
电力、热力的生产和供应业	0.00	3.19	3.26	1.34	2.59
燃气生产和供应业	0.00	0.00	0.00	0.00	0.21
水的生产和供应业	0.00	0.42	0.42	0.62	0.83

（二）联立方程模型的三阶段最小二乘法（3SLS）估计

因为存在内生性问题，联立方程模型的计量方法分为两类：一类是有限信息方法，这一类的常用方法为两阶段最小二乘法（2SLS）；另一类是完整信息方法，这一类型的常用方法为三阶段最小二乘法（3SLS）。由于有限信息法只利用了联立方程模型中每个方程的样本信息，而完全信息法则利用了联立方程模型中全部变量的所有信息，因此，只有在某些特殊情形下两阶段最小二乘法（2SLS）才等价于三阶段最小二乘法（3SLS）。本书同样选择三阶段最小二乘法（3SLS）对联立方程模型进行估计。

第三节　估计结果分析

一　单方程模型估计结果分析

表 4 - 2 列出了单方程模型的估计结果。第（1）、（2）列汇报了使

用双向固定效应模型（TWFE）估计的结果，该模型同时控制了行业效应和时间效应。为解决内生性问题，本书还同时汇报了基于两种不同计量模型的工具变量法估计结果：第一种是第（3）、（4）列的双向固定二阶段最小二乘法（TWFE-2SLS），另一种是第（5）、（6）列的工具变量广义矩估计法（GMM-IV）。在分析结果之前，首先要检验解释变量的内生性问题。TWFE-2SLS 与 GMM-IV 估计的内生性检验结果都在不同程度上拒绝外资进入是外生的原假设，这表明外资进入存在明显的内生性。本书选取的工具变量个数大于内生解释变量的个数，因此需要进行过度识别检验来判断工具变量是否外生。过度识别检验都超过了 0.1，故可以认为所有的工具变量均为外生。因此，这里以第（3）—（6）列的 TWFE-2SLS 与 GMM-IV 估计结果作为分析的基础。计量结果显示外资进入变化 $\Delta \ln f$ 的系数均为负值，说明外资进入在短期对中国工业行业价格的上涨起到抑制作用，但不显著。劳动生产率变化 $\Delta \ln Z$ 的系数均为负值，并且都在 1% 的显著性水平下显著，说明劳动生产率在短期会降低生产成本，从而对工业行业价格的上涨起到显著的抑制作用，根据系数的具体数值发现，劳动生产率上升 1%，将导致短期工业行业价格下降 0.067—0.119 个百分点。垄断势力变化 $\Delta \ln \mu$ 的系数均为正值，并且在 1% 的显著性水平下显著，说明垄断势力在短期对工业行业价格的上涨起到显著的促进作用，根据系数的具体数值发现，当垄断势力上升 1%，将导致短期工业价格上涨 0.713—1.000 个百分点。价格总水平变化 $\Delta \ln cpi$ 在短期与工业行业价格变动存在显著的正相关关系，并且该影响效应在回归中都大于 1，说明短期价格总水平的变化将带来工业行业价格更大幅度的变动，这一点与贺力平等（2008）在研究消费者价格指数（CPI）与生产者价格指数（PPI）的相互联系时所得到的结论具有相似之处。从各变量对工业行业价格变动的长期影响来看，外资进入滞后期 $\ln f_{t-1}$ 的系数有正有负，但均不显著。$\ln Z_{t-1}$、$\ln \mu_{t-1}$ 的系数符号与 $\Delta \ln Z$、$\Delta \ln \mu$ 类似，该结果说明劳动生产率对工业行业价格的长期上涨起到抑制作用，而垄断势力越强的工业行业的价格在长期上涨幅度越大。价格总

水平滞后期 $\ln cpi_{t-1}$ 的系数为负，说明价格总水平越高，在长期会抑制工业行业价格的上涨。工业行业价格滞后期 $\ln p_{t-1}$ 的系数为负，说明当工业行业价格的短期波动偏离长期均衡时，其将以 11.8%—21.0% 的调整力度向均衡状态调整。上述结果表明，本章的假设 1 得到经验证据的支持。

表 4 - 2　　外资进入对中国工业行业价格变动的影响（单方程模型估计）

变量	（1）TWFE	（2）TWFE	（3）TWFE-2SLS	（4）TWFE-2SLS	（5）GMM-IV	（6）GMM-IV
$\Delta\ln f$	- 0.002 (- 1.14)	- 0.005 (- 0.58)	- 0.011 (- 0.30)	- 0.022 (- 0.47)	- 0.004 (- 0.19)	- 0.024 (- 1.36)
$\Delta\ln Z$	- 0.085 *** (- 5.34)	- 0.084 *** (- 4.98)	- 0.088 *** (- 4.63)	- 0.119 *** (- 4.17)	- 0.067 *** (- 3.37)	- 0.083 *** (- 4.15)
$\Delta\ln\mu$	0.767 *** (10.79)	0.846 *** (10.45)	0.767 *** (3.25)	0.713 *** (6.31)	1.000 *** (4.26)	0.823 *** (3.24)
$\Delta\ln cpi$	1.429 *** (2.89)	1.702 *** (4.27)	1.397 ** (1.97)	1.487 *** (4.64)	2.115 *** (6.56)	1.825 *** (2.79)
$\ln f_{t-1}$		- 0.034 (- 1.05)		- 0.109 (- 1.29)		0.096 (0.28)
$\ln Z_{t-1}$		- 0.004 (- 1.28)		- 0.018 ** (- 2.05)		- 0.015 ** (- 2.14)
$\ln\mu_{t-1}$		0.250 *** (4.08)		0.529 *** (3.87)		0.521 *** (4.19)
$\ln cpi_{t-1}$		- 0.113 (- 1.26)		- 0.135 (- 0.80)		- 0.093 (- 0.66)
$\ln p_{t-1}$		- 0.118 *** (- 5.92)		- 0.210 *** (- 4.21)		- 0.173 *** (- 4.58)
_ cons	0.089 *** (5.50)	1.104 *** (2.81)	0.094 *** (4.27)	0.356 (0.70)	- 0.003 (- 0.19)	1.270 ** (2.14)
内生性检验	—	—	3.891 [0.049]	4.036 [0.045]	4.564 [0.031]	5.838 [0.016]
过度识别检验	—	—	1.822 [0.179]	0.266 [0.606]	1.775 [0.424]	0.152 [0.695]

续表

变量	（1）	（2）	（3）	（4）	（5）	（6）
	TWFE	TWFE	TWFE-2SLS	TWFE-2SLS	GMM-IV	GMM-IV
Adj-R^2	0.510	0.552	0.562	0.576	0.572	0.501
N	468	468	468	468	432	432

注：***、**、* 分别表示在1%、5%、10% 的显著性水平下显著，小括号内为 Z 值统计量，方括号内为统计量相应的概率值；在双向固定二阶段最小二乘法（TWFE-2SLS）及一般动态矩估计方法（GMM）估计中，我们用外资企业实际所得税率与行业外资政策指数作为外资进入的工具变量，并控制住了省级虚拟变量和时间虚拟变量；第（3）、（4）列的过度识别检验采用 Basmann 检验方法，第（5）、（6）列的过度识别检验采用 Hansen 检验方法；由于部分行业的外资政策指数为 0，因此在实证中对所有行业外资政策指数同时加上 0.001。

二 联立方程模型估计结果分析

表 4-3 列出了联立方程模型的估计结果。联立方程模型的目的在于判断外资进入是否是通过劳动生产率及垄断势力影响中国工业行业的价格变动以及该影响效应到底有多大？第（1）—（3）列为仅包含主要自变量的估计结果，即第（1）列的价格方程仅包括外资进入、劳动生产率、垄断势力及滞后期的工业行业价格等自变量，第（2）列的劳动生产率方程及第（3）列的垄断势力方程仅包括外资进入及滞后期的因变量。从第（1）列中价格方程估计结果得到短期外资进入与长期外资进入的系数均为负，说明外资进入对工业行业价格的上涨具有抑制作用，但均不显著。短期与长期劳动生产率的系数均为负值，短期与长期垄断势力的系数均为正值，这与表 4-2 的估计结果一致。第（2）列的劳动生产率方程估计结果显示短期外资进入与长期外资进入的系数均显著为正，说明无论是长期还是短期，外资进入对劳动生产率的增长均起到促进作用，劳动生产率滞后期显著为负，说明劳动生产率由非均衡状态到均衡状态的调整作用显著。第（3）列的垄断势力方程估计结果显示短期外资进入与长期外资进入的系数均为负值，说明无论是长期还是短期，外资进入对垄断势力的增长均起到抑制作用，但在短期不显著，垄断势

力的滞后期也显著为负，同样说明垄断势力由非均衡状态到均衡状态的调整作用显著。第（4）—（6）列为包含所有自变量的估计结果，主要自变量的估计系数与第（1）—（3）列基本一致。另外，从第（4）列中价格方程估计结果得到长期总体价格水平与工业行业的价格变动负相关，短期总体价格水平与工业行业的价格变动正相关，与表4-2的估计结果一致。第（5）列劳动生产率方程的估计结果显示企业平均规模无论是在短期还是长期均与劳动生产率负相关，且均在10%的显著性水平下显著，这可能是由于部分行业规模报酬非递增造成的。科技支出在短期还是长期均与劳动生产率正相关，这说明科技支出对劳动生产率的提高具有促进作用。第（6）列的垄断势力方程估计结果与第（3）列一致，这里不再赘述。由表4-3的估计结果发现，外资进入主要是通过间接方式影响中国工业行业的价格变动，即通过劳动生产率及垄断势力渠道对工业行业的价格变动施加影响，并且外资进入通过提高劳动生产率及减弱垄断势力抑制中国工业行业价格的上涨。上述结果表明，本章的假设2、假设3得到经验证据的支持。

表4-3　外资进入对中国工业行业价格变动的影响（联立方程模型估计）

变量	仅包含主要自变量			包含所有自变量		
	（1）	（2）	（3）	（4）	（5）	（6）
	$\Delta \ln p$	$\Delta \ln Z$	$\Delta \ln \mu$	$\Delta \ln p$	$\Delta \ln Z$	$\Delta \ln \mu$
$\Delta \ln f$	-0.006 (-0.77)	0.372** (2.43)	-0.012 (-0.38)	-0.008 (-1.28)	0.361** (2.21)	-0.014 (-0.92)
$\Delta \ln Z$	-0.099*** (-4.96)			-0.094*** (-3.24)		
$\Delta \ln \mu$	0.726*** (6.95)			0.629*** (3.84)		
$\Delta \ln size$					-0.154* (-1.83)	
$\Delta \ln rd$					0.010 (0.53)	

变量	仅包含主要自变量			包含所有自变量		
	(1)	(2)	(3)	(4)	(5)	(6)
	$\Delta\ln p$	$\Delta\ln Z$	$\Delta\ln\mu$	$\Delta\ln p$	$\Delta\ln Z$	$\Delta\ln\mu$
$\Delta\ln cpi$				1. 277 *** (6. 73)		
$\ln f_{t-1}$	-0. 110 (-1. 32)	0. 192 * (2. 00)	-0. 032 ** (-2. 20)	-0. 089 (-1. 51)	0. 179 * (1. 83)	-0. 025 ** (-2. 13)
$\ln Z_{t-1}$	-0. 019 ** (-2. 27)	-0. 147 *** (-8. 65)		-0. 031 ** (-2. 00)	-0. 132 *** (-8. 08)	
$\ln\mu_{t-1}$	0. 526 *** (3. 86)		-0. 340 *** (-5. 08)	0. 742 *** (2. 79)		-0. 367 *** (-9. 79)
$\ln size_{t-1}$					-0. 247 *** (-4. 10)	
$\ln rd_{t-1}$					0. 101 *** (5. 28)	
$\ln cpi_{t-1}$				-0. 349 (-1. 42)		
$\ln p_{t-1}$	-0. 210 *** (-4. 75)			-0. 294 *** (-3. 13)		
$\_cons$	0. 959 *** (4. 83)	0. 546 *** (5. 70)	0. 127 *** (4. 29)	-0. 427 (-0. 39)	0. 499 *** (4. 45)	0. 122 *** (8. 31)
N	468	468	468	468	468	468

注: ***、**、* 分别表示在 1%、5%、10% 的显著性水平下显著, 小括号内为 Z 值统计量。

三 短期与长期弹性

通过前文的计量结果本章计算了劳动生产率与垄断势力对外资进入以及工业行业价格对劳动生产率与垄断势力的短期与长期弹性。具体结果见表 4-4。第 (1) 列给出了单方程模型下 [表 4-2 第 (6) 列] 工业行业价格对劳动生产率、垄断势力的短期与长期弹性, 结果发现, 工业行业价格对劳动生产率的短期弹性与长期弹性均为负值, 这说明无论是在短期还是长期，劳动生产率的提高均降低了工业行业的价格。工业行业价格对垄断势力的短期与长期弹性均为正值，这说明垄断势力的上升在短期及长期都会导致工业行业价格的上涨，并且短期弹性和长期弹性分别为 0.823 和 3.012，长期为短期的 3.6 倍左右，这是因为具有垄断势力的企业在长期才能迅速将其余企业挤出市场以提高其产出品的价格，而在短期的挤出速度较慢。第（2）列给出了基于联立方程模型下［表 4－3 第（4）—（6）列］短期与长期弹性的计算结果，其中工业行业价格对劳动生产率、垄断势力的短期与长期弹性与第（1）列单方程的结果基本相同，不再赘述。由第（2）列中劳动生产率对外资进入短期与长期弹性的结果发现，短期与长期弹性均为正值，并且长期弹性大于短期弹性，这是因为低生产率企业在长期才能迅速退出市场，从而提高工业行业的劳动生产率，而在短期退出的速度较缓慢。与之相似，垄断势力对外资进入的长期弹性也大于短期，并且均为负值，说明外资进入无论是在短期还是在长期均会降低工业行业的垄断势力，并且长期效果更明显，这主要是因为在短期由于内资企业与外资企业在绩效方面存在着较大差距，外资企业较易获得垄断势力，从而工业垄断势力的下降幅度也较小，而在长期，随着与外资企业的竞争，众多绩效较差的内资企业逐渐退出市场，使内资企业平均绩效提高，并与外资企业的绩效差距逐渐减小[1]，外资企业此时较难获得垄断势力，从而工业行业垄断势力的下降幅度较短期会提高。第（3）列给出了外资进入通过劳动生产率与垄断势力渠道对工业行业价格的短期与长期影响，结果发现长期的影响效应均强于短期，并且在短期外资进入通过提高劳动生产率对工业行业价格上涨的抑制作用更强，而在长期通过削弱垄断势力的抑制作用更强。

---

　　[1]　该结论利用本书的研究数据也得到证实，这里分别检验了外资进入对内资企业平均绩效以及外资进入对外资企业与内资企业平均绩效之比的影响，结果发现，外资进入对内资企业平均绩效具有显著的正向影响，并降低了外资企业与内资企业的绩效差距。该实证结果见附表 1。

表4-4 短期与长期弹性

$Eq: \Delta \ln p$		(1)	(2)	(3)
$\Delta \ln Z$	短期	-0.083 *	-0.094 *	-0.034 *
	长期	-0.087 *	-0.105 *	-0.142 *
$\Delta \ln \mu$	短期	0.823 *	0.629 *	-0.009
	长期	3.012 *	2.524 *	-0.172 *
$Eq: \Delta \ln Z$				
$\Delta \ln f$	短期	—	0.361 *	—
	长期	—	1.356 *	—
$Eq: \Delta \ln \mu$				
$\Delta \ln f$	短期	—	-0.014	—
	长期	—	-0.068 *	—

注: * 表示在10%的显著性水平下显著。第（3）列报告了外资进入通过劳动生产率以及垄断势力对中国工业行业价格变动的间接影响程度。

四 稳健性检验

为考察上述估计结果的稳健性,本章另外分别利用外资企业主营业务收入、资产以及总产值占比作为外资进入的衡量指标,对前文的估计结果进行检验稳健性。具体稳健性检验结果见表4-5与表4-6。稳健性估计结果与前文的估计结果相比,解释变量的系数与大小同前文的估计结果无较大差别,因此,可以认为前文的估计结果具有较好的稳健性。

表4-5 稳健性检验（单方程模型估计）

变量	主营业务收入		资产		总产值	
	(1)	(2)	(3)	(4)	(5)	(6)
	TWFE-2SLS	GMM-IV	TWFE-2SLS	GMM-IV	TWFE-2SLS	GMM-IV
$\Delta \ln f$	-0.014 (-0.49)	-0.020 (-0.99)	-0.031 (-0.56)	-0.034 (-1.26)	-0.014 (-0.67)	-0.022 (-0.89)
$\Delta \ln Z$	-0.104 *** (-4.65)	-0.095 *** (-2.81)	-0.118 *** (-5.10)	-0.111 *** (-4.61)	-0.100 *** (-4.78)	-0.071 *** (-3.23)
$\Delta \ln \mu$	0.711 *** (6.04)	0.765 *** (3.52)	0.717 *** (6.73)	0.903 *** (4.09)	0.745 *** (6.96)	0.795 *** (4.00)

续表

变量	主营业务收入		资产		总产值	
	（1）	（2）	（3）	（4）	（5）	（6）
	TWFE-2SLS	GMM-IV	TWFE-2SLS	GMM-IV	TWFE-2SLS	GMM-IV
$\ln Z_{t-1}$	− 0. 015 * （ − 1. 97）	− 0. 016 * （ − 1. 72）	− 0. 031 * （ − 1. 91）	− 0. 019 ** （ − 2. 20）	− 0. 014 （ − 1. 29）	− 0. 021 ** （ − 2. 02）
$\Delta \ln cpi$	1. 560 *** （3. 64）	1. 642 *** （2. 97）	1. 569 *** （3. 99）	1. 684 *** （2. 72）	1. 402 *** （3. 30）	1. 712 ** （2. 21）
$\ln f_{t-1}$	− 0. 116 （ − 0. 95）	− 0. 011 （ − 0. 30）	− 0. 085 （ − 1. 50）	0. 103 （0. 47）	− 0. 113 （ − 1. 24）	0. 071 （0. 27）
$\ln \mu_{t-1}$	0. 572 *** （3. 55）	0. 538 *** （2. 80）	0. 413 *** （3. 94）	0. 510 *** （2. 96）	0. 582 *** （3. 83）	0. 518 *** （3. 61）
$\ln cpi_{t-1}$	− 0. 145 （ − 0. 88）	− 0. 103 （ − 0. 75）	− 0. 122 （ − 0. 88）	− 0. 086 （ − 0. 90）	− 0. 083 （ − 0. 59）	− 0. 112 （ − 0. 48）
$\ln p_{t-1}$	− 0. 202 *** （ − 4. 22）	− 0. 217 *** （ − 3. 41）	− 0. 203 *** （ − 5. 31）	− 0. 183 *** （ − 5. 02）	− 0. 211 *** （ − 4. 54）	− 0. 162 *** （ − 3. 69）
$\_ cons$	0. 198 （0. 32）	0. 872 ** （1. 99）	0. 458 （0. 90）	1. 302 ** （2. 17）	0. 499 （0. 96）	1. 012 ** （2. 38）
内生性检验	4. 263 ［0. 041］	6. 031 ［0. 010］	3. 842 ［0. 052］	5. 752 ［0. 017］	4. 059 ［0. 044］	5. 843 ［0. 016］
过度识别检验	0. 257 ［0. 610］	0. 146 ［0. 701］	0. 266 ［0. 606］	0. 207 ［0. 648］	0. 274 ［0. 601］	0. 174 ［0. 677］
Adj − R²	0. 596	0. 536	0. 521	0. 468	0. 581	0. 522
N	468	432	468	432	468	432

注：***、**、* 分别表示在1%、5%、10%的显著性水平下显著，小括号内为Z值统计量，方括号内为统计量相应的概率。

表 4 − 6　　　　　　　　稳健性检验（联立方程模型估计）

变量	主营业务收入			资产			总产值		
	（1）	（2）	（3）	（4）	（5）	（6）	（7）	（8）	（9）
	$\Delta \ln p$	$\Delta \ln Z$	$\Delta \ln \mu$	$\Delta \ln p$	$\Delta \ln Z$	$\Delta \ln \mu$	$\Delta \ln p$	$\Delta \ln Z$	$\Delta \ln \mu$
$\Delta \ln f$	− 0. 009 （ − 1. 06）	0. 293 ** （2. 13）	− 0. 010 （ − 0. 97）	− 0. 013 （ − 1. 15）	0. 351 ** （2. 15）	− 0. 016 （ − 1. 07）	− 0. 011 （ − 0. 67）	0. 312 *** （2. 73）	− 0. 010 （ − 1. 01）
$\Delta \ln Z$	− 0. 083 *** （ − 4. 92）			− 0. 106 *** （ − 3. 15）			− 0. 083 *** （ − 4. 88）		

续表

变量	主营业务收入			资产			总产值		
	(1)	(2)	(3)	(4)	(5)	(6)	(7)	(8)	(9)
	$\Delta\ln p$	$\Delta\ln Z$	$\Delta\ln\mu$	$\Delta\ln p$	$\Delta\ln Z$	$\Delta\ln\mu$	$\Delta\ln p$	$\Delta\ln Z$	$\Delta\ln\mu$
$\Delta\ln\mu$	0.648 *** (3.07)			0.579 *** (3.49)			0.644 *** (2.93)		
$\Delta\ln size$		-0.163 ** (-2.23)			-0.172 (-1.36)			-0.159 ** (-2.21)	
$\Delta\ln rd$		0.008 (1.05)			0.012 (0.95)			0.006 (0.99)	
$\Delta\ln cpi$	1.476 *** (4.76)			1.218 *** (4.96)			1.330 *** (4.92)		
$\ln f_{t-1}$	-0.084 (-0.89)	0.176 ** (2.25)	-0.020 *** (-2.99)	-0.065 (-0.70)	0.141 ** (2.17)	-0.027 ** (-2.09)	-0.090 (-0.58)	0.166 ** (2.15)	-0.020 *** (-2.84)
$\ln Z_{t-1}$	-0.031 * (-1.77)	-0.102 *** (-7.95)		-0.029 (-1.76)	-0.178 *** (-6.60)		-0.031 ** (-2.11)	-0.111 *** (-10.91)	
$\ln\mu_{t-1}$	0.766 *** (4.21)		-0.390 *** (-8.93)	0.623 *** (2.77)		-0.371 *** (-8.29)	0.749 *** (4.00)		-0.381 *** (-8.74)
$\ln size_{t-1}$		-0.202 *** (-5.26)			-0.193 *** (-4.95)			-0.194 *** (-5.10)	
$\ln rd_{t-1}$		0.115 *** (2.90)			0.094 *** (2.78)			0.129 *** (2.69)	
$\ln cpi_{t-1}$	-0.327 (-1.35)			-0.394 (-1.01)			-0.324 (-1.32)		
$\ln p_{t-1}$	-0.315 *** (-3.80)			-0.231 *** (-3.45)			-0.307 *** (-3.57)		
_cons	-0.328 (-0.91)	0.470 *** (3.18)	0.103 *** (6.93)	-0.516 (-0.92)	0.601 *** (4.71)	0.087 *** (5.87)	-0.389 (-0.79)	0.466 *** (4.05)	0.099 *** (6.74)
N	468	468	468	468	468	468	468	468	468

注：***、**、* 分别表示在 1%、5%、10% 的显著性水平下显著，小括号内为 Z 值统计量。

第四节　进一步讨论

为了验证 1999 年以来行业外资进入对中国工业行业价格变动的影响

效果。我们利用前文表 4 – 3 第（1）—（3）列的实证结果估算了外资进入对中国各工业行业劳动生产率与垄断势力的影响（见附表 2）以及通过劳动生产率与垄断势力渠道对中国各工业行业价格变动的影响效应（见附表 3）。为了分析方便，本章借鉴谢建国（2003）的方法，将全部工业二位码行业划分为劳动密集型行业、资本密集型行业、技术密集型行业、资源密集型行业四种行业类型①，比较不同行业类型之间的差异。表 4 – 7 为外资进入对劳动生产率与垄断势力的影响效应。第（1）—（3）列分别给出了工业各行业及整个工业行业的初始劳动生产率、短期外资进入以及长期外资进入后的劳动生产率状况，结果显示外资进入使短期工业劳动生产率由期初的 65.686 千元/人增长到 66.698 千元/人，增长 1.541%，使长期工业劳动生产率增长到 87.711 千元/人，增长了 33.531%。分行业来看，资本密集型行业劳动生产率在短期增长最快，短期增长 4.921%，在长期，同样是资本密集型行业劳动生产率增长最快，长期增长 75.065%。而劳动密集型行业劳动生产率不仅没有增长，反而下降，在短期下降 6.516%，长期下降了 41.030%，这主要是因为劳动密集型行业的外资企业市场控制力下降幅度最大，由 1999 年的 38.53% 下降到 2012 年的 32.05%，下降了近 6.5 个百分点。第（4）—（6）列分别给出了工业各行业及整个工业行业的初始垄断势力、短期外资进入以及长期外资进入后的垄断势力状况，由第（4）列中工业各行业及整个工业行业初始垄断势力的结果发现，其中劳动密集型行业、技

---

① 其中劳动密集型行业包括农副食品加工业，食品制造业，饮料制造业，烟草制品业，纺织业，纺织服装、鞋、帽制造业，皮革、皮毛、羽毛（绒）及其制品业，木材加工及木、竹、藤、棕、草制品业。资本密集型行业包括家具制造业，造纸及纸制品业，印刷业和记录媒介的复制，文教体育用品制造业，石油加工冶炼及核燃料加工业，橡胶制品业，塑料制品业，非金属矿物制品业，黑色金属冶炼及压延加工业，有色金属冶炼及压延加工业，金属制品业。技术密集型行业包括化学原料及化学制品制造业，医药制造业，化学纤维制造业，通用设备制造业，专用设备制造业，交通运输设备制造业，电器机械及器材制造业，通信设备、计算机及其他电子设备制造业，仪器仪表及文化、办公用机械制造业。资源密集型行业包括煤炭开采和洗选业，石油和天然气开采业，黑色金属矿采选业，有色金属矿采选业，非金属矿采选业，电力、热力的生产和供应业，燃气生产和供应业，水的生产和供应业。

术密集型行业以及资源密集型行业的垄断势力均大于整个工业行业的垄断势力,仅有资本密集型行业垄断势力小于整个工业行业的垄断势力。第(5)列短期外资进入后工业各行业及整个工业行业垄断势力状况的结果显示:外资进入使短期工业行业垄断势力由期初的 1.232 下降到 1.230,降低 0.162%,其中劳动密集型行业垄断势力在短期的下降幅度最大,下降了 0.552%,资源密集型行业垄断势力在短期增长了 0.474%。第(6)列长期外资进入后工业各行业及整个工业行业垄断势力状况的结果显示:外资进入使长期整个工业行业垄断势力由期初的 1.232 下降到 1.209,下降了 1.867%,其中资源密集型行业在长期的降幅最大,为 -3.315%,技术密集型行业次之,为 -2.107%,而劳动密集型行业垄断势力在长期上升了 0.710%。

表 4-7　　　　**外资进入对劳动生产率与垄断势力的影响效应**

行业	(1) 初始劳动生产率	(2) 外资进入后劳动生产率(短期)	(3) 外资进入后劳动生产率(长期)	(4) 初始垄断势力	(5) 外资进入后垄断势力(短期)	(6) 外资进入后垄断势力(长期)
劳动密集型行业	70.125	65.556	41.353	1.268	1.261	1.277
资本密集型行业	57.044	59.851	99.864	1.180	1.179	1.164
技术密集型行业	66.529	68.718	89.268	1.234	1.232	1.208
资源密集型行业	72.882	75.819	116.531	1.267	1.273	1.225
整个工业行业	65.686	66.698	87.711	1.232	1.230	1.209

注:具体计算结果是以表 4-3 第(1)—(3)列的计量结果为基准,并利用各子行业占相关行业(劳动密集型行业、资本密集型行业、技术密集型行业、资源密集型行业或工业行业)的产值比重进行加权平均得到的相关行业结果,其中短期代表一年后,长期为整个样本时期,下表同。

表 4-8 为外资进入通过劳动生产率与垄断势力对中国工业行业价格变动的影响效应。第(1)—(3)列分别给出了工业各行业及整个工业行业外资进入在短期通过劳动生产率、垄断势力对价格变动的影响效应

以及对价格变动的影响总效应。结果表明，外资进入在短期通过提高劳动生产率使工业行业价格下降了0.009%，通过削弱垄断势力使工业行业价格下降了0.002%，从而使中国工业行业价格每年下降了0.011%。分行业来看，外资进入在短期对技术密集型行业价格降幅的影响效应最大，使该行业价格每年下降了0.086%，资本密集型行业次之，每年下降了0.054%，而外资进入不仅没有使劳动密集型行业价格下降，反而使该行业价格每年增长了0.183%。第（4）—（6）列分别给出了工业各行业及整个工业行业外资进入在长期通过劳动生产率、垄断势力对价格变动的影响效应以及对价格变动的影响总效应。结果表明，外资进入在长期通过劳动生产率的提高使工业行业价格下降了1.161%，通过削弱垄断势力使工业行业价格下降了1.598%，从而使中国工业行业价格在样本期内下降了2.759%。分行业来看，外资进入在长期对资源密集型行业价格的影响效应最大，使该行业价格在样本时期内下降了10.273%；技术密集型行业次之，使该行业价格在样本时期内下降了7.837%；与上述两类行业不同，外资进入在长期使劳动密集型行业价格在样本期内上涨了15.511%。

表4－8　　外资进入通过劳动生产率与垄断势力对价格的影响效应　　　　单位:%

行业	（1）通过劳动生产率（短期）	（2）通过垄断势力（短期）	（3）外资进入影响总效应（短期）	（4）通过劳动生产率（长期）	（5）通过垄断势力（长期）	（6）外资进入影响总效应（长期）
劳动密集型行业	0.152	0.031	0.183	4.789	10.722	15.511
资本密集型行业	－0.045	－0.009	－0.054	－1.329	－2.144	－3.473
技术密集型行业	－0.071	－0.015	－0.086	－2.710	－5.127	－7.837
资源密集型行业	－0.006	－0.001	－0.007	－4.063	－6.210	－10.273
整个工业行业	－0.009	－0.002	－0.011	－1.161	－1.598	－2.759

第五节　本章小结

本章以 Melitz and Ottaviano（2008）模型为分析框架，构建了一个包含外资企业进入的两国一般均衡模型，进而揭示了外资进入对工业行业价格变动的影响机理，在此基础上，利用1999—2012年中国36个工业行业的面板数据，针对外资进入对中国工业行业价格变动的具体影响进行了实证分析。分析结果表明：①无论是从短期看还是从长期看，外资进入都是通过提高劳动生产率及削弱垄断势力影响中国工业行业的价格变动的。②在短期，外资进入通过提高劳动生产率对中国工业行业价格的上涨产生了较强的抑制作用，而在长期，外资进入则通过削弱垄断势力对中国工业行业价格上涨产生了较强的抑制作用。③外资进入对中国不同工业行业价格变动的影响效应存在着较大差异，具体而言，外资进入对资源密集型行业、技术密集型行业及资本密集型行业的价格上涨均产生抑制作用，其中对资源密集型行业价格上涨的抑制作用最为明显，随后依次是技术密集型行业与资本密集型行业，而劳动密集型行业由于外资进入程度的大幅下降致使其价格上涨。

第五章　行业异质、控制结构变化与
中国工业行业价格变动

第四章以 Melitz and Ottaviano（2008）模型为分析框架，揭示了外资进入通过劳动生产率及垄断势力进而对中国工业行业价格变动的影响效应。本章在第四章的基础上分析控制结构变化对中国工业行业价格变动的影响作用，另外我国工业各行业内不同所有制企业的生产率及垄断势力差距存在显著差异，而不同所有制企业的生产率及垄断势力差距又会对控制结构变化的行业价格变动效应产生影响（于津平和梁琦，2005；王玲和涂勤，2007；王争，2010），所以本章将工业各行业内不同所有制企业的生产率及垄断势力差距作为行业异质的衡量指标，继而从行业异质角度分析控制结构变化对中国工业行业价格变动的影响效应。本章试图回答以下两个重要问题：一是控制结构变化对中国工业行业价格变动产生了什么样的具体影响？二是当不同所有制企业生产率差距或者垄断势力差距发生变化时，控制结构变化对中国工业行业价格变动的影响会产生何种变化？

大量的文献表明，国外产品，特别是发展中国家产品对发达国家市场的控制会降低发达国家的价格增速，如 Chen 等（2009）利用 1988—2000 年欧盟七国制造业层面的行业数据，考察了国外产品控制国内市场对行业价格变动的影响，研究表明，国外产品对国内市场控制力上升会加剧行业竞争，从而提高行业劳动生产率，并减缓价格上涨速度。Auer and Fischer（2010）采用 1997—2006 年美国 325 个制造业行业数据，考察了 7 个低工资国家产品进入对美国制造业行业价格变动的影响。结果发现，低工资国家产品进入对行业价格上涨产生显著的抑制作用，并且该 7 国产品对行业的控制力增大 1% 会使行业价格下降 3.1%。Auer 等（2013）利用 1995—2008 年欧洲五国（德国、法国、意大利、瑞典和英国）的 110 个行业数据，考察了亚洲及全球其他低工资国家劳动密集型产品市场占有率对欧洲五国行业通胀的影响效应。结果发现，中国及其他亚洲低工资国家劳动密集型产品市场占有率上升 1% 会使该行业价格增长率下降 3%。需要特别强调的一点是，据笔者所知，关于国外控制以及控制结构变化对中国等发展中国家价格变动的影响，已有的研究文献从未涉及，所以，本章的研究可以弥补已有文献的不足。

第一节　模型分析与假设提出

本章通过扩展于津平和梁琦（2005）关于最优外资规模的数理模型，从行业异质角度分析控制结构变化对中国工业行业价格变动的影响效应。本章对于津平和梁琦（2005）模型的扩展主要从两方面进行：第一，于津平和梁琦（2005）模型仅对内资企业与外资企业竞争下的最优外资规模进行探讨，本章在利用两部门模型（包含内资企业部门与外资企业部门）求解最优外资规模以及最优内资规模的基础上，从行业异质角度分析了内资控制力与外资控制力变化对价格变动的影响效应；第二，于津平和梁琦（2005）模型假定内资企业为同质的，该假定忽视了国有企业与私营企业的差异性，相比私营企业仅追求利润最大化，国有企业在追求利润最大化的同时，还必须兼顾政府的社会性目标（宋鹏程和杨其静，2006；欧瑞秋等，2014），因此，本章将内资企业划分为国有企业与私营企业两种企业类型，利用三部门模型（包括国有企业部门、私营企业部门与外资企业部门）就行业异质、内资控制结构变化与价格变动的关系进行探讨。

一　两部门模型

（一）产品市场

假设在本国的某一行业中，包括 m 家同质的内资企业和 n 家同质的外资企业，无论是内资企业还是外资企业，均需要利用本国的技术工人和非技术工人进行生产。假定内资企业与外资企业的生产函数均服从里昂惕夫生产函数；在该生产函数下，生产过程中技术工人与非技术工人的投入比例固定，当技术工人的数量不能变动时，非技术工人的投入数量再多，也不能增加企业产量。之所以将生产函数设定为里昂惕夫型，是因为中国存在大量的非技术工人，由于非技术工人的培训机制还不完善，期望利用非技术工人替代技术工人在短期还难以实现。分别用 a_t（$t = d$，f）和 b_t（$t = d$，f）表示企业的技术工人人均产量和非技术工人人均产量，其中 d 表示内资企业，f 表示外资企业，则内资企业 i 的产量（$q_{d,i}$）与技术工人投入量（$l_{d,i}$）和非技术人员投入量（$u_{d,i}$）之间的关系如下：

$$q_{d,i} = a_d l_{d,i} = b_d u_{d,i} \quad i = 1，2，\cdots，m \qquad （5-1）$$

同样地，外资企业 j 的产量（$q_{f,j}$）与技术工人投入量（$l_{f,j}$）和非技术人员投入量（$u_{f,j}$）之间的关系如下：

$$q_{f,j} = a_f l_{f,j} = b_f u_{f,j} \quad j = 1，2，\cdots，n \qquad （5-2）$$

另外，在市场需求为线性函数的假设之下，令该行业的市场反需求函数为：

$$P = 1 - Q \qquad （5-3）$$

其中，P 为市场价格，Q 为市场总产量，即：

$$Q = m q_{d,i} + n q_{f,j} \qquad （5-4）$$

内资企业 i 的利润函数（$\pi_{d,i}$）以及外资企业 j 的利润函数（$\pi_{f,j}$）分别为：

$$\pi_{d,i} = P（Q）q_{d,i} - w_s l_{d,i} - w_u u_{d,i} \qquad （5-5）$$

$$\pi_{f,j} = P（Q）q_{f,j} - w_s l_{f,j} - w_u u_{f,j} \qquad （5-6）$$

其中，w_s 和 w_u 分别表示技术工人和非技术工人的工资。

若内资企业与外资企业进行古诺数量竞争，则内资企业与外资企业利润最大化下技术工人的投入量分别为：

$$l_{d,i} = \frac{a_d P - w_s - c_d w_u}{a_d^2} \qquad (5-7)$$

$$l_{f,j} = \frac{a_f P - w_s - c_f w_u}{a_f^2} \qquad (5-8)$$

其中，c_d、c_f 分别表示生产单位产品内资企业与外资企业非技术工人与技术工人在生产中的投入比例，即 a_t/b_t（$t = d$，f）。

（二）劳动力市场

为了简化分析，假设该行业内资企业和外资企业技术工人与非技术工人的人均产出相等，即 $a_d = a_f = a$、$b_d = b_f = b$。相较内资企业，外资企业的生产技术更加先进，从而对技术工人的要求数量相对较高，即 $c_d > c_f$，并且外资企业除了可以在本国雇用技术工人外，还可以从母国企业将技术工人派往本国的外资企业，而本国的技术工人可以在该行业的不同企业之间流动，但不能流向外资企业的母国企业。因此，在短期内本国技术人员总数（$\overline{L}_s$）外生给定的情况下，本国技术人员的市场供需平衡为：

$$m l_{d,i}(w_s) + \alpha n l_{f,j}(w_s) = \overline{L}_s \qquad (5-9)$$

其中，α 为外资企业中本国技术工人占技术工人总数的比重，由于本国非技术工人十分充裕，因此可以忽略内资企业与外资企业之间非技术工人的工资差异，将非技术工人的工资水平视为外生参数。根据式（5-7）、式（5-8）及式（5-9），可以求得技术工人供需平衡时的工资水平：

$$w_s = a P + \frac{a^2 \overline{L}_s - (m c_d + \alpha n c_f) w_u}{m + \alpha n} \qquad (5-10)$$

（三）控制结构变化与价格变动

行业中的内资企业产量为 $m a l_{d,i}$，外资企业的产量为 $n a l_{f,j}$，因此该行业的内资控制力（z_d）与外资控制力（z_f）表示为：

$$z_d \equiv \frac{mal_{d,i}}{mal_{d,i} + nal_{f,j}} \quad (5-11)$$

$$z_f \equiv \frac{nal_{f,j}}{mal_{d,i} + nal_{f,j}} \quad (5-12)$$

将式（5-10）代入式（5-7）、式（5-8），再将其代入式（5-11）、式（5-12），得到内资控制力与外资控制力的表达式为：

$$z_d \equiv \frac{mal_{d,i}}{mal_{d,i} + nal_{f,j}} = \frac{-\alpha mnew_u (c_d - c_f)}{(m+n) aP + mnew_u (1-\alpha)(c_d - c_f)} \quad (5-13)$$

$$z_f \equiv \frac{nal_{f,j}}{mal_{d,i} + nal_{f,j}} = \frac{n [aP + mew_u (c_d - c_f)]}{(m+n) aP + mnew_u (1-\alpha)(c_d - c_f)} \quad (5-14)$$

其中，$e \equiv -\frac{dQ}{dP}\frac{P}{Q} > 0$ 为行业产品需求弹性。根据式（5-13）、式（5-14）求解得到外资企业进入后的价格（P）分别关于内资控制力（z_d）与外资控制力（z_f）的函数关系表达式：

$$P = \frac{[\alpha + z_d (1-\alpha)] mnew_u (c_d - c_f)}{[(1-z_d) m - z_d n] a} \quad (5-15)$$

$$P = \frac{[1 - z_f (1-\alpha)] mnew_u (c_d - c_f)}{[z_f m - (1-z_f) n] a} \quad (5-16)$$

将式（5-15）、式（5-16）两边分别对 z_d、z_f 求偏导，可以求得内资控制力与外资控制力对价格变动的影响为[①]：

$$\frac{\partial \Delta p}{\partial z_d} = \frac{[m + \alpha (1-z_d)(m+n)] mnew_u (c_d - c_f)}{[(1-z_d) m - z_d n]^2 a} > 0 \quad (5-17)$$

$$\frac{\partial \Delta p}{\partial z_f} = \frac{-[m + z_f \alpha (m+n)] mnew_u (c_d - c_f)}{[z_f m - (1-z_f) n]^2 a} < 0 \quad (5-18)$$

其中，ΔP 表示外资企业进入前后的价格变动。

---

① 由于外资企业进入前行业均衡价格的函数 $P_e = 1 - a\overline{L}_s$ 中不包括内资企业、外资企业控制力变量，因此，对 z_d、z_f 求偏导的值为零。

于是，有如下假设：

假设1：以内资控制力提高为特征的控制结构变化会促进价格上涨，以外资控制力提高为特征的控制结构变化会抑制价格上涨。

（四）行业异质、控制结构变化与价格变动

将式（5－17）、式（5－18）两边分别对（$c_d - c_f$）求偏导，可以发现在外资企业与内资企业生产率差距变化时内资控制力与外资控制力对价格变动的影响为：

$$\frac{\partial^2 \Delta p}{\partial z_d \partial (c_d - c_f)} = \frac{[m + \alpha (1 - z_d)(m + n)] mnew_u}{[(1 - z_d) m - z_d n]^2 a} > 0 \quad (5 - 19)$$

$$\frac{\partial^2 \Delta p}{\partial z_f \partial (c_d - c_f)} = \frac{-[m + z_f \alpha (m + n)] mnew_u}{[z_f m - (1 - z_f) n]^2 a} < 0 \quad (5 - 20)$$

于是，有如下假设：

假设2：随着外资企业与内资企业的生产率差距逐渐缩小，以内资控制力提高为特征的控制结构变化对价格上涨的促进作用逐渐减弱，以外资控制力提高为特征的控制结构变化对价格上涨的抑制作用逐渐减弱。

大量研究还表明，外资企业与内资企业的垄断势力存在显著差异（王皓，2013；Murakozy and Russ，2015）。因此，我们试图从外资企业与内资企业垄断势力差距变化的角度对控制结构变化的价格变动效应进行分析。一般来说，发展中国家的外资企业垄断势力大于内资企业，因此，随着外资企业与内资企业的垄断势力差距逐渐减小，外资企业越来越难以获得超额利润，这时外资企业进入国内市场的激励降低，其进入规模及速度也将下降，因此造成外资控制力下降，此时会降低外资控制力对价格上涨的抑制作用。与之相对应，外资控制力下降意味着内资控制力上升，则外资企业与内资企业的垄断势力差距逐渐减小会提高内资控制力对价格上涨的促进作用。

于是，有如下假设：

假设3：随着外资企业与内资企业的垄断势力差距逐渐减小，以内资控制力提高为特征的控制结构变化对价格上涨的促进作用逐渐增强，以外资控制力提高为特征的控制结构变化对价格上涨的抑制作用逐渐减弱。

二　三部门模型

（一）产品市场

前文是将内资企业视为同质，会忽视国有企业与私营企业的差异性。相比私营企业仅追求利润最大化，国有企业在追求利润最大化的同时，还必须兼顾政府的社会性目标。因此，下面做如下假定：假定本国某一行业最初仅存在 m_s 个国有企业，出于市场化和国际化的要求，本国政府决定向私营企业和外资企业开放本国产品市场，即允许私营企业及外资企业进入该行业。其中，私营企业和外资企业均以利润最大化为目标，国有企业以利润及承担的社会负担的加权平均最大化为目标。假定市场中国有企业、私营企业、外资企业的企业总数分别为 m_s、m_p 与 n。则国有企业、私营企业、外资企业的目标函数分别表示为：

$$\max \boldsymbol{\pi}_s = P(Q)q_s - w_s l_s - w_u u_s + \theta \int_0^{q_s+q_p+q_n} (1 - Q - P)dQ \tag{5-21}$$

$$\max \boldsymbol{\pi}_p = P(Q)q_p - w_s l_p - w_u u_p \tag{5-22}$$

$$\max \boldsymbol{\pi}_f = P(Q)q_f - w_s l_f - w_u u_f \tag{5-23}$$

其中，θ 表示国有企业承担的社会负担相对于利润的权重。q_s、q_p、q_f 分别表示国有企业、私营企业、外资企业的产量，l_s、l_p、l_f 分别表示国有企业、私营企业、外资企业的技术工人总数，u_s、u_p、u_f 分别表示国有企业、私营企业、外资企业的非技术工人总数。

当国有企业、私营企业与外资企业进行古诺数量竞争，则国有企业、私营企业、外资企业目标函数最大化下技术工人的总数分别为：

$$l_s = \frac{(1-\theta)\ aP - w_s - c_s w_u + \theta a}{a^2} \tag{5-24}$$

$$l_p = \frac{aP - w_s - c_p w_u}{a^2} \tag{5-25}$$

$$l_f = \frac{aP - w_s - c_f w_u}{a^2} \qquad (5-26)$$

其中，c_s、c_p、c_f 分别表示生产单位产品国有企业、私营企业与外资企业非技术工人与技术工人在生产中的投入比例，不失一般性，假定 $c_s > c_p > c_f$，即国有企业生产单位产品的成本高于（生产率低于）私营企业，私营企业生产单位产品的成本又高于（生产率又低于）外资企业，该假定已得到国内多数学者的证实（刘小玄和李双杰，2008；聂辉华和贾瑞雪，2011；鲁晓东和连玉君，2012）。

（二）劳动力市场

与两部门模型类似，假定外资企业除了可以在本国雇用技术工人外，还可以从母国企业将技术工人派往本国的外资企业，而本国的技术工人可以在该行业的不同企业之间流动，但不能流向外资企业的母国企业。因此，在短期内本国技术人员总数（$\bar{L}_s$）外生给定的情况下，本国技术人员的市场供需平衡为：

$$m_s l_s + m_p l_p + \alpha n l_f = \bar{L}_s \qquad (5-27)$$

其中，α 为外资企业中本国技术工人占技术工人总数的比重。根据式（5-24）、式（5-25）、式（5-26）及式（5-27），可以求得技术工人供需平衡时的工资水平：

$$w_s = aP\left[1 - \frac{e\theta m_s + 1}{e(m_s + m_p + \alpha n)}\right] + \frac{a\theta m_s - (m_s c_s + m_p c_p + n c_f)w_u}{m_s + m_p + \alpha n}$$

$$(5-28)$$

其中，$e \equiv -\dfrac{dQ}{dP}\dfrac{P}{Q} > 0$ 为产品需求弹性。

（三）内资控制结构变化与价格变动

国有企业、私营企业、外资企业的产量分别为 $m_s a l_s$、$m_p a l_p$ 及 $n a l_f$，因此国有控制力 z_s、私营控制力 z_p、外资控制力 z_f 可以分别表示为：

$$z_s \equiv \frac{m_s a l_s}{m_s a l_s + m_p a l_p + n a l_f} = \frac{m_s l_s}{m_s l_s + m_p l_p + n l_f} \qquad (5-29)$$

$$z_p \equiv \frac{m_p a l_p}{m_s a l_s + m_p a l_p + n a l_f} = \frac{m_p l_p}{m_s l_s + m_p l_p + n l_f} \quad (5-30)$$

$$z_f \equiv \frac{n a l_f}{m_s a l_s + m_p a l_p + n a l_f} = \frac{n l_f}{m_s l_s + m_p l_p + n l_f} \quad (5-31)$$

将式（5-28）代入式（5-24）、式（5-25）、式（5-26），再将其代入式（5-29）、式（5-30）、式（5-31），得到国有控制力、私营控制力与外资控制力的表达式为：

$$z_s = \frac{m_s \left\{ \left[1 - e\theta \left(m_p + \alpha n \right) \right] aP - ea\theta m_s + ew_u \left[m_p \left(c_p - c_s \right) + \alpha n \left(c_f - c_s \right) \right] \right\}}{\left[(1-\alpha) e\theta m_s n + m_s + m_p + n \right] aP - ea\theta m_s \left(m_s + m_p + n \right) + (1-\alpha) ew_u n \left[m_p \left(c_p - c_f \right) + m_s \left(c_s - c_f \right) \right]}$$
$$(5-32)$$

$$z_p = \frac{m_p \left\{ \left(e\theta m_s + 1 \right) aP - ea\theta m_s + ew_u \left[\alpha n \left(c_f - c_p \right) + m_s \left(c_s - c_p \right) \right] \right\}}{\left[(1-\alpha) e\theta m_s n + m_s + m_p + n \right] aP - ea\theta m_s \left(m_s + m_p + n \right) + (1-\alpha) ew_u n \left[m_p \left(c_p - c_f \right) + m_s \left(c_s - c_f \right) \right]}$$
$$(5-33)$$

$$z_f = \frac{n \left\{ \left(e\theta m_s + 1 \right) aP - ea\theta m_s + ew_u \left[m_p \left(c_p - c_f \right) + m_s \left(c_s - c_f \right) \right] \right\}}{\left[(1-\alpha) e\theta m_s n + m_s + m_p + n \right] aP - ea\theta m_s \left(m_s + m_p + n \right) + (1-\alpha) ew_u n \left[m_p \left(c_p - c_f \right) + m_s \left(c_s - c_f \right) \right]}$$
$$(5-34)$$

根据式（5-32）、式（5-33）、式（5-34）求解得到外资企业进入后的价格 P 分别关于国有控制力 z_s、私营控制力 z_p 与外资控制力 z_f 的函数关系表达式为：

$$P = \frac{ew_u \left\{ z_s \left(1-\alpha \right) n \left[m_p \left(c_p - c_f \right) + m_s \left(c_s - c_f \right) \right] - m_s \left[m_p \left(c_p - c_s \right) + \alpha n \left(c_f - c_s \right) \right] \right\} - ea\theta m_s \left[\left(1 - z_s \right) m_s + z_s \left(m_p + n \right) \right]}{a \left\{ z_s \left[(1-\alpha) e\theta m_s n + m_s + m_p + n \right] - m_s \left[1 - e\theta \left(m_p + \alpha n \right) \right] \right\}}$$
$$(5-35)$$

$$P = \frac{ew_u \left\{ z_p \left(1-\alpha \right) n \left[m_p \left(c_p - c_f \right) + m_s \left(c_s - c_f \right) \right] - m_p \left[\alpha n \left(c_f - c_p \right) + m_s \left(c_s - c_p \right) \right] \right\} - ea\theta m_s \left[\left(1 - z_s \right) m_p + z_s \left(m_s + n \right) \right]}{a \left\{ z_p \left[(1-\alpha) e\theta m_s n + m_s + m_p + n \right] - m_p \left(e\theta m_s + 1 \right) \right\}}$$
$$(5-36)$$

$$P = \frac{ew_u n \left[1 - z_f \left(1-\alpha \right) \right] \left[m_p \left(c_p - c_f \right) + m_s \left(c_s - c_f \right) \right] - \left[n - z_f \left(m_s + m_p + n \right) \right] ea\theta m_s}{a \left\{ z_f \left(m_s + m_p + n \right) - n - \left[1 - z_f \left(1-\alpha \right) \right] e\theta m_s n \right\}}$$
$$(5-37)$$

将式（5-35）、式（5-36）、式（5-37）两边分别对国有控制力 z_s、私营控制力 z_p 与外资控制力 z_f 求偏导，得到国有控制力、私营控制力与外资控制力对价格变动的影响为①：

$$\frac{\partial \Delta P}{\partial z_s} = \frac{1}{(m_s + m_p + \alpha n)ew_u} \{ (m_p + n)(c_s - c_f) - m_p [(1-\alpha)e\theta n + 1](c_p - c_f) \} + (\theta e)^2 am_s(m_p + n)$$

$$(5-38)$$

$$\frac{\partial \Delta P}{\partial z_p} = \frac{1}{(m_s + m_p + \alpha n)ew_u} \{ [(1-\alpha)e\theta m_s n + m_s + n](c_p - c_f) - m_s(c_s - c_f) \} - (\theta em_s)^2 a$$

$$(5-39)$$

$$\frac{\partial \Delta p}{\partial z_f} = \frac{\nabla^2}{-(m_s + m_p + \alpha n)\{(e\theta m_s n)^2 a + ew_u n[m_p(c_p - c_f) + m_s(c_s - c_f)]\}}$$

$$(5-40)$$

其中 $\nabla = [(1-\alpha)e\theta m_s n + m_s + m_p + n]aP - ea\theta m_s(m_s + m_p + n) + (1-\alpha)ew_u n[m_p(c_p - c_f) + m_s(c_s - c_f)]$。

由式（5-38）、式（5-39）及式（5-40）可以看出：

第一，国有控制力、私营控制力对价格变动的影响不确定。当$(c_s - c_f) - m_p[(1-\alpha)e\theta n + 1](c_p - c_f)/m_p + n > -\theta^2 eam_s/w_u$ 时，$\partial \Delta p/\partial z_s > 0$，反之，$\partial \Delta p/\partial z_s < 0$；当$[(1-\alpha)e\theta m_s n + m_s + n](c_p - c_f)/m_s - (c_s - c_f) > \theta^2 m_s ea/w_u$ 时，$\partial \Delta p/\partial z_p > 0$，反之，$\partial \Delta p/\partial z_p < 0$。很明显，若国有企业承担的社会负担相对于利润的权重 θ 取零时，即国有企业与私营企业、外资企业相似，也以利润最大化为目标，则国有控制力对价格变动的影响为正。这主要是因为当 $\theta = 0$ 时，只需要满足国有企业、外资企业成本之差与私营企业、外资企业成本之差的比值大于私营企业总数占非国有企业总数比值，即$(c_s - c_f)/(c_p - c_f) > m_p/(m_p + n)$ 时，$\partial \Delta p/\partial z_s > 0$。同样，私营控制力对价格变动的影响取决于私营企业、外资企业成本之差与国有企业、外资企业成本之差的比值和国有企业总数占非私营企业比重的大小，即$(c_p - c_f)/(c_s - c_f) >$

---

① 由于行业最初仅存在国有企业，因此，私营企业与外资企业进入前行业均衡价格的函数中不包括国有企业、私营企业、外资企业控制力变量，因此，对国有企业、私营企业、外资企业控制力求偏导的值为零。

$m_s/$（$m_s + n$）时，$\partial \Delta p/\partial z_p > 0$；反之，$\partial \Delta p/\partial z_p < 0$。

第二，外资控制力对价格变动的影响为负，即 $\partial \Delta p/\partial z_f < 0$，说明以外资控制力提高为特征的控制结构变化会抑制价格上涨，这与两部门模型的分析结果一致。

前面的分析结果说明无法直接从价格变动关于国有控制力与私营控制力的表达式中得出国有控制力与私营控制力变化会对价格变动产生何种影响，因此，我们需要通过国有控制力、私营控制力与外资控制力之间的关系来间接考察。

由于本章分别以国有企业、私营企业与外资企业的生产份额来表示国有控制力、私营控制力与外资控制力，因此有 $z_s + z_p + z_f = 1$，由前文的分析可以明显看出：$\partial \Delta p/\partial$（$1 - z_f$）$> 0$，即 $\partial \Delta p/\partial$（$z_s + z_p$）$> 0$。

因此，由式（5－38）、式（5－39）以及 $\partial \Delta p/\partial$（$z_s + z_p$）$> 0$ 得到：

$$\frac{[(1-\alpha) e\theta (m_s - m_p) n + m_s + n - m_p]}{m_s - m_p - n}(c_p - c_f) -$$

$$(c_s - c_f) - \frac{\theta e a m_s}{w_u} > 0 \qquad (5-41)$$

由于 $\dfrac{[(1-\alpha) e\theta (m_s - m_p) n + m_s + n - m_p]}{m_s - m_p - n} > \dfrac{m_p [(1-\alpha) e\theta n + 1]}{m_p + n}$，

因此可以得出：$(c_s - c_f) - \dfrac{m_p [(1-\alpha) e\theta n + 1]}{m_p + n}(c_p - c_f) + \dfrac{\theta^2 e a m_s}{w_u} > 0$，即 $\partial \Delta p/\partial z_s > 0$。

同样，由于 $\dfrac{[(1-\alpha) e\theta (m_s - m_p) n + m_s + n - m_p]}{m_s - m_p - n} < \dfrac{[(1-\alpha) e\theta m_s n + m_s + n]}{m_s}$，因此可以得出：$\dfrac{[(1-\alpha) e\theta m_s n + m_s + n]}{m_s}(c_p - c_f) - (c_s - c_f) - \dfrac{\theta^2 m_s e a}{w_u} > 0$，即 $\partial \Delta p/\partial z_p > 0$。

另外，由式（5－38）、式（5－39）可以明显看出：$\partial \Delta p/\partial z_s >$

$\partial \Delta p / \partial z_p$，说明，相比私营控制力，国有控制力上升对价格上涨的促进作用更明显。

于是，有如下假设：

假设4：将内资控制力划分为国有控制力与私营控制力两个组成部分，则以国有控制力及私营控制力提高为特征的内资控制结构变化均会促进价格上涨，并且相比私营控制力，国有控制力上升对价格上涨的促进作用更明显。

（四）行业异质、内资控制结构变化与价格变动

为了更清晰地了解外资企业与国有企业、私营企业生产率差距变化时国有控制力与私营控制力对价格变动的影响效应，我们分别将式（5 – 38）、式（5 – 39）对$(c_p - c_f)$、$(c_s - c_f)$求偏导，易得：

$$\frac{\partial^2 \Delta P}{\partial z_s \partial (c_p - c_f)} > 0, \quad \frac{\partial^2 \Delta P}{\partial z_p \partial (c_p - c_f)} < 0, \quad \frac{\partial^2 \Delta P}{\partial z_s \partial (c_s - c_f)} < 0,$$

$$\frac{\partial^2 \Delta P}{\partial z_p \partial (c_s - c_f)} > 0$$

于是，有如下假设：

假设5：随着外资企业与私营企业的生产率差距逐渐减小，以国有控制力提高为特征的内资控制结构变化对价格上涨的促进作用逐渐减弱。

假设6：随着外资企业与私营企业的生产率差距逐渐减小，以私营控制力提高为特征的内资控制结构变化对价格上涨的促进作用逐渐增强。

假设7：随着外资企业与国有企业的生产率差距逐渐减小，以国有控制力提高为特征的内资控制结构变化对价格上涨的促进作用逐渐增强。

假设8：随着外资企业与国有企业的生产率差距逐渐减小，以私营控制力提高为特征的内资控制结构变化对价格上涨的促进作用逐渐减弱。

现有研究还表明，中国外资企业与国有企业、私营企业的垄断势力存在显著差异，并且相比私营企业，外资企业与国有企业更有可能获得垄断势力，另外，国有企业的垄断势力相较外资企业更高（赵旭，2011；郭树龙，2013）。因此，我们试图从外资企业与国有企业、私营企业垄断势力

差距的角度对内资控制结构变化的价格变动效应进行分析。下面我们分别就外资企业与国有企业及私营企业垄断势力差距逐渐减小时，会对内资控制结构变化的价格变动效应产生何种影响进行详尽的分析。

当外资企业与国有企业垄断势力差距逐渐减小，意味着有两种可能：一是外资企业垄断势力上升，二是国有企业垄断势力下降。如果是外资企业垄断势力上升导致的外资企业与国有企业垄断势力差距减小，则外资企业进入国内市场的规模及速度会提高，导致外资控制力上升，与之相对应的是内资控制力的下降，内资控制力的下降意味着三种不同的结果：①国有控制力与私营控制力均下降；②国有控制力上升，私营控制力下降，但前者的上升幅度小于后者的下降幅度；③国有控制力下降，私营控制力上升，但前者的下降幅度大于后者的上升幅度。如果是国有企业垄断势力下降导致的外资企业与国有企业垄断势力差距减小，则国有企业进入国内市场的规模及速度会下降，造成国有控制力下降，与之相对应的是外资控制力与私营控制力总和的上升，相类似，外资控制力与私营控制力总和的上升意味着三种不同的结果：①外资控制力与私营控制力均上升；②外资控制力上升，私营控制力下降，但前者的上升幅度大于后者的下降幅度；③外资控制力下降，私营控制力上升，但前者的下降幅度小于后者的上升幅度。综合来看，外资企业与国有企业垄断势力差距逐渐减小，会对国有控制力与私营控制力产生如下三种影响结果：①国有控制力与私营控制力均下降；②国有控制力上升，私营控制力下降；③国有控制力下降，私营控制力上升。

因此，有如下假设：

假设9：外资企业与国有企业垄断势力差距减小对国有控制力或私营控制力价格变动效应的影响，取决于外资企业与国有企业垄断势力差距减小对国有控制力或私营控制力的影响效应。具体来说，当外资企业与国有企业垄断势力差距减小降低国有控制力或私营控制力时，则外资企业与国有企业垄断势力差距减小会降低国有控制力或私营控制力对价格上涨的促进作用；相反，当外资企业与国有企业垄断势力差距减小提高国有控制力或私营控制力时，则外资企业与国有企业垄断势力差距减小会增强国有控制力或私营控制力对价格上涨的促进作用。

当外资企业与私营企业垄断势力差距逐渐减小，意味着有两种可能：一是外资企业垄断势力下降，二是私营企业垄断势力上升。如果是外资企业垄断势力下降导致的外资企业与私营企业垄断势力差距减小，则外资企业进入国内市场的激励降低，其进入规模及速度也将下降，导致外资控制力下降，与之相对应的是内资控制力的上升，内资控制力的上升伴随着三种不同的结果：①国有控制力与私营控制力均上升；②国有控制力上升，私营控制力下降，但前者的上升幅度大于后者的下降幅度；③国有控制力下降，私营控制力上升，但前者的下降幅度小于后者的上升幅度。如果是私营企业垄断势力上升导致的外资企业与私营企业垄断势力差距减小，则私营企业进入国内市场的规模及速度会提高，导致私营控制力上升，与之相对应的是外资控制力与国有控制力总和的下降，相类似，外资控制力与国有控制力总和的下降伴随着三种不同的结果：①外资控制力与国有控制力均下降；②外资控制力上升，国有控制力下降，但前者的上升幅度小于后者的下降幅度；③外资控制力下降，国有控制力上升，但前者的下降幅度大于后者的上升幅度。综合来看，外资企业与私营企业垄断势力差距逐渐减小，会对国有控制力与私营控制力产生如下三种影响结果：①国有控制力与私营控制力均上升；②国有控制力上升，私营控制力下降；③国有控制力下降，私营控制力上升。

因此，有如下假设：

假设10：外资企业与私营企业垄断势力差距减小对国有控制力或私营控制力价格变动效应的影响，取决于外资企业与私营企业垄断势力差距减小对国有控制力或私营控制力的影响效应。具体来说，当外资企业与私营企业垄断势力差距减小降低国有控制力或私营控制力时，则外资企业与私营企业垄断势力差距减小会降低国有控制力或私营控制力对价格上涨的促进作用；相反，当外资企业与私营企业垄断势力差距减小提高国有控制力或私营控制力时，则外资企业与私营企业垄断势力差距减小会增强国有控制力或私营控制力对价格上涨的促进作用。

第二节　计量模型与变量统计性描述

一　计量模型

为了实证检验控制结构变化对中国工业行业价格变动的影响，本章借鉴陈甬军和杨振（2012）关于外资进入对行业垄断势力影响的模型方法，建立如下面板数据模型：

$$\dot{P}_{it} = \alpha + \beta_1 OWN_{it} + \beta_2 X_{it} + \lambda D + \varepsilon_{it} \tag{5-42}$$

其中，i 和 t 分别表示行业和时间，α 为常数项，ε_{it} 为误差项。$\dot{P}_{it}$ 为第 i 工业行业在 t 期的价格变动率；模型右边的解释变量 OWN_{it} 表示第 i 工业行业在 t 期的控制结构变化状况，包括我们考察的内资控制力（z_d）与外资控制力（z_f）。X_{it} 为其余的控制变量，具体包括出口销售比率（ex）、行业科技投入（rd）、企业平均规模（$size$）、企业数量（num）、行业市场规模（mkt）。D 为一组虚拟变量，包括行业虚拟变量（D^{id}）和时间虚拟变量（D^{year}）。β_1、β_2 为待估系数，其中 β_1 用来测度内资控制力与外资控制力变化对中国工业行业价格变动的影响效应，β_2 测度其余的控制变量对中国工业行业价格变动的影响效应，因此当 OWN_{it} 采用内资控制力（z_d）变量时，预计 $\beta_1 > 0$，当 OWN_{it} 采用外资控制力（z_f）变量时，预计 $\beta_1 < 0$。

为了从行业异质角度分析控制结构变化对中国工业行业价格变动的影响效应，我们在式（5-42）中分别引入控制结构变化 OWN_{it} 与行业外资企业与内资企业生产率比值 Z_f/Z_d 以及行业外资企业与内资企业垄断势力比值 pcm_f/pcm_d 的乘积项，具体模型见式（5-43）与式（5-44）：

$$P \cdot it = \alpha^z + \beta_1^z OWN_{it} + \rho^z OWN_{it} \times (Z_f/Z_d)_{it} +$$
$$\varphi^z (Z_f/Z_d)_{it} + \beta_2^z X_{it} + \lambda^z D + \varepsilon_{it}^z \tag{5-43}$$

$$\dot{P}_{it} = \alpha^{pcm} + \beta_1^{pcm} OWN_{it} + \gamma^{pcm} OWN_{it} \times (pcm_f/pcm_d)_{it} +$$

$$\varphi^{pcm} \left(pcm_f / pcm_d \right)_{it} + \beta_2^{pcm} X_{it} + \lambda^{pcm} D + \varepsilon_{it}^{pcm} \qquad (5-44)$$

需要指出的是，工业各行业的内资控制力与外资控制力之和为1，为避免变量间的多重共线性，本章在估计模型时分别考察内资控制力与外资控制力，从而通过比较不同模型中内资控制力与外资控制力的系数，来对内资控制力与外资控制力变化对中国工业行业价格变动影响的差异进行分析比较。

为了从行业异质角度分析内资控制结构变化对中国工业行业价格变动的影响效应，这里将式（5-42）、式（5-43）及式（5-44）中的内资控制力指标利用国有控制力（z_d^s）与私营控制力（z_d^p）代替，以期考察国有控制力与私营控制力变化对中国工业行业价格变动的影响。

二 变量的度量[①]

（一）工业行业价格变动率（$\dot{P}_{it}$）

在工业行业价格的度量方面，已有文献大多采用工业生产者出厂价格指数指标衡量（Cavelaars，2003；Przybyla and Roma，2005），本章中的工业行业价格变动率同样利用以1998年为基期的工业生产者出厂价格指数的对数差来衡量。

（二）内资控制力（z_d）与外资控制力（z_f）

本章借鉴杨宽宽等（2003）对国有经济控制力的测算方法，分别计算了工业各行业的国有控制力、私营控制力及外资控制力，并将国有控制力与私营控制力进行加总得到内资控制力。鉴于使用单一指标衡量控制力不足，本章采用全行业主营业务收入、资产、总产值以及三者的加权平均值四个指标来计算工业各行业的内资控制力与外资控制力。

（三）外资企业与内资企业生产率比值（Z_f / Z_d）

外资企业与内资企业生产率比值采用外资企业与内资企业的全要素生

---

① 需要说明的是，在研究行业异质、内资控制结构变化与中国工业行业价格变动的关系时，国有企业与私营企业主要指标的测算方法与内资企业主要指标的测算方法一致，此处不再赘述。

产率的比值度量，使用全要素生产率而非劳动生产率进行度量的原因在于全要素生产率能够全方位地捕捉到各种生产投入对产出的影响，而使用劳动生产率仅能反映劳动力投入的效率，鉴于私营企业、外资企业与国有企业资本投入的巨大差距，若使用劳动生产率往往会高估国有企业的生产率。外资企业与内资企业全要素生产率均利用索洛余值法进行核算。

（四）外资企业与内资企业垄断势力比值（pcm_f/pcm_d）

垄断势力采用营业收入与营业成本比值的方法进行度量。外资企业与内资企业垄断势力比值利用外商投资和港澳台投资企业与内资企业的垄断势力之比来衡量。

（五）控制变量

出口销售比率（lnex）利用各行业出口销售产值占总产值的比重进行度量；行业科技支出（lnrd）利用各行业科技活动内部经费支出总额占总产值的比重进行度量；企业平均规模（lnsize）、企业数量（lnnum）、行业市场规模（lnmkt）分别利用各行业企业平均员工人数、各行业企业总数、各行业销售收入总额进行度量。为了消除数据的异方差性，本章对所有控制变量数据均做了对数变换，以货币单位计量的指标均以 1998年为基期通过 GDP 缩减指数进行了处理。

三　数据来源

本章使用 1999—2012 年中国二位码分类的全部工业行业数据进行实证分析。数据来源于 1999—2013 年的《中国统计年鉴》《中国工业经济统计年鉴》《中国人口和就业统计年鉴》《中国科技统计年鉴》以及国泰安数据服务中心的中国工业行业统计数据库。由于统计局于 2002 年与2011 年两次对国民经济行业分类与代码进行修订，因此 1999—2002 年、2003—2011 年及 2012 年这三个连续区间的部分行业名称及代码存在变动。为了避免出现统计范围的差异，我们根据行业名称和内容，对 2002年与 2011 年前后的二位码行业进行重新匹配。另外，工业行业生产者出厂价格指数以 2002 年的国民经济行业分类为标准，因此我们对二位码行业的匹配以 2003—2011 年的行业代码名称作为匹配标准，剔除只在 1999—2002 年或 2012 年出现而 2003—2011 年统计数据中不包含的行业，从而保证了行业代码和名称的一致性。最终我们得到的样本包括 36 个二位码行业，共计 504 个观测点。

四　变量的描述性分析

表 5 - 1 给出了各变量的统计量描述。通过表 5 - 1 提供的统计性信息，我们发现在样本区间内，各变量均存在不同程度的离散性，表明中国工业各行业在价格变动率、内资控制力、外资控制力、外资企业与内资企业生产率比值、外资企业与内资企业垄断势力比值、出口销售比率、行业科技支出、企业平均规模、企业数量、行业市场规模等方面存在较大差异。

表 5 - 1　　　　　　　　　　各变量统计性描述

变量名称	平均值	中位数	最大值	最小值	标准差	离散指数	观测值
$\dot{P}_{it}$	0.0202	0.0099	0.3736	-0.4149	0.0684	3.3937	504
z_d^A	0.6699	0.6647	1.0000	0.1175	0.2131	0.3181	504
z_d^B	0.6781	0.6627	1.0000	0.2111	0.2065	0.3045	504
z_d^C	0.6680	0.6646	1.0000	0.1137	0.2115	0.3167	504
z_d^D	0.6708	0.6636	1.0000	0.1346	0.2096	0.3124	504
z_d^{sA}	0.3903	0.3023	1.0000	0.0046	0.3068	0.7860	504
z_d^{sB}	0.4793	0.4635	1.0000	0.0093	0.3003	0.6267	504
z_d^{sC}	0.3832	0.2955	1.0000	0.0036	0.3044	0.7944	504
z_d^{sD}	0.4053	0.3265	1.0000	0.0052	0.3032	0.7481	504
z_d^{pA}	0.2795	0.2676	0.8610	0.0000	0.2132	0.7627	504
z_d^{pB}	0.1988	0.1710	0.7391	0.0000	0.1627	0.8185	504
z_d^{pC}	0.2848	0.2785	0.8578	0.0000	0.2154	0.7563	504
z_d^{pD}	0.2655	0.2544	0.8353	0.0000	0.2029	0.7642	504
z_f^A	0.3301	0.3353	0.8826	0.0000	0.2131	0.6455	504
z_f^B	0.3219	0.3373	0.7890	0.0000	0.2065	0.6415	504
z_f^C	0.3320	0.3354	0.8864	0.0000	0.2115	0.6372	504
z_f^D	0.3292	0.3364	0.8653	0.0000	0.2096	0.6367	504
Z_f/Z_d	1.2280	1.2037	12.8751	0.1762	1.2098	0.9852	504

续表

变量名称	平均值	中位数	最大值	最小值	标准差	离散指数	观测值
Z_f/Z_d^s	1.5613	1.2710	12.8776	0.1761	1.2531	0.8026	504
Z_f/Z_d^p	1.0111	1.0082	10.3446	0.1105	0.8119	0.8030	288
pcm_f/pcm_d	1.0317	1.0103	2.0353	0.4712	0.1512	0.1466	504
pcm_f/pcm_d^s	0.9566	0.9608	2.0269	0.4667	0.1548	0.1618	504
pcm_f/pcm_d^p	1.0913	1.0237	4.0941	0.7765	0.2591	0.2374	504
$lnex$	1.9721	2.2163	4.2434	-5.2385	1.5158	0.7687	504
$lnrd$	-0.3067	-0.3943	2.9221	-4.7045	1.1893	-3.8780	504
$lnsize$	5.2011	5.0494	9.5214	3.2598	0.9363	0.1800	504
$lnnum$	8.4055	8.5417	10.5891	4.3175	1.2285	0.1462	504
$lnmkt$	8.4269	8.4372	11.1691	4.9061	1.3272	0.1575	504

注：A、B、C、D分别表示以主营业务收入、资产、总产值以及三者的加权平均值计算得到的内资企业（包括国有企业与私营企业）控制力及外资企业控制力。1999—2004年私营企业员工人数缺失，此处对外资企业与私营企业生产率比值的计算为2005—2012年这一时间段。

五　主要变量关系的初步判断

为了初步检验控制结构变化对中国工业行业价格变动的影响，我们分别绘制了1999—2012年36个工业行业的价格变动率与内资控制力及外资控制力之间关系变化（见图5-1与图5-2）的散点图。从图5-1散点图的趋势线可以看出，自1999年以来，内资控制力与中国工业行业价格变动率呈正相关关系。从图5-2散点图的趋势线可以看出，自1999年以来，外资控制力与中国工业行业价格变动率呈负相关关系。

尽管双变量的散点图显示出控制结构变化与中国工业行业价格变动的关系。但影响中国工业行业价格变动的因素是多方面的，并且控制结构变化与中国工业行业价格变动的关系可能受到行业异质性的影响，所以，需要通过进一步建立计量模型检验行业异质、控制结构变化与中国工业行业价格变动的真实关系。

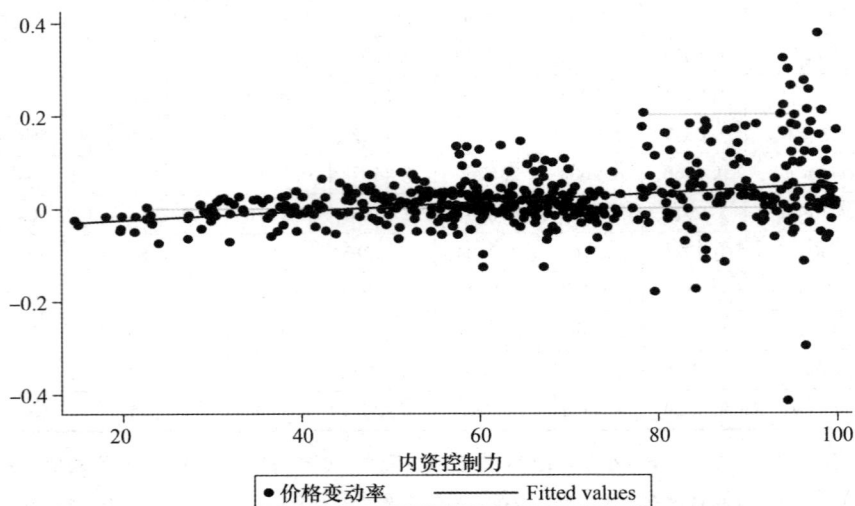

图 5 - 1　内资控制力与中国工业行业价格变动关系图

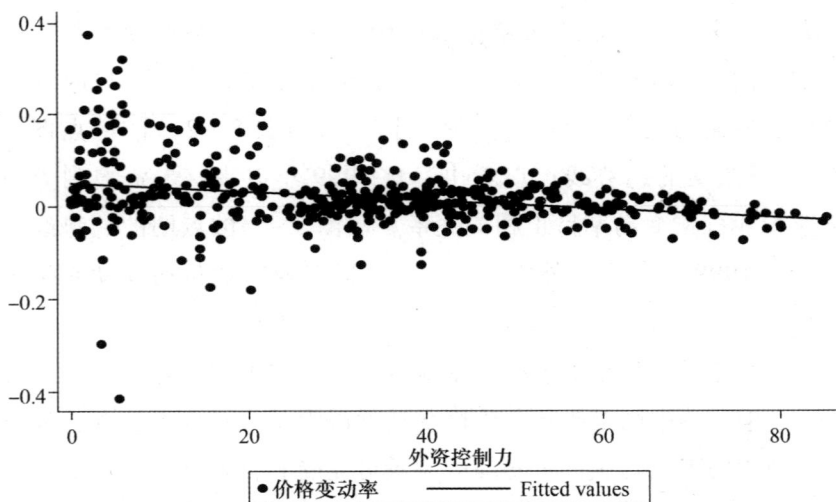

图 5 - 2　外资控制力与中国工业行业价格变动关系图

第三节　行业异质、控制结构变化与中国
工业行业价格变动

一　控制结构变化与中国工业行业价格变动

表 5-2 给出了控制结构变化对中国工业行业价格变动影响效应的实证结果。其中第（1）—（4）列分别为按主营业务收入、资产、总产值以及三者的加权平均值计算得到的内资控制力对中国工业行业价格变动影响效应的估计结果，第（5）—（8）列分别为按主营业务收入、资产、总产值以及三者加权平均值计算得到的外资控制力对中国工业行业价格变动影响效应的估计结果。由估计结果可以清楚地看到，在控制了其他变量的影响之后，内资控制力的上升会促进中国工业行业价格的上涨，并且除了以资产比重计算得到的内资控制力外，其余均在 5% 的显著性水平下显著，而外资控制力的上升会抑制中国工业行业价格的上涨，并且均在显著性水平下显著。上述结果表明，本章的假设 1 得到经验证据的支持。

其他控制变量的估计系数也提供了十分有意义的信息。出口销售比率（lnex）、行业市场规模（lnmkt）的系数显著为正，表明市场需求的增大会对中国工业行业价格的上涨产生促进作用，其中出口销售比率代表的是国外产品需求，行业市场规模表示的是国内产品需求。企业平均规模（lnsize）的系数显著为正，企业数量（lnnum）的系数显著为负，前者意味着随着企业平均规模由小变大，越不利于抑制该工业行业价格的上涨，一种可能的解释是，企业规模的扩大并未产生规模效应，相反还引发了其他各种成本的增加，从而难以有效降低其产品价格；后者意味着企业数量的增大会加深行业的竞争程度，能够有效降低企业垄断势力，最终减小产品价格上涨的压力，从而抑制该工业行业价格的上涨。行业科技支出（lnrd）的系数均为负，但均不显著，造成这一结果可能是因为研发支出的扩大导致各种成本支出增加，在一定程度上抵消了由研发投

入带来的生产效率提升。

表 5 - 2　　　　控制结构变化对中国工业行业价格变动的影响

	(1)	(2)	(3)	(4)	(5)	(6)	(7)	(8)
z_d	0.122 *** (2.93)	0.058 (1.16)	0.128 *** (3.05)	0.115 ** (2.52)				
z_f					-0.237 *** (-3.53)	-0.130 * (-1.93)	-0.233 *** (-3.44)	-0.218 *** (-3.10)
$\ln ex$	0.022 *** (3.75)	0.020 *** (3.34)	0.023 *** (3.83)	0.022 *** (3.69)	0.023 *** (3.90)	0.021 *** (3.56)	0.024 *** (3.98)	0.023 *** (3.89)
$\ln rd$	-0.007 (-0.83)	-0.013 (-1.59)	-0.008 (-0.94)	-0.009 (-1.06)	-0.004 (-0.46)	-0.009 (-0.97)	-0.006 (-0.76)	-0.005 (-0.60)
$\ln size$	0.046 ** (2.01)	0.047 ** (1.98)	0.046 ** (2.04)	0.048 ** (2.10)	0.051 ** (2.23)	0.043 * (1.88)	0.050 ** (2.19)	0.048 ** (2.11)
$\ln num$	-0.089 *** (-3.66)	-0.084 *** (-3.43)	-0.091 *** (-3.73)	-0.089 *** (-3.65)	-0.097 *** (-3.97)	-0.081 *** (-3.37)	-0.095 *** (-3.91)	-0.091 *** (-3.74)
$\ln mkt$	0.107 *** (5.33)	0.107 *** (5.28)	0.109 *** (5.44)	0.108 *** (5.37)	0.118 *** (5.82)	0.106 *** (5.27)	0.119 *** (5.85)	0.114 *** (5.65)
_cons	0.295 (0.98)	0.271 (0.89)	0.292 (0.97)	0.292 (0.96)	0.418 (1.37)	0.288 (0.95)	0.383 (1.27)	0.365 (1.20)
D^{id}	YES	YES	YES	YES	YES	YES	YES	YES
D^{year}	YES	YES	YES	YES	YES	YES	YES	YES
Adj-R^2	0.411	0.401	0.411	0.408	0.416	0.404	0.415	0.412
N	504	504	504	504	504	504	504	504

注：***、**、* 分别表示在1%、5%、10%的显著性水平下显著，小括号内为Z值统计量。D^{id} 为行业虚拟变量，D^{year} 为年份虚拟变量。

二　生产率差距异质、控制结构变化与中国工业行业价格变动

表 5 - 3 为行业外资企业与内资企业生产率差距异质下控制结构变化对中国工业行业价格变动影响效应的实证结果。与表 5 - 2 的回归结果相

比，表5-3中出口销售比率、行业科技支出、企业平均规模、企业数量
与行业市场规模的系数符号及显著性水平与表5-2中的结果基本一致。
下面我们重点分析内资控制力、外资控制力以及它们与行业外资企业及
内资企业生产率比值乘积项的回归系数。表5-3显示，在以内资控制力
为解释变量的回归中，内资控制力的系数除第（2）列外均为正值，这
与表5-2的回归结果基本一致，内资控制力与行业外资企业与内资企业
生产率比值乘积项的系数显著为正，表明随着外资企业与内资企业的生
产率差距逐渐缩小，以内资控制力提高为特征的控制结构变化对中国工
业行业价格上涨的促进作用逐渐减弱。这可能是因为当外资企业与内资
企业的生产率差距较大时，国家往往采取补贴的方式对内资企业中的国
有企业实施保护或扶持（邵敏和包群，2011），此时内资企业中的国有
企业更有可能出现过度投资现象（叶宏庆等，2015），从而使得内资企
业控制力对价格上涨的促进作用更明显，随着外资企业与内资企业的生
产率差距逐渐缩小，政府会逐步放弃对内资企业中国有企业的扶持与保
护，从而降低国有企业发生过度投资的可能，虽然外资企业与内资企业
的生产率差距缩小会增大内资控制力（于津平和梁琦，2005），但私营
控制力对内资控制力提高的贡献更大，由于国有控制力与私营控制力对
中国工业行业价格上涨影响的差异（见5.4节的实证检验），最终使得
内资控制力对中国工业行业价格上涨的促进作用减弱。在以外资控制力
为解释变量的回归中，外资控制力的系数显著为负，这与表5-2的回归
结果一致，外资控制力与行业外资企业与内资企业生产率比值乘积项的
系数显著为负，表明随着外资企业与内资企业的生产率差距逐渐减小，
以外资控制力提高为特征的控制结构变化对中国工业行业价格上涨的抑
制作用逐渐减弱。归其原因主要是外资企业与内资企业生产率差距缩小
会降低外资企业的进入意愿（于津平和梁琦，2005），从而降低外资控
制力对中国工业行业价格上涨的抑制作用。上述结果表明，本章的假
设2得到经验证据的支持。

表 5 - 3   生产率差距异质、控制结构变化与中国工业行业价格变动

	(1)	(2)	(3)	(4)	(5)	(6)	(7)	(8)
z_d	0.050 (1.14)	- 0.031 (- 0.58)	0.055 (1.22)	0.032 (0.67)				
$z_d \times$ (Z_f / Z_d)	0.051 *** (4.03)	0.071 *** (3.69)	0.051 *** (4.13)	0.063 *** (4.24)				
z_f					- 0.186 ** (- 2.60)	- 0.034 (- 0.47)	- 0.179 ** (- 2.50)	- 0.154 ** (- 2.09)
$z_f \times$ (Z_f / Z_d)					- 0.032 * (- 1.95)	- 0.080 *** (- 3.05)	- 0.032 ** (- 2.12)	- 0.048 ** (- 2.56)
Z_f / Z_d	- 0.047 *** (- 3.94)	- 0.067 *** (- 3.62)	- 0.045 *** (- 4.03)	- 0.058 *** (- 4.16)	0.002 * * (1.98)	0.003 ** (2.52)	0.004 ** (2.36)	0.003 ** (2.54)
lnex	0.020 *** (3.48)	0.018 *** (3.07)	0.021 *** (3.58)	0.020 *** (3.42)	0.021 *** (3.59)	0.020 *** (3.29)	0.022 *** (3.67)	0.021 *** (3.56)
lnrd	- 0.008 (- 0.89)	- 0.008 (- 0.90)	- 0.010 (- 1.24)	- 0.008 (- 1.00)	- 0.008 (- 0.89)	- 0.008 (- 0.89)	- 0.011 (- 1.25)	- 0.009 (- 1.04)
ln$size$	0.055 ** (2.43)	0.062 *** (2.62)	0.057 ** (2.53)	0.060 *** (2.66)	0.068 *** (2.82)	0.071 *** (2.91)	0.068 *** (2.84)	0.072 *** (2.95)
lnnum	- 0.099 *** (- 4.11)	- 0.102 *** (- 4.14)	- 0.106 *** (- 4.38)	- 0.105 *** (- 4.32)	- 0.117 *** (- 4.43)	- 0.115 *** (- 4.38)	- 0.118 *** (- 4.47)	- 0.120 *** (- 4.51)
lnmkt	0.105 *** (5.36)	0.116 *** (5.77)	0.113 *** (5.76)	0.112 *** (5.67)	0.129 *** (6.13)	0.126 *** (6.01)	0.134 *** (6.23)	0.132 *** (6.19)
_ cons	0.608 ** (1.98)	0.646 ** (2.04)	0.602 ** (1.97)	0.657 ** (2.13)	0.642 ** (1.99)	0.675 ** (2.08)	0.600 * (1.90)	0.667 ** (2.07)
D^{id}	YES	YES	YES	YES	YES	YES	YES	YES
D^{year}	YES	YES	YES	YES	YES	YES	YES	YES
Adj - R^2	0.430	0.418	0.432	0.429	0.419	0.415	0.420	0.419
N	504	504	504	504	504	504	504	504

注: ***、**、* 分别表示在1%、5%、10%的显著性水平下显著, 小括号内为 Z 值统计量。D^{id} 为行业虚拟变量, D^{year} 为年份虚拟变量。

三　垄断势力差距异质、控制结构变化与中国工业行业价格变动

表 5 - 4 为行业外资企业与内资企业垄断势力差距异质下控制结构变

化对中国工业行业价格变动影响效应的实证结果。与表5－2的回归结果相比，出口销售比率、行业科技支出、企业平均规模、企业数量与行业市场规模的系数符号及显著性水平与表5－2中的结果基本一致。下面我们重点分析内资控制力、外资控制力以及它们与行业外资企业与内资企业垄断势力比值乘积项的回归系数。表5－4显示，在以内资控制力为解释变量的回归中，内资控制力的系数为正，这与表5－2的回归结果一致，内资控制力与行业外资企业与内资企业垄断势力比值乘积项的系数为负，表明随着外资企业与内资企业的垄断势力差距逐渐减小，以内资控制力提高为特征的控制结构变化对中国工业行业价格上涨的促进作用逐渐增强。在以外资控制力为解释变量的回归中，外资控制力的系数大部分为正，这一结果看似与表5－2的实证结果相反，实质上，由于我们在自变量中加入了外资控制力与行业外资企业与内资企业垄断势力比值的乘积项，因此，在考察外资控制力对中国工业行业价格变动的影响时，还应当考虑该乘积项。由表5－4可知，该乘积项系数显著为负，我们以第（5）列的估计结果为例，对中国工业行业价格变动关于外资控制力求偏导，可以得到一个关于行业外资企业与内资企业垄断势力比值的表达式：$\partial \dot{P}_{it}/\partial z_d{}^f = 0.084 - 0.218(pcm_f/pcm_d)$，由于外资企业与内资企业垄断势力的比值在区间［0.471，2.053］内，因此，当外资企业与内资企业垄断势力之比取最小值时，$\partial \dot{P}_{it}/\partial z_d{}^f$也小于零，说明外资控制力上升抑制中国工业行业价格的上涨，并且由上述表达式可知，随着外资企业与内资企业的垄断势力差距逐渐减小，以外资控制力提高为特征的控制结构变化对中国工业行业价格上涨的抑制作用逐渐减弱。上述结果表明，本章的假设3得到经验证据的支持。

表5－4　垄断势力差距异质、控制结构变化与中国工业行业价格变动

	（1）	（2）	（3）	（4）	（5）	（6）	（7）	（8）
z_d	0.143* (1.69)	0.178* (1.68)	0.091* (1.67)	0.160* (1.68)				

	(1)	(2)	(3)	(4)	(5)	(6)	(7)	(8)
$z_d \times$ (pcm_f/pcm_d)	−0.076 (−0.83)	−0.108 (−1.03)	−0.082 (−0.89)	−0.087 (−0.91)				
z_f					0.084 (0.69)	−0.045 (−0.32)	0.121 (0.45)	0.051 (0.40)
$z_f \times$ (pcm_f/pcm_d)					−0.218* (−1.72)	−0.087 (−0.61)	−0.227* (−1.79)	−0.190* (−1.74)
pcm_f/pcm_d	0.137* (1.72)	0.175* (1.88)	0.141* (1.79)	0.149* (1.78)	0.082*** (4.27)	0.081*** (4.17)	0.087*** (4.39)	0.083*** (4.28)
lnex	0.019*** (3.23)	0.017*** (2.85)	0.020*** (3.29)	0.019*** (3.16)	0.021*** (3.57)	0.019*** (3.11)	0.022*** (3.63)	0.021*** (3.50)
lnrd	−0.007 (−0.81)	−0.012 (−1.42)	−0.008 (−0.90)	−0.008 (−1.00)	−0.003 (−0.39)	−0.008 (−0.89)	−0.006 (−0.68)	−0.005 (−0.54)
lnsize	0.041* (1.81)	0.040* (1.68)	0.042* (1.83)	0.043* (1.85)	0.051** (2.21)	0.041* (1.79)	0.050** (2.16)	0.048** (2.07)
lnnum	−0.089*** (−3.57)	−0.083*** (−3.28)	−0.090*** (−3.59)	−0.088*** (−3.51)	−0.102*** (−4.11)	−0.086*** (−3.48)	−0.100*** (−4.06)	−0.096*** (−3.89)
lnmkt	0.100*** (4.99)	0.099*** (4.91)	0.102*** (5.06)	0.101*** (5.00)	0.110*** (5.42)	0.099*** (4.95)	0.111*** (5.48)	0.106*** (5.28)
_cons	0.242 (0.67)	0.135 (0.34)	0.226 (0.63)	0.211 (0.56)	0.426 (1.38)	0.273 (0.88)	0.379 (1.24)	0.364 (1.18)
D^{id}	YES	YES	YES	YES	YES	YES	YES	YES
D^{year}	YES	YES	YES	YES	YES	YES	YES	YES
Adj − R^2	0.418	0.412	0.419	0.417	0.425	0.415	0.425	0.422
N	504	504	504	504	504	504	504	504

注：***、**、* 分别表示在 1%、5%、10% 的显著性水平下显著，小括号内为 Z 值统计量。D^{id} 为行业虚拟变量，D^{year} 为年份虚拟变量。

第四节　行业异质、内资控制结构变化与中国工业行业价格变动

一　内资控制结构变化与中国工业行业价格变动

前文分析得出内资控制力上升会促进中国工业行业价格上涨，下面

我们将内资控制力划分为国有控制力与私营控制力两个组成部分，分析行业异质、内资控制结构变化（国有控制力与私营控制力相对比例的变化）与中国工业行业价格变动的关系。为了检验内资控制结构变化与中国工业行业价格变动的关系，我们分别绘制了1999—2012年36个工业行业的价格变动率与国有控制力、私营控制力之间关系变化的散点图（见图5-3）。从散点图的趋势线可以看出，自1999年以来，中国工业行业价格变动率与国有控制力、私营控制力均呈正相关关系，并且与国有控制力正相关关系似乎更加明显。

尽管双变量的散点图显示出中国工业行业价格变动率与国有控制力、私营控制力均呈正相关关系。但我们还不能就此完全断定国有企业与私营企业控制力的上升会促进中国工业行业价格上涨，因为影响中国工业行业价格变动的因素是多方面的，所以，需要通过进一步建立计量模型控制住其他重要因素的影响，来检验内资控制结构变化（国有控制力与私营控制力相对比例的变化）对中国工业行业价格变动的真实影响效应。

表5-5给出了内资控制结构变化对中国工业行业价格变动影响的实证结果。其中第（1）—（4）列分别为按主营业务收入、资产、总产值以及三者的加权平均值计算的国有控制力的估计结果，第（5）—（8）列分别为按主营业务收入、资产、总产值以及三者加权平均值计算的私营控制力的估计结果。由估计结果可以清楚地看到，在控制了其他变量的影响之后，国有控制力与私营控制力的系数除第（2）列外均为正值，并且大部分在10%的显著性水平下显著，两者相比，国有控制力的系数大于私营控制力。上述结果表明，将内资控制力划分为国有控制力与私营控制力两个组成部分，则以国有控制力及私营控制力提高为特征的内资企业控制结构变化均会促进中国工业行业价格上涨，并且相比私营控制力，国有控制力上升对中国工业行业价格上涨的促进作用更明显。上述结果表明，本章的假设4得到经验证据的支持。该结论也为内资控制力上升促进中国工业行业价格的上涨提供了

有力证据。

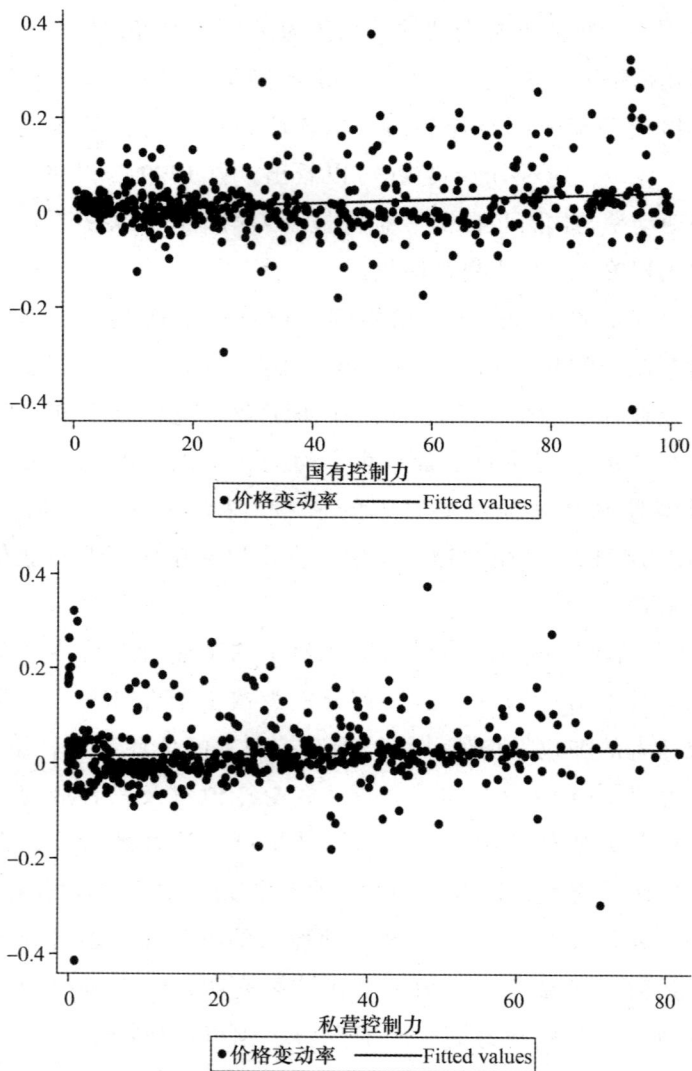

图 5 - 3　内资控制结构变化与中国工业行业价格变动率散点图

表 5 - 5　　　　　内资控制结构变化对中国工业行业价格变动的影响

	(1)	(2)	(3)	(4)	(5)	(6)	(7)	(8)
z_d^s	0.218 * (1.91)	- 0.026 (- 0.47)	0.250 ** (2.07)	0.245 (1.22)				
z_d^p					0.121 ** (2.30)	0.138 ** (2.22)	0.113 ** (2.19)	0.124 ** (2.30)
lnex	0.022 *** (3.62)	0.017 *** (2.87)	0.022 *** (3.68)	0.021 *** (3.38)	0.018 *** (3.09)	0.018 *** (3.07)	0.018 *** (3.13)	0.018 *** (3.10)
lnrd	0.015 * (1.84)	0.016 * (1.94)	0.016 ** (1.99)	0.016 *** (1.97)	0.007 (0.80)	0.008 (0.87)	0.007 (0.83)	0.007 (0.77)
lnsize	0.059 ** (2.38)	0.035 (1.36)	0.060 ** (2.43)	0.053 ** (2.11)	0.023 (0.96)	0.026 (1.12)	0.024 (0.99)	0.023 (0.98)
lnnum	- 0.090 *** (- 3.62)	- 0.077 *** (- 3.14)	- 0.092 *** (- 3.69)	- 0.086 *** (- 3.46)	- 0.077 *** (- 3.20)	- 0.081 *** (- 3.37)	- 0.077 *** (- 3.19)	- 0.078 *** (- 3.25)
lnmkt	0.109 *** (5.39)	0.104 *** (5.17)	0.112 *** (5.50)	0.108 *** (5.32)	0.102 *** (5.08)	0.107 *** (5.31)	0.101 *** (5.03)	0.103 *** (5.14)
_ cons	0.341 (1.11)	0.230 (0.75)	0.338 (1.10)	0.304 (0.99)	0.187 (0.62)	0.206 (0.68)	0.192 (0.63)	0.191 (0.63)
D^{id}	YES	YES	YES	YES	YES	YES	YES	YES
D^{year}	YES	YES	YES	YES	YES	YES	YES	YES
Adj-R^2	0.414	0.416	0.414	0.413	0.423	0.420	0.423	0.423
N	504	504	504	504	504	504	504	504

注：***、**、* 分别表示在1%、5%、10%的显著性水平下显著，小括号内为 Z 值统计量。D^{id} 为行业虚拟变量，D^{year} 为年份虚拟变量。

二　生产率差距异质、内资控制结构变化与中国工业行业价格变动

下面分析行业内外资企业与私营企业、国有企业生产率差距异质下内资控制结构变化对中国工业行业价格变动的影响效应。由于1999—2004年私营企业员工人数数据缺失，造成无法对历年私营企业的全要素生产率进行估计，因此，我们利用2005—2012年工业各行业的相关数据对各所有制企业全要素生产率进行估计，并根据中国工业各行业外资企业与私营企业（Z_f/Z_d^p）以及外资企业与国有企业（Z_f/Z_d^s）生产率差距的中位数，将其分为外资企业与私营企业生产率差距较大与差距较小

两个区间以及外资企业与国有企业生产率差距较大与差距较小两个区间。

表5－6与表5－7给出了行业内外资企业与私营企业生产率差距异质下内资控制结构变化对中国工业行业价格变动影响的实证结果。表5－6是外资企业与私营企业生产率差距异质下国有控制力变化对中国工业行业价格变动影响的估计结果，第（1）—（4）列为外资企业与私营企业生产率差距较大时，以主营业务收入、资产、总产值以及三者的加权平均值计算的国有控制力的估计结果，第（5）—（8）列为外资企业与私营企业生产率差距较小时，以主营业务收入、资产、总产值以及三者的加权平均值计算的国有控制力的估计结果。由估计结果可以明显地看出，外资企业与私营企业生产率差距较大时国有控制力系数为0.228—0.373，而外资企业与私营企业生产率差距较小时国有控制力的系数为－0.044—0.126，前者远大于后者，说明随着外资企业与私营企业的生产率差距逐渐减小，以国有控制力提高为特征的内资控制结构变化对中国工业行业价格上涨的促进作用逐渐减弱。上述结果表明，本章的假设5得到经验证据的支持。

表5－6　　外资企业与私营企业生产率差距异质、国有控制力与
中国工业行业价格变动

	外资企业与私营企业生产率差距较大				外资企业与私营企业生产率差距较小			
	（1）	（2）	（3）	（4）	（5）	（6）	（7）	（8）
z_d^s	0.373 ** (2.18)	0.228 (1.53)	0.329 ** (2.12)	0.353 ** (2.08)	0.117 ** (2.27)	－0.044 （－0.82）	0.126 ** (2.43)	0.075 (1.37)
lnex	0.025 (1.42)	0.023 (1.27)	0.023 (1.35)	0.025 (1.44)	0.013 ** (2.57)	0.010 ** (1.98)	0.013 ** (2.60)	0.012 ** (2.33)
lnrd	－0.091 *** （－3.20）	－0.085 *** （－2.97）	－0.092 *** （－3.22）	－0.092 *** （－3.20）	－0.003 （－0.47）	0.000 (0.06)	－0.002 （－0.33）	－0.001 （－0.21）
lnsize	0.004 (0.06)	0.013 (0.21)	0.009 (0.15)	0.006 (0.11)	0.081 *** (3.32)	0.039 (1.43)	0.084 *** (3.42)	0.073 *** (2.82)
lnnum	－0.131 * （－1.92）	－0.119 * （－1.74）	－0.123 * （－1.81）	－0.125 * （－1.84）	－0.074 *** （－3.41）	－0.054 ** （－2.44）	－0.078 *** （－3.53）	－0.070 *** （－3.14）

续表

	外资企业与私营企业生产率差距较大				外资企业与私营企业生产率差距较小			
	（1）	（2）	（3）	（4）	（5）	（6）	（7）	（8）
lnmkt	0.214 *** (4.03)	0.196 *** (3.74)	0.217 *** (4.03)	0.214 *** (4.00)	0.087 *** (4.46)	0.090 *** (4.56)	0.089 **** (4.57)	0.089 *** (4.52)
_cons	−0.840 (−0.97)	−0.781 (−0.89)	−0.917 (−1.05)	−0.914 (−1.04)	0.682 ** (2.52)	0.342 (1.25)	0.716 *** (2.63)	0.598 ** (2.17)
D^{id}	YES	YES	YES	YES	YES	YES	YES	YES
D^{year}	YES	YES	YES	YES	YES	YES	YES	YES
Adj-R^2	0.447	0.435	0.446	0.445	0.452	0.444	0.453	0.446
N	252	252	252	252	252	252	252	252

注：***、**、*分别表示在1%、5%、10%的显著性水平下显著，小括号内为Z值统计量。D^{id}为行业虚拟变量，D^{year}为年份虚拟变量。

表5−7是行业内外资企业与私营企业生产率差距异质下私营控制力变化对中国工业行业价格变动影响的估计结果，第（1）—（4）列为外资企业与私营企业生产率差距较大时，以主营业务收入、资产、总产值以及三者的加权平均值计算的私营控制力的估计结果，第（5）—（8）列为外资企业与私营企业生产率差距较小时，以主营业务收入、资产、总产值以及三者的加权平均值计算的私营控制力的估计结果。由估计结果可以明显地看出，外资企业与私营企业生产率差距较大时私营控制力的系数小于外资企业与私营企业生产率差距较小时私营控制力的系数，并且后者更加显著，该结果说明随着外资企业与私营企业的生产率差距逐渐减小，以私营控制力提高为特征的内资控制结构变化对中国工业行业价格上涨的促进作用逐渐增强。出现该结果的可能原因是：随着外资企业与私营企业的生产率差距逐渐减小，私营企业可能增加投入并提高产出，导致私营控制力上升，从而增强私营控制力对中国工业行业价格上涨的促进作用。上述结果表明，本章的假设6得到经验证据的支持。

表 5 - 7　　　外资企业与私营企业生产率差距异质、私营控制力与
中国工业行业价格变动

	外资企业与私营企业生产率差距较大				外资企业与私营企业生产率差距较小			
	（1）	（2）	（3）	（4）	（5）	（6）	（7）	（8）
z_d^p	0.098 （0.48）	-0.044 （-0.20）	0.094 （0.45）	0.055 （0.25）	0.138 ** （2.33）	0.186 *** （2.86）	0.127 ** （2.11）	0.159 ** （2.51）
lnex	0.011 （0.67）	0.014 （0.80）	0.012 （0.70）	0.012 （0.70）	0.014 *** （2.64）	0.014 *** （2.71）	0.014 *** （2.60）	0.014 *** （2.69）
lnrd	-0.068 ** （-2.36）	-0.074 ** （-2.60）	-0.068 ** （-2.33）	-0.070 ** （-2.43）	-0.006 （-0.84）	-0.007 （-1.04）	-0.005 （-0.77）	-0.007 （-0.94）
lnsize	0.037 （0.55）	0.019 （0.30）	0.036 （0.54）	0.030 （0.46）	0.032 （1.39）	0.032 （1.47）	0.033 （1.46）	0.031 （1.36）
lnnum	-0.107 （-1.54）	-0.115 （-1.64）	-0.108 （-1.54）	-0.110 （-1.56）	-0.064 *** （-3.06）	-0.070 *** （-3.34）	-0.063 *** （-3.02）	-0.066 *** （-3.14）
lnmkt	0.160 *** （2.93）	0.173 *** （3.32）	0.160 *** （2.88）	0.165 *** （3.05）	0.098 *** （4.94）	0.102 *** （5.13）	0.097 *** （4.88）	0.100 *** （5.00）
_ cons	-0.464 （-0.54）	-0.412 （-0.48）	-0.455 （-0.53）	-0.453 （-0.53）	0.295 （1.16）	0.320 （1.28）	0.306 （1.20）	0.294 （1.16）
D^{id}	YES	YES	YES	YES	YES	YES	YES	YES
D^{year}	YES	YES	YES	YES	YES	YES	YES	YES
Adj-R²	0.424	0.423	0.424	0.423	0.452	0.456	0.450	0.454
N	252	252	252	252	252	252	252	252

注：***、**、* 分别表示在1%、5%、10%的显著性水平下显著，小括号内为 Z 值统计量。D^{id} 为行业虚拟变量，D^{year} 为年份虚拟变量。

表 5-8 与表 5-9 给出了行业内外资企业与国有企业生产率差距异质下内资控制结构变化对中国工业行业价格变动影响的实证结果。其中，表 5-8 是外资企业与国有企业生产率差距异质下国有控制力变化对中国工业行业价格变动影响的估计结果，表 5-8 中第（1）—（4）列为外资企业与国有企业生产率差距较大时，以主营业务收入、资产、总产值以及三者的加权平均值计算的国有控制力的估计结果，第（5）—（8）列为外资企业与国有企业生产率差距较小时，以主营业务收入、资产、

总产值以及三者的加权平均值计算的国有控制力的估计结果。由估计结果可以很明显地看出，外资企业与国有企业生产率差距较大时国有控制力的系数为 0.117—0.246，而外资企业与国有企业生产率差距较小时国有控制力的系数为 0.258—0.461，说明随着外资企业与国有企业的生产率差距逐渐减小，以国有控制力提高为特征的内资控制结构变化对中国工业行业价格上涨的促进作用逐渐增强。上述结果表明，本章的假设 7 得到经验证据的支持。

表 5 - 8　　　　外资企业与国有企业生产率差距异质、国有控制力与
中国工业行业价格变动

	外资企业与国有企业生产率差距较大				外资企业与国有企业生产率差距较小			
	（1）	（2）	（3）	（4）	（5）	（6）	（7）	（8）
z_d^s	0.215*** (2.83)	0.117 (1.41)	0.246*** (3.87)	0.188*** (2.87)	0.417* (1.81)	0.258 (0.88)	0.461* (1.66)	0.426 (1.59)
lnex	0.037*** (4.68)	0.039*** (5.03)	0.036*** (4.64)	0.037*** (4.81)	0.011 (0.91)	0.012 (0.95)	0.010 (0.80)	0.012 (0.96)
lnrd	−0.002 (−0.17)	−0.001 (−0.10)	−0.001 (−0.11)	−0.001 (−0.07)	−0.004 (−0.21)	−0.004 (−0.20)	−0.004 (−0.18)	−0.003 (−0.17)
lnsize	0.039* (1.74)	0.038* (1.67)	0.038* (1.72)	0.039* (1.72)	0.128 (1.62)	0.126 (1.56)	0.130 (1.63)	0.132 (1.66)
lnnum	−0.073*** (−3.01)	−0.074*** (−3.02)	−0.071*** (−2.98)	−0.074*** (−3.05)	−0.167** (−2.18)	−0.169** (−2.18)	−0.172** (−2.24)	−0.172** (−2.23)
lnmkt	0.089*** (3.92)	0.091*** (4.00)	0.087*** (3.86)	0.089*** (3.92)	0.104** (2.42)	0.104** (2.39)	0.106** (2.46)	0.105** (2.41)
_cons	0.458* (1.66)	0.425 (1.52)	0.450* (1.66)	0.460* (1.67)	1.697 (1.62)	1.683 (1.58)	1.741 (1.65)	1.765* (1.67)
D^{id}	YES	YES	YES	YES	YES	YES	YES	YES
D^{year}	YES	YES	YES	YES	YES	YES	YES	YES
Adj-R^2	0.494	0.483	0.506	0.495	0.401	0.388	0.398	0.397
N	252	252	252	252	252	252	252	252

注：***、**、*分别表示在1%、5%、10%的显著性水平下显著，小括号内为Z值统计量。D^{id} 为行业虚拟变量，D^{year} 为年份虚拟变量。

表 5 - 9 是行业内外资企业与国有企业生产率差距异质下私营企业控制力变化对中国工业行业价格变动影响的估计结果。表 5 - 9 中第（1）—（4）列为外资企业与国有企业生产率差距较大时，以主营业务收入、资产、总产值以及三者的加权平均值计算的私营控制力的估计结果，第（5）—（8）列为外资企业与国有企业生产率差距较小时，以主营业务收入、资产、总产值以及三者的加权平均值计算的私营控制力的估计结果。由估计结果可以很明显地看出，外资企业与国有企业生产率差距较大时私营控制力的系数大于外资企业与国有企业生产率差距较小时私营控制力的系数，并且更加显著。该结果说明随着外资企业与国有企业的生产率差距逐渐减小，以私营控制力提高为特征的内资控制结构变化对中国工业价格上涨的促进作用逐渐减弱。出现该结果的可能原因：随着外资企业与国有企业的生产率差距逐渐减小，国有企业可能增加投入并提高产出，从而挤占私营企业的产出份额，导致私营控制力下降，最终抑制私营控制力对中国工业行业价格上涨的促进作用。上述结果表明，本章的假设 8 得到经验证据的支持。

表 5 - 9   外资企业与国有企业生产率差距异质、私营控制力与
中国工业行业价格变动

	外资企业与国有企业生产率差距较大				外资企业与国有企业生产率差距较小			
	(1)	(2)	(3)	(4)	(5)	(6)	(7)	(8)
z_d^p	0.185 *** (2.94)	0.186 ** (2.54)	0.177 *** (2.80)	0.193 *** (2.84)	0.074 (0.55)	0.138 (0.88)	0.073 (0.54)	0.097 (0.67)
lnex	0.035 *** (4.72)	0.035 *** (4.70)	0.036 *** (4.74)	0.036 *** (4.74)	0.010 (0.82)	0.009 (0.76)	0.010 (0.84)	0.010 (0.81)
lnrd	− 0.007 (− 0.75)	− 0.006 (− 0.57)	− 0.007 (− 0.70)	− 0.007 (− 0.75)	− 0.005 (− 0.24)	− 0.007 (− 0.36)	− 0.005 (− 0.24)	− 0.006 (− 0.30)
lnsize	0.013 (0.57)	0.016 (0.73)	0.014 (0.64)	0.013 (0.57)	0.096 (1.31)	0.090 (1.26)	0.096 (1.33)	0.093 (1.28)
lnnum	− 0.065 *** (− 3.02)	− 0.065 *** (− 2.98)	− 0.065 *** (− 3.00)	− 0.065 *** (− 3.02)	− 0.162 ** (− 2.24)	− 0.163 ** (− 2.33)	− 0.163 ** (− 2.25)	− 0.161 ** (− 2.25)

	外资企业与国有企业生产率差距较大				外资企业与国有企业生产率差距较小			
	(1)	(2)	(3)	(4)	(5)	(6)	(7)	(8)
$lnmkt$	0.091 ***	0.090 ***	0.090 ***	0.091 ***	0.112 ***	0.116 ***	0.112 ***	0.112 ***
	(4.30)	(4.23)	(4.24)	(4.29)	(2.67)	(2.88)	(2.64)	(2.70)
_cons	0.213	0.206	0.227	0.208	1.338	1.301	1.348	1.321
	(0.86)	(0.82)	(0.92)	(0.83)	(1.43)	(1.40)	(1.45)	(1.42)
D^{id}	YES	YES	YES	YES	YES	YES	YES	YES
D^{year}	YES	YES	YES	YES	YES	YES	YES	YES
Adj-R^2	0.497	0.493	0.495	0.496	0.401	0.403	0.400	0.401
N	252	252	252	252	252	252	252	252

注：***、**、* 分别表示在1%、5%、10%的显著性水平下显著，小括号内为 Z 值统计量。D^{id} 为行业虚拟变量，D^{year} 为年份虚拟变量。

三　垄断势力差距异质、内资控制结构变化与中国工业行业价格变动

下面分析行业内外资企业与国有企业、私营企业垄断势力差距异质下内资控制结构变化对中国工业行业价格变动的影响效应。借鉴 Epifani and Gancia（2011）与 Federico（2014）采用营业收入与营业成本比值度量垄断势力的方法，计算了我国1999—2012年工业行业各所有制类型企业的垄断势力（见图5-4），由图5-4可以看出，近年来，我国国有企业的垄断势力高于外资企业与私营企业，并且差距明显，外资企业略高于私营企业，特别是2006年后，两者非常接近。

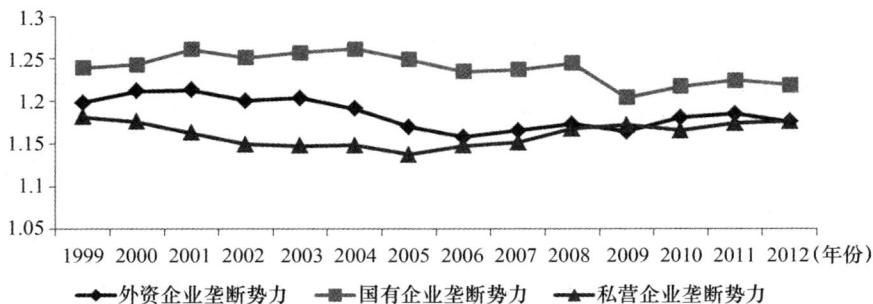

图5-4　1999—2012年外资企业、国有企业与私营企业垄断势力情况图

表 5 – 10 是行业内外资企业与国有企业垄断势力差距异质下内资控制结构变化对中国工业行业价格变动影响的估计结果。第（1）—（4）列分别为以主营业务收入、资产、总产值以及三者的加权平均值计算的国有控制力的估计结果，第（5）—（8）列分别为以主营业务收入、资产、总产值以及三者的加权平均值计算的私营控制力的估计结果。由第（1）—（4）列的估计结果可以看出，国有控制力的系数除第（2）列外均显著为正，国有控制力和外资企业与国有企业垄断势力比值乘积项的系数除第（2）列外均为正值，说明随着外资企业与国有企业垄断势力差距逐渐缩小，以国有控制力提高为特征的内资控制结构变化对中国工业行业价格上涨的促进作用逐渐减弱。由第（5）—（8）列的估计结果可以看出，私营控制力的系数均为正值，私营控制力和外资企业与国有企业垄断势力比值乘积项的系数除第（6）列外均为负值，说明随着外资企业与国有企业垄断势力差距逐渐缩小，以私营控制力提高为特征的内资控制结构变化对中国工业行业价格上涨的促进作用逐渐增强。估计结果也说明外资企业与国有企业垄断势力差距的缩小会降低国有控制力，而提高私营控制力。上述结果表明，本章的假设 9 得到经验证据的支持。

表 5 – 10　　外资企业与国有企业垄断势力差距异质、内资控制结构
变化与中国工业行业价格变动

	（1）	（2）	（3）	（4）	（5）	（6）	（7）	（8）
z_d^s	0.394 *** (2.97)	0.109 (1.03)	0.396 *** (3.05)	0.337 ** (2.51)				
$z_d^s \cdot \dfrac{pcm_f}{pcm_d^s}$	0.108 * (1.77)	−0.001 (−0.02)	0.098 * (1.70)	0.112 * (1.94)				
z_d^p					0.166 (0.83)	0.088 (0.33)	0.163 (0.84)	0.156 (0.72)
$z_d^p \cdot \dfrac{pcm_f}{pcm_d^s}$					−0.052 (−0.27)	0.039 (0.15)	−0.056 (−0.30)	−0.034 (−0.16)
$\dfrac{pcm_f}{pcm_d^s}$	−0.035 (−0.63)	0.058 (1.07)	−0.024 (−0.46)	−0.034 (−0.66)	0.066 ** (2.25)	0.060 ** (2.09)	0.066 ** (2.27)	0.064 ** (2.19)

	（1）	（2）	（3）	（4）	（5）	（6）	（7）	（8）
lnex	0.020 ***	0.018 ***	0.019 ***	0.021 ***	0.016 ***	0.016 ***	0.016 ***	0.016 ***
	（3.13）	（2.84）	（3.01）	（3.29）	（2.79）	（2.81）	（2.81）	（2.80）
lnrd	−0.011	−0.013	−0.013	−0.013	−0.007	−0.008	−0.008	−0.007
	（−1.27）	（−1.50）	（−1.49）	（−1.46）	（−0.84）	（−0.88）	（−0.87）	（−0.82）
lnsize	0.064 **	0.042	0.062 **	0.066 **	0.025	0.027	0.026	0.025
	（2.30）	（1.45）	（2.23）	（2.35）	（1.04）	（1.16）	（1.08）	（1.06）
lnnum	−0.101 ***	−0.087 ***	−0.102 ***	−0.105 ***	−0.080 ***	−0.083 ***	−0.080 ***	−0.081 ***
	（−3.61）	（−3.11）	（−3.61）	（−3.72）	（−3.32）	（−3.41）	（−3.31）	（−3.34）
lnmkt	0.105 ***	0.099 ***	0.107 ***	0.108 ***	0.097 ***	0.100 ***	0.097 ***	0.098 ***
	（4.76）	（4.50）	（4.80）	（4.84）	（4.78）	（4.91）	（4.74）	（4.81）
_ cons	0.606 *	0.355	0.566	0.608 *	0.187	0.205	0.192	0.192
	（1.67）	（0.97）	（1.58）	（1.69）	（0.62）	（0.68）	（0.63）	（0.64）
Adj-R^2	0.410	0.407	0.411	0.411	0.411	0.411	0.411	0.411
N	504	504	504	504	504	504	504	504

注：***、**、* 分别表示在1%、5%、10%的显著性水平下显著，小括号内为Z值统计量。D^{id} 为行业虚拟变量，D^{year} 为年份虚拟变量。

表5-11是行业内外资企业与私营企业垄断势力差距异质下内资控制结构变化对中国工业行业价格变动影响的估计结果。第（1）—（4）列分别为以主营业务收入、资产、总产值以及三者的加权平均值计算的国有控制力的估计结果，第（5）—（8）列分别为以主营业务收入、资产、总产值以及三者的加权平均值计算的私营控制力的估计结果。由第（1）—（4）列的估计结果可以看出，国有控制力的系数均为正值，国有控制力和外资企业与私营企业垄断势力比值乘积项的系数均为负值，说明随着外资企业与私营企业的垄断势力差距逐渐缩小，以国有控制力提高为特征的内资控制结构变化对中国工业行业价格上涨的促进作用逐渐增强。由第（5）—（8）列的估计结果可以看出，私营控制力的系数均显著为负，私营控制力和外资企业与私营企业垄断势力比值乘积项的系数均显著为正，说明随着外资企业与私营企业的垄断势力差距逐渐缩

小，以私营控制力提高为特征的内资控制结构变化对中国工业行业价格上涨的促进作用逐渐减弱。估计结果也间接说明外资企业与私营企业垄断势力差距的缩小会提高国有控制力，而降低私营控制力。上述结果表明，本章的假设 10 得到经验证据的支持。

表 5 - 11　　外资企业与私营企业垄断势力差距异质、内资控制结构
变化与中国工业行业价格变动

	（1）	（2）	（3）	（4）	（5）	（6）	（7）	（8）
z_d^s	0.250 ** (2.40)	0.110 (0.90)	0.270 ** (2.60)	0.223 ** (1.99)				
$z_d^s \cdot \dfrac{pcm_f}{pcm_d^p}$	− 0.154 * (− 1.86)	− 0.131 (− 1.28)	− 0.163 * (1.96)	− 0.158 * (− 1.76)				
z_d^p					− 0.448 ** (− 2.42)	− 0.611 ** (− 2.47)	− 0.456 ** (− 2.50)	− 0.491 ** (− 2.44)
$z_d^p \cdot \dfrac{pcm_f}{pcm_d^p}$					0.568 *** (3.36)	0.754 *** (3.23)	0.571 *** (3.45)	0.624 *** (3.37)
$\dfrac{pcm_f}{pcm_d^p}$	0.195 *** (2.65)	0.183 ** (1.95)	0.200 *** (2.76)	0.200 ** (2.52)	0.049 *** (2.87)	0.050 *** (2.87)	0.049 *** (2.85)	0.049 *** (2.85)
lnex	0.019 *** (3.12)	0.015 ** (2.48)	0.019 *** (3.20)	0.018 *** (2.92)	0.018 *** (3.25)	0.018 *** (3.20)	0.019 *** (3.30)	0.018 *** (3.25)
lnrd	− 0.015 * (− 1.87)	− 0.016 * (− 1.95)	− 0.016 ** (− 2.00)	− 0.016 ** (− 1.98)	− 0.007 (− 0.77)	− 0.007 (− 0.74)	− 0.007 (− 0.79)	− 0.006 (− 0.71)
lnsize	0.050 ** (2.06)	0.030 (1.17)	0.053 ** (2.16)	0.046 * (1.83)	0.014 (0.59)	0.015 (0.65)	0.015 (0.62)	0.014 (0.58)
lnnum	− 0.080 *** (− 3.27)	− 0.070 *** (− 2.87)	− 0.082 *** (− 3.34)	− 0.077 *** (− 3.13)	− 0.061 ** (− 2.50)	− 0.064 *** (− 2.63)	− 0.060 ** (− 2.48)	− 0.062 ** (− 2.53)
lnmkt	0.097 *** (4.81)	0.093 *** (4.65)	0.099 *** (4.89)	0.096 *** (4.74)	0.092 *** (4.57)	0.096 *** (4.78)	0.091 *** (4.51)	0.093 *** (4.61)
_ cons	0.094 (0.30)	0.013 (0.04)	0.096 (0.31)	0.057 (0.18)	0.054 (0.18)	0.060 (0.20)	0.058 (0.19)	0.053 (0.18)
D^{id}	YES	YES	YES	YES	YES	YES	YES	YES
D^{year}	YES	YES	YES	YES	YES	YES	YES	YES
Adj-R^2	0.424	0.419	0.425	0.421	0.420	0.418	0.420	0.420
N	504	504	504	504	504	504	504	504

注：***、**、* 分别表示在 1%、5%、10% 的显著性水平下显著，小括号内为 Z 值统计量。D^{id} 为行业虚拟变量，D^{year} 为年份虚拟变量。

第五节　本章小结

　　本章将工业各行业内不同所有制企业的生产率及垄断势力差距作为行业异质的衡量指标，继而从行业异质角度分析了控制结构变化对中国工业价格变动的影响效应。分析结果表明：①以内资控制力提高为特征的控制结构变化会促进中国工业行业价格上涨，以外资控制力提高为特征的控制结构变化会抑制中国工业行业价格上涨。②随着外资企业与内资企业的生产率差距逐渐缩小，以内资控制力提高为特征的控制结构变化对中国工业行业价格上涨的促进作用逐渐减弱，以外资控制力提高为特征的控制结构变化对中国工业行业价格上涨的抑制作用逐渐减弱。③随着外资企业与内资企业的垄断势力差距逐渐减小，以内资控制力提高为特征的控制结构变化对中国工业行业价格上涨的促进作用逐渐增强，以外资控制力提高为特征的控制结构变化对中国工业行业价格上涨的抑制作用逐渐减弱。④将内资控制力划分为国有控制力与私营控制力两部分，则国有控制力与私营控制力的上升均会促进中国工业行业价格上涨，并且相比私营控制力，国有控制力上升对中国工业行业价格上涨的促进作用更明显。⑤随着外资企业与私营企业的生产率差距逐渐减小，会减弱（增强）国有（私营）控制力对中国工业行业价格上涨的促进作用，随着外资企业与国有企业的生产率差距逐渐减小，会增强（减弱）国有（私营）控制力对中国工业行业价格上涨的促进作用。⑥随着外资企业与国有企业垄断势力差距逐渐缩小，会减弱（增强）国有（私营）控制力对中国工业行业价格上涨的促进作用，随着外资企业与私营企业垄断势力差距逐渐缩小，会增强（减弱）国有（私营）控制力对中国工业行业价格上涨的促进作用。

第六章　外资控制行业与内资控制行业 价格变动差异的实证分析

第三章初步判断出内资控制行业的价格上涨幅度要高于外资控制行业，将内资控制行业划分为国有控制行业与私营控制行业后，国有控制行业的价格上涨幅度高于私营控制行业，与外资控制行业价格上涨幅度的差距也更加明显。为此，本章将进一步运用经济计量模型，更为精确地分析和考察外资控制行业与内资控制行业（包括国有控制行业与私营控制行业）价格变动的差异。

第一节　计量模型、方法与变量说明

一　计量分析模型和方法

研究外资控制行业与内资控制行业价格变动差异主要利用以下价格变动方程模型：

$$dlnp_{i,t}^{F} = \gamma_{i,t}^{F}\alpha_{t}^{F} + \beta_{t} + \varepsilon_{i,t}^{F}$$

$$dlnp_{i,t}^{D} = \gamma_{i,t}^{D}\alpha_{t}^{D} + \beta_{t} + \varepsilon_{i,t}^{D} \qquad (6-1)$$

模型中 F 和 D 分别代表外资控制行业与内资控制行业，$dlnp_{i,t}^{F}$、$dlnp_{i,t}^{D}$ 分别表示外资控制行业与内资控制行业 i 在第 t 期的价格变动率，$\gamma_{i,t}$ 是观测到的与行业价格有关的变量，如劳动生产率、垄断势力等，β_{t} 表示外资控制行业与内资控制行业的价格变动差异。

　　模型式（6-1）对不同行业的价格变动方程进行估计，不可避免地会涉及行业选择的内生性问题，即某一具体行业是属于外资控制行业还是内资控制行业并非是完全随机的，而往往与其自身的行业特征、差异化的行业政策等方面相关，这些因素可能导致行业选择的随机项与价格变动方程的随机项之间存在相关性。所以直接用外资控制行业的样本估计外资控制行业价格变动方程，或者直接用内资控制行业的样本估计内资控制行业的价格变动方程，会产生有偏的估计值。这一问题在很多文献中都有相关解释（Heckman，1979；Ophem，1993）。

　　因此，本章借鉴现有文献（张车伟和薛欣欣，2008；柏培文，2010），在估计价格变动方程时，同时考虑行业选择方程，具体模型如下：

$$d\ln p^F = x_1\beta_1 + u_1 \qquad (6-2)$$

$$fdum = 1[x_2\delta_2 + v_2 > 0] \qquad (6-3)$$

　　式（6-3）是行业选择方程，它决定了该行业是否属于外资控制行业，如果 $x_2\delta_2 + v_2 > 0$，则该行业属于外资控制行业，否则该行业属于内资控制行业。

　　对含有行业选择的价格变动方程进行估计，通常采用两步法：首先估计行业选择方程式（6-3），以求得选择偏差修正项；随后将选择偏差修正项代入价格变动方程式（6-2）中，修正可能存在的选择偏差。加入选择偏差修正项后的价格变动方程表示为：

$$E(d\ln p^F \mid x, fdum = 1) = x_1\beta_1 + \gamma_1 E(v_2 \mid x_2, fdum = 1)$$

$$= x_1\beta_1 + \gamma_1 \frac{\varphi(x_2\delta_2)}{\Phi(x_2\delta_2)} = x_1\beta_1 + \gamma_1\lambda$$

$$(6-4)$$

　　其中，$\lambda = \dfrac{\varphi(x_2\delta_2)}{\Phi(x_2\delta_2)}$，为逆米勒比（inverse Mill.s ratio），$fdum$ 为外资控制行业哑变量。如果 λ 的系数显著，则说明存在显著的样本选择问题，这时如果采取普通的最小二乘方法得到的估计结果将是有失偏颇的，而采用 Heckman 样本选择模型则可以得到一致估计（Ophem，1993）。

本章同样使用两步法，第一步对行业选择方程式（6－3）进行 prob-it 模型估计，在第二步加入了选择偏差修正项对价格变动方程式（6－4）进行 OLS 估计。

二　变量度量与数据来源

根据现有文献，本章选取劳动生产率（lnZ）、垄断势力（lnμ）、出口销售比率（lnex）、行业科技支出（lnrd）、企业平均规模（lnsize）、企业数量（lnnum）、行业市场规模（lnmkt）、外资企业实际所得税率（lnrate）以及行业外资政策指数（lnpolicy）等自变量对第一步的行业选择方程进行 probit 估计。其中，外资企业实际所得税率（lnrate）以及行业外资政策指数（lnpolicy）作为工具变量进入方程，以控制行业选择的内生性。外资控制行业与内资控制行业（国有控制行业、私营控制行业）的判断依据与第三章相同；劳动生产率（lnZ）采用行业增加值与行业从业人员总数的比重度量，由于 2007 年后统计年鉴中未给出分工业行业增加值的具体数值，这里根据各月的增加值累计同比进行估算得到 2007 年后的分工业行业增加值；垄断势力（lnμ）采用营业收入与营业成本比值的方法进行度量；出口销售比率（lnex）利用各行业出口销售产值占总产值的比重进行度量；行业科技支出（lnrd）利用各行业科技活动内部经费支出总额占总产值的比重进行度量；企业平均规模（lnsize）、企业数量（lnnum）、行业市场规模（lnmkt）分别利用各行业企业平均员工人数、各行业企业总数、各行业销售收入总额进行度量；外资企业实际所得税率（lnrate）利用外资企业应付所得税除以外资企业的总利润计算得出；行业外资政策指数（lnpolicy）参照殷华方等（2006）的定量化研究方法，给鼓励类、限制（甲）类、限制（乙）类、禁止类项目分别赋予权重 3、2、1、0。将投资目录按照行业分类标准进行归类以后，以一个行业各种政策类别的项目数量分别乘以其权重，再相加，得到该行业的外资政策指数。

在对价格变动方程进行 OLS 估计中，因变量为行业价格变动率

（$dlnp$），自变量在上述变量中略去外资企业实际所得税率（$lnrate$）以及行业外资政策指数（$lnpolicy$），加入了选择偏差修正项（λ）。其中，在行业价格的度量方面，已有文献大多采用工业行业生产者出厂价格指数指标衡量，本章同样采用以 1998 年为基期的各工业行业生产者出厂价格指数来度量。为了消除数据的异方差性，本书对除外资控制行业哑变量（$fdum$）外的所有自变量数据均做了对数变换，以货币单位计量的指标均以 1998 年为基期通过 GDP 缩减指数进行了处理。

本章使用 1999—2012 年中国二位码分类的全部工业行业数据进行实证分析。数据来源于 1999—2013 年的《中国统计年鉴》《中国工业经济统计年鉴》《中国人口和就业统计年鉴》《中国科技统计年鉴》以及国泰安数据服务中心的中国工业行业统计数据库。由于统计局于 2002 年与 2011 年两次对国民经济行业分类与代码进行修订，因此 1999—2002 年、2003—2011 年以及 2012 年这三个连续区间的部分行业名称及代码存在变动。为了避免出现统计范围的差异，我们根据行业名称和内容，对 2002 年与 2011 年前后的二位码行业进行重新匹配。另外，工业行业生产者出厂价格指数以 2002 年的国民经济行业分类为标准，因此我们对二位码行业的匹配以 2003—2011 年的行业代码名称作为匹配标准，剔除只在 1999—2002 年或 2012 年出现而 2003—2011 年统计数据中不包含的行业，从而保证了行业代码和名称的一致性。最终我们得到的样本包括 36 个二位码行业，共计 504 个观测点。

第二节　外资控制行业与内资控制行业价格变动差异的估计结果分析

一　外资控制行业与内资控制行业价格变动差异的估计结果分析

本章利用 1999—2012 年中国 36 个工业行业数据，采用混合 OLS 模型与 Heckman 两阶段模型，对外资控制行业与内资控制行业的价格变动差异进行了实证检验，具体结果见表 6 – 1。为了比较清晰，这里只列出

Heckman 样本选择模型第二阶段的回归结果。

表 6-1   外资控制行业与内资控制行业的价格变动差异

	（1）	（2）	（3）	（4）
	POLS	POLS	Heckman	Heckman
λ			0.016 *** (4.77)	0.022 * (1.84)
$fdum$	-0.034 *** (-6.22)	-0.021 *** (-3.70)	-0.020 *** (-3.37)	-0.022 *** (-3.80)
$\ln Z$		-0.069 *** (-7.30)		-0.062 *** (-6.08)
$\ln\mu$		0.093 *** (4.04)		0.087 *** (3.77)
$\ln ex$		0.002 (0.74)		0.012 ** (1.98)
$\ln rd$		-0.001 (-0.30)		0.000 (0.13)
$\ln size$		0.057 *** (5.42)		0.051 *** (4.70)
$\ln num$		-0.060 *** (-6.76)		-0.055 *** (-5.92)
$\ln mkt$		0.058 *** (7.00)		0.049 *** (5.12)
_ $cons$	-0.005 (-0.54)	0.632 *** (6.24)	-0.025 ** (-2.44)	0.549 *** (4.97)
D^{year}	YES	YES	YES	YES
Adj-R^2	0.288	0.391	0.319	0.394
N	504	504	504	504

注：***、**、* 分别表示在1%、5%、10%的显著性水平下显著，小括号内为 Z 值统计量。D^{year} 为年份虚拟变量。

表 6-1 第（1）、（2）列为混合 OLS 模型对价格变动方程的估计结果，第（3）、（4）列为 Heckman 样本选择模型对价格变动方程的估计结

果。从 Heckman 样本选择模型的估计结果可以知道，λ 的系数均至少在 10% 的显著性水平下显著，这表明存在选择性误差。因此，采取 Heckman 样本选择模型对价格变动方程估计是必要的。从具体结果来看，在仅包含 $fdum$ 变量或者在加入其他控制变量之后，外资控制行业哑变量 $fdum$ 的系数均为负值，并且在统计上是显著的，这说明外资控制行业的年均价格上涨率明显低于内资控制行业，而且这一结论是稳健的，不受其他控制变量的影响。具体来说，在第（2）列的混合 OLS 模型中，外资控制行业哑变量的系数为 -2.1%，在 1% 的显著性水平下显著。在第（4）列的 Heckman 样本选择模型中，外资控制行业哑变量的系数为 -0.022，在 1% 的显著性水平下显著。鉴于 Heckman 样本选择模型的估计结果优于混合 OLS 模型，因此，表 6-1 的结果显示，外资控制行业的年均价格上涨率显著低于内资控制行业，并且两者之间的差距为 2.2%。

劳动生产率 $\ln Z$ 的回归系数为负，并且在统计上是显著的，这说明劳动生产率的提高会抑制工业行业价格的上涨，这与 Chen 等（2009）得到的结论是一致的。垄断势力 $\ln\mu$ 的回归系数显著为正，说明垄断程度越高的行业价格上涨率越大。企业数量 $\ln num$ 的回归系数为负值，并且在统计上是显著的，说明企业数量对工业行业价格的上涨起到抑制作用。出口销售比率 $\ln ex$、企业平均规模 $\ln size$、行业市场规模 $\ln mkt$ 的回归系数均为正值，并且在统计上显著，说明出口销售比率、企业平均规模、行业市场规模上升会促进工业行业价格上涨。行业科技支出 $\ln rd$ 在混合 OLS 模型与 Heckman 样本选择模型的回归系数符号不一致，但均不显著。

为了进一步比较外资控制行业和内资控制行业两者之间的价格变动差异，这里将样本分为外资控制行业和内资控制行业两个子样本，分析二者之间的差异。混合 OLS 模型与 Heckman 样本选择模型的估计结果见表 6-2。

表 6-2   外资控制行业与内资控制行业的价格变动差异（分行业）

	外资控制行业		内资控制行业	
	POLS	Heckman	POLS	Heckman
λ		-0.007 (-0.36)		0.043 *** (2.62)
$\ln Z$	-0.034 *** (-3.20)	-0.038 ** (-2.57)	-0.076 *** (-5.75)	-0.062 *** (-4.44)
$\ln \mu$	0.019 (0.51)	0.025 (0.61)	0.098 *** (3.08)	0.086 *** (2.71)
$\ln ex$	-0.007 *** (-2.86)	-0.010 (-1.22)	0.004 (1.32)	0.028 *** (2.92)
$\ln rd$	-0.001 (-0.57)	-0.001 (-0.59)	-0.002 (-0.41)	0.001 (0.18)
$\ln size$	0.051 *** (3.98)	0.055 *** (3.31)	0.063 *** (4.22)	0.053 *** (3.47)
$\ln num$	-0.031 *** (-2.81)	-0.035 ** (-2.38)	-0.067 *** (-5.45)	-0.058 *** (-4.65)
$\ln mkt$	0.031 *** (2.81)	0.035 ** (2.15)	0.063 *** (5.58)	0.046 *** (3.58)
_ cons	0.434 *** (3.89)	0.477 *** (2.92)	0.708 *** (4.90)	0.558 *** (3.62)
D^{year}	YES	YES	YES	YES
Adj-R^2	0.478	0.476	0.392	0.405
N	156	156	348	348

注：***、**、* 分别表示在 1%、5%、10% 的显著性水平下显著，小括号内为 Z 值统计量。D^{year} 为年份虚拟变量。

表 6-2 的结果显示，在内资控制行业的估计结果中，λ 的系数在 1% 的显著性水平下显著，这说明存在样本选择误差。在外资控制行业的估计结果中，λ 的系数不显著，表明不存在样本选择误差。从 Heckman 样本选择模型各变量的估计系数来看，劳动生产率对价格上涨的抑制作用在内资控制行业中明显高于外资控制行业，前者是后者的近两倍。垄断势力对内资控制行业价格上涨的促进作用也明显高于外资控制行业，

其中内资控制行业为 8.6% ，外资控制行业为 2.5% ，前者是后者的近 3.5 倍。其余大部分变量在内资控制行业中的估计系数也大于外资控制行业，这反映了外资控制行业的价格变动更为平均，行业内的价格变动差距较小。这与从核密度估计曲线得到的结果一致。

二　外资控制行业与国有、私营控制行业价格变动差异的估计结果分析

内资控制行业由国有控制行业和私营控制行业构成，因此，下面分别讨论外资控制行业和国有控制行业的价格变动差异、外资控制行业与私营控制行业价格变动的差异，以及国有控制行业和私营控制行业之间的价格变动差异。

（一）外资控制行业和国有控制行业的价格变动差异的估计结果分析

首先考察外资控制行业和国有控制行业之间的价格变动差异，所用方法仍然为混合 OLS 模型与 Heckman 样本选择模型，估计结果见表 6 – 3。

表 6 – 3　　　　**外资控制行业与国有控制行业的价格变化差异**

	（1）	（2）	（3）	（4）
	POLS	POLS	Heckman	Heckman
λ			0.007 *** (3.82)	0.010 ** (2.60)
$fdum$	– 0.044 *** (– 7.23)	– 0.024 * (– 1.89)	– 0.023 ** (– 2.41)	– 0.024 * (– 1.84)
$\ln Z$		– 0.063 *** (– 6.12)		– 0.056 *** (– 5.30)
$\ln \mu$		0.075 *** (3.05)		0.071 *** (2.91)
$\ln ex$		0.001 (0.63)		0.005 * (1.75)
$\ln rd$		– 0.004 (– 1.00)		– 0.002 (– 0.66)

续表

	（1）	（2）	（3）	（4）
	POLS	POLS	Heckman	Heckman
ln$size$		0.043 *** (3.78)		0.065 *** (4.61)
lnnum		- 0.051 *** (- 5.37)		- 0.055 *** (- 5.79)
lnmkt		0.052 *** (5.88)		0.053 *** (6.07)
_ $cons$	- 0.001 (- 0.15)	0.502 *** (4.64)	- 0.024 ** (- 2.21)	0.598 *** (5.27)
D^{year}	YES	YES	YES	YES
Adj-R^2	0.266	0.360	0.294	0.371
N	367	367	367	367

注：***、**、* 分别表示在 1%、5%、10% 的显著性水平下显著，小括号内为 Z 值统计量。D^{year} 为年份虚拟变量。

表 6 - 3 第（1）、（2）列为混合 OLS 模型对价格变动方程的估计结果，第（3）、（4）列为 Heckman 样本选择模型对价格变动方程的估计结果。从表 6 - 3 的估计结果可知，在混合 OLS 模型估计中，外资控制行业和国有控制行业的年均价格上涨率差异为 2.4%，在 10% 的显著性水平下显著。在 Heckman 样本选择模型的估计中，λ 的系数均在 5% 的显著性水平下显著，这表明存在样本选择误差。因此，我们以 Heckman 样本选择模型的估计结果作为分析对象。从第（4）列 Heckman 样本选择模型的估计结果可知，$fdum$ 的估计系数为 - 0.024，因此，我们得出国有控制行业比外资控制行业的年均价格上涨率高出 2.4%。

（二）外资控制行业与私营控制行业的价格变动差异的估计结果分析

接下来，我们考察外资控制行业与私营控制行业的价格变动差异，估计结果见表 6 - 4。

表 6 - 4　　　　　　**外资控制行业与私营控制行业的价格变动差异**

	(1)	(2)	(3)	(4)
	POLS	POLS	Heckman	Heckman
λ			0. 004 (1. 06)	- 0. 048 *** (- 4. 68)
$fdum$	- 0. 021 *** (- 3. 53)	- 0. 016 ** (- 2. 48)	- 0. 017 ** (- 2. 56)	- 0. 019 *** (- 2. 94)
$\ln Z$		- 0. 076 *** (- 5. 73)		- 0. 071 *** (- 5. 55)
$\ln \mu$		0. 216 *** (4. 02)		0. 149 *** (2. 75)
$\ln ex$		0. 003 (1. 19)		- 0. 012 *** (- 2. 69)
$\ln rd$		- 0. 001 (- 0. 12)		- 0. 005 (- 1. 34)
$\ln size$		0. 080 *** (5. 23)		0. 134 *** (7. 13)
$\ln num$		- 0. 076 *** (- 5. 64)		- 0. 093 *** (- 6. 82)
$\ln mkt$		0. 072 *** (5. 63)		0. 094 *** (7. 10)
$\_ cons$	- 0. 016 (- 1. 15)	0. 769 *** (5. 62)	- 0. 019 (- 1. 37)	1. 087 *** (7. 29)
D^{year}	YES	YES	YES	YES
Adj-R^2	0. 330	0. 423	0. 331	0. 458
N	293	293	293	293

注：***、**、*分别表示在1%、5%、10%的显著性水平下显著，小括号内为 Z 值统计量。D^{year} 为年份虚拟变量。

表 6 - 4 第 (1)、(2) 列为混合 OLS 模型对价格变动方程的估计结果，第 (3)、(4) 列为 Heckman 样本选择模型对价格变动方程的估计结果。从表 6 - 4 的结果可知，在混合 OLS 模型估计中，外资控制行业和私营控制行业的年均价格上涨率差异为 1.6%，在 5% 的显著性水平下显著。在 Heckman 样本选择模型的估计中，第 (4) 列中 λ 的系数在 1% 的显著性水平下显著，这表明存在样本选择误差。因此，我们以 Heckman

样本选择模型的估计结果作为分析对象。从第（4）列 Heckman 样本选择模型的估计结果可知，*fdum* 的估计系数为 -0.019，因此，我们得出私营控制行业比外资控制行业的年均价格上涨率高出 1.9%。

对比表 6-3 和表 6-4 的结果可知，外资控制行业与国有控制行业的年均价格上涨率差异要大于外资控制行业与私营控制行业的年均价格上涨率差异。为了进一步考察内资控制行业内部的价格变动差异，我们利用混合 OLS 模型与 Heckman 样本选择模型对国有控制行业和私营控制行业的价格变动差异进行分析。

（三）国有控制行业和私营控制行业的价格变动差异的估计结果分析

表 6-5 列出了国有控制行业和私营控制行业价格变动差异的估计结果。

表 6-5　　　　　国有控制行业与私营控制行业的价格变化差异

	（1）	（2）	（3）	（4）
	POLS	POLS	Heckman	Heckman
λ			0.012 ** （2.46）	0.038 ** （2.24）
pedum	-0.028 *** （-2.85）	-0.014 （-1.21）	-0.015 （-1.42）	-0.003 （-0.20）
$\ln Z$		-0.084 *** （-6.06）		-0.069 *** （-4.59）
$\ln\mu$		0.110 *** （3.39）		0.096 *** （2.93）
$\ln ex$		0.002 （0.83）		0.024 ** （2.39）
$\ln rd$		-0.004 （-0.63）		-0.0002 （-0.04）
$\ln size$		0.060 *** （4.06）		0.052 *** （3.44）

续表

	（1）	（2）	（3）	（4）
	POLS	POLS	Heckman	Heckman
ln*num*		-0.070^{***} (-5.65)		-0.061^{***} (-4.80)
ln*mkt*		0.067^{***} (5.85)		0.051^{***} (3.79)
_ *cons*	-0.006 (-0.44)	0.746^{***} (5.13)	-0.021 (-1.39)	0.583^{***} (3.76)
D^{year}	YES	YES	YES	YES
Adj-R^2	0.307	0.397	0.319	0.406
N	348	348	348	348

注：***、**、* 分别表示在 1%、5%、10% 的显著性水平下显著，小括号内为 Z 值统计量。D^{year} 为年份虚拟变量。

表 6 - 5 第（1）、（2）列为混合 OLS 模型对价格变动方程的估计结果，第（3）、（4）列为 Heckman 样本选择模型对价格变动方程的估计结果。从表 6 - 5 第（2）列的结果可知，在混合 OLS 估计中，私营控制行业哑变量 *pedum* 的估计系数为 - 0.014，说明国有控制行业和私营控制行业的年均价格上涨率差异为 1.4%。在 Heckman 样本选择模型的估计中，λ 的系数均在 5% 的显著性水平下显著，这表明存在样本选择误差。因此，我们以 Heckman 样本选择模型的估计结果作为分析对象。从第（4）列 Heckman 样本选择模型的估计结果可知，私营控制行业哑变量 *pedum* 的估计系数为负值，因此，我们得出私营控制行业比国有控制行业的年均价格上涨率低 0.3%。

根据前文的估计结果，我们发现国有控制行业的价格上涨率高于私营控制行业与外资控制行业，私营控制行业又高于外资控制行业。关于外资控制行业、国有控制行业与私营控制行业价格上涨有差异，我们分析可能与行业价格的决定机制有关。外资控制行业与私营控制行业的价格是市场竞争的结果，而国有控制行业的定价却是由政府根据补偿成本加合理利润的原则直接定价或制定指导价，但由于缺乏对国有控制行业的成本控制机制，从而无法得到国有控制行业的实际成本，这时采用补偿成本加合理利润的定价方式实质上是一种有特殊含义的"价格下限制"或没有限制的定价（王学庆，2004），因此导致国有控制行业产品价格的节节攀高，这可能是我们观察到的国有控制行业的价格上涨率高于私营控制行业与外资控制行业的一个重要原因。而外资控制行业、私营控制行业价格虽都是市场竞争的结果，但相较外资控制行业，私营控制行业在融资、技术、管理等方面存在不少劣势，造成私营控制行业单位产出的成本更高，研究本书的相关数据也发现私营控制行业的成本率（成本收入比）要比外资控制行业高1%左右，外资控制行业与私营控制行业成本的差距也最终造成两者价格上涨率之间的差距。

第三节 不同控制程度的外资控制行业与内资控制行业价格变动差异的估计结果分析

上述研究表明，相比外资控制行业，内资控制行业（国有控制行业和私营控制行业）价格的上涨率更高。进一步的问题是，不同控制程度的外资控制行业与内资控制行业（国有控制行业和私营控制行业）的价格变动之间是否存在着显著的差异？

为了考察不同控制程度的外资控制行业与内资控制行业（国有控制行业和私营控制行业）价格变动之间的差异，我们将各个外资控制行业的外资控制力从低到高分为八组，依次记为 $B1$、$B2$、$B3$、…、$B8$，在解释变量中添加了外资控制行业哑变量与外资控制力虚拟变量的乘积项（$fdum \times Bn$），回归以第八组（$B8$）作为参照。回归结果见表 6 - 6。

表 6 - 6　　**不同控制程度的外资控制行业与内资控制行业的价格变动差异**

	外资控制行业 VS 内资控制行业		外资控制行业 VS 国有控制行业		外资控制行业 VS 私营控制行业	
	（1）	（2）	（3）	（4）	（5）	（6）
	POLS	Heckman	POLS	Heckman	POLS	Heckman
λ		0.035 *** (2.83)		0.032 ** (2.18)		0.014 * (1.72)
$fdum$	− 0.066 ** (− 2.56)	− 0.073 *** (− 2.85)	− 0.083 *** (− 3.03)	− 0.085 *** (− 3.14)	− 0.056 ** (− 2.30)	− 0.064 ** (− 2.39)
$fdum \times B1$	0.041 (1.02)	0.050 (1.24)	0.059 (1.49)	0.060 (1.54)	0.036 (1.03)	0.044 (1.19)
$fdum \times B2$	0.051 * (1.88)	0.059 ** (2.18)	0.068 ** (2.55)	0.070 *** (2.64)	0.043 * (1.75)	0.050 * (1.89)
$fdum \times B3$	0.050 * (1.92)	0.059 ** (2.26)	0.066 ** (2.57)	0.068 *** (2.67)	0.042 * (1.78)	0.050 * (1.92)
$fdum \times B4$	0.038 (1.45)	0.044 * (1.67)	0.050 * (1.94)	0.050 ** (1.98)	0.033 (1.41)	0.039 (1.56)
$fdum \times B5$	0.037 (1.32)	0.036 (1.30)	0.045 * (1.67)	0.042 (1.54)	0.035 (1.38)	0.037 (1.47)
$fdum \times B6$	0.015 (0.54)	0.011 (0.39)	0.028 (1.02)	0.022 (0.79)	0.010 (0.41)	0.012 (0.46)
$fdum \times B7$	0.039 (1.28)	0.040 (1.32)	0.036 (1.23)	0.038 (1.28)	0.036 (1.45)	0.037 (1.47)
$\ln Z$	− 0.067 *** (− 6.69)	− 0.055 *** (− 5.10)	− 0.055 *** (− 4.98)	− 0.045 *** (− 3.87)	− 0.075 *** (− 4.91)	− 0.068 *** (− 3.69)
$\ln\mu$	0.083 *** (3.42)	0.070 *** (2.89)	0.051 * (1.93)	0.047 * (1.82)	0.226 *** (4.17)	0.217 *** (3.89)
$\ln ex$	0.003 (1.55)	0.023 *** (3.19)	0.006 ** (2.07)	0.022 *** (2.83)	0.007 ** (2.03)	0.015 (1.29)
$\ln rd$	− 0.002 (− 0.70)	− 0.001 (− 0.20)	− 0.006 (− 1.49)	− 0.004 (− 1.11)	− 0.002 (− 0.61)	− 0.002 (− 0.64)
$\ln size$	0.053 *** (4.85)	0.044 *** (3.77)	0.035 *** (2.90)	0.030 ** (2.53)	0.080 *** (4.78)	0.071 *** (3.41)
$\ln num$	− 0.060 *** (− 6.55)	− 0.052 *** (− 5.45)	− 0.047 *** (− 4.89)	− 0.042 *** (− 4.18)	− 0.082 *** (− 5.77)	− 0.077 *** (− 4.91)

	外资控制行业 VS 内资控制行业		外资控制行业 VS 国有控制行业		外资控制行业 VS 私营控制行业	
	（1）	（2）	（3）	（4）	（5）	（6）
	POLS	Heckman	POLS	Heckman	POLS	Heckman
ln*mkt*	0.056 ***	0.042 ***	0.047 ***	0.035 ***	0.076 ***	0.068 ***
	（6.71）	（4.23）	（5.17）	（3.37）	（5.79）	（4.10）
_ *cons*	0.611 ***	0.474 ***	0.433 ***	0.344 ***	0.775 ***	0.682 ***
	（5.72）	（4.08）	（3.77）	（2.85）	（4.97）	（3.38）
D^{year}	YES	YES	YES	YES	YES	YES
Adj-R^2	0.392	0.401	0.370	0.377	0.426	0.426
N	504	504	367	367	293	293

注：***、**、* 分别表示在 1%、5%、10% 的显著性水平下显著，小括号内为 Z 值统计量。D^{year} 为年份虚拟变量。

表 6 - 6 显示，Heckman 样本选择模型估计中，λ 的系数均至少在 10% 的显著性水平下显著，这表明存在选择性误差，因此，我们均以 Heckman 样本选择模型的估计结果作为分析对象。由第（2）列外资控制行业与内资控制行业价格变化差异的估计结果可以看出，不同控制程度的外资控制行业与内资控制行业的价格变化差距存在显著差异。其中，外资控制行业哑变量 *fdum* 的估计系数为 0.073，且在 1% 的显著性水平下显著，表明外资控制力最高的第八组（$B8$）外资控制行业与内资控制行业的年均价格上涨率相差 7.3%。乘积项（*fdum* × $B1$）的系数为 0.050，说明第一组（$B1$）外资控制行业与内资控制行业年均价格上涨率的差距比第八组（$B8$）年均价格上涨率的差距小 5.0%，也就是说，第一组（$B1$）外资控制行业与内资控制行业年均价格上涨率的差距为 2.3%。类似地，第二组（$B2$）、第三组（$B3$）、第四组（$B4$）、第五组（$B5$）、第六组（$B6$）、第七组（$B7$）外资控制行业与内资控制行业年均价格上涨率的差距分别为 1.4%、1.4%、2.9%、3.7%、6.2%、3.3%。根据同样的汇总方式，我们得到了在八组不同外资控制力的外资

控制行业与国有控制行业年均价格上涨率的差距依次为2.4%、1.5%、1.6%、3.4%、4.3%、6.3%、4.7%、8.5%，与私营控制行业年均价格上涨率的差距依次为2.0%、1.3%、1.3%、2.4%、2.6%、5.1%、2.6%、6.4%。通过对不同控制程度的外资控制行业与内资控制行业、国有控制行业和私营控制行业年均价格上涨率差距进行对比，我们发现无论外资控制力处于哪一组，外资控制行业与国有控制行业价格上涨率的差距均大于与内资控制行业、私营控制行业的差距，并且外资控制力高的外资控制行业与内资控制行业（包括国有控制行业和私营控制行业）的价格变动差距更大也更显著。

第四节　稳健性检验

为考察上述估计结果的稳健性，下面分别利用主营业务收入、资产、总产值作为外资控制行业与内资控制行业（包括国有控制行业及私营控制行业）的判定依据，对前文的估计结果进行检验稳健性，具体结果见表6-7—表6-10。稳健性估计结果与前文的估计结果相比，主要解释变量的系数均为发生根本变化，因此，可以认为前文的估计结果具有一定的稳健性。

表6-7　外资控制行业与内资控制行业的价格变动差异（主营业务收入）

	外资控制行业 VS 内资控制行业		外资控制行业 VS 国有控制行业		外资控制行业 VS 私营控制行业		国有控制行业 VS 私营控制行业	
	（1）	（2）	（3）	（4）	（5）	（6）	（7）	（8）
	POLS	Heckman	POLS	Heckman	POLS	Heckman	POLS	Heckman
λ		0.023* (1.90)		0.007** (2.61)		-0.029** (-2.56)		0.041** (2.47)
$fdum^{re}$	-0.023** (-2.11)	-0.025** (-2.33)	-0.027** (-2.54)	-0.028** (-2.40)	-0.020** (2.47)	-0.021** (2.47)		
$pedum^{re}$							-0.015 (-1.31)	-0.005 (-0.43)

续表

	外资控制行业 VS 内资控制行业		外资控制行业 VS 国有控制行业		外资控制行业 VS 私营控制行业		国有控制行业 VS 私营控制行业	
	（1）	（2）	（3）	（4）	（5）	（6）	（7）	（8）
	POLS	Heckman	POLS	Heckman	POLS	Heckman	POLS	Heckman
$\ln Z$	−0.069***	−0.061***	−0.064***	−0.056***	−0.075***	−0.079***	−0.076.***	−0.062***
	（−7.05）	（−5.78）	（−5.91）	（−4.67）	（−5.79）	（−5.30）	（−5.90）	（−4.35）
$\ln \mu$	0.092***	0.086***	0.080***	0.076***	0.145**	0.148**	0.094***	0.081***
	（3.92）	（3.63）	（3.12）	（2.96）	（2.52）	（2.55）	（3.14）	（2.70）
$\ln ex$	0.000	0.012*	−0.001	0.012	0.001	−0.003	0.002	0.026**
	（0.20）	（1.86）	（−0.22）	（1.47）	（0.43）	（−0.35）	（0.66）	（2.55）
$\ln rd$	−0.001	0.000	−0.004	−0.002	0.002	0.002	−0.003	−0.002
	（−0.38）	（0.05）	（−0.92）	（−0.58）	（0.58）	（0.38）	（−0.58）	（−0.31）
$\ln size$	0.056***	0.050***	0.048***	0.044***	0.080***	0.084***	0.060***	0.051***
	（5.23）	（4.49）	（4.04）	（3.66）	（5.39）	（5.14）	（4.22）	（3.49）
$\ln num$	−0.060***	−0.054***	−0.054***	−0.049***	−0.064***	−0.068***	−0.068***	−0.059***
	（−6.59）	（−5.72）	（−5.49）	（−4.75）	（−4.62）	（−4.33）	（−5.69）	（−4.77）
$\ln mkt$	0.057***	0.048***	0.053***	0.044***	0.062***	0.067***	0.064***	0.047***
	（6.76）	（4.84）	（5.70）	（4.01）	（4.74）	（4.15）	（5.83）	（3.62）
_cons	0.619***	0.531***	0.547***	0.470***	0.724***	0.775***	0.688***	0.548***
	（6.05）	（4.75）	（4.88）	（3.88）	（5.56）	（4.87）	（5.02）	（3.72）
D^{year}	YES	YES	YES	YES	YES	YES	YES	YES
Adj-R^2	0.380	0.383	0.363	0.366	0.445	0.448	0.384	0.394
N	504	504	398	398	273	273	337	337

注：***、**、*分别表示在1%、5%、10%的显著性水平下显著，小括号内为 Z 值统计量。D^{year} 为年份虚拟变量。

表6-8　　外资控制行业与内资控制行业的价格变动差异（资产）

	外资控制行业 VS 内资控制行业		外资控制行业 VS 国有控制行业		外资控制行业 VS 私营控制行业		国有控制行业 VS 私营控制行业	
	（1）	（2）	（3）	（4）	（5）	（6）	（7）	（8）
	POLS	Heckman	POLS	Heckman	POLS	Heckman	POLS	Heckman
λ		0.021*		0.009**		−0.017*		0.035**
		（1.75）		（2.45）		（−1.84）		（2.29）

续表

	外资控制行业 VS 内资控制行业		外资控制行业 VS 国有控制行业		外资控制行业 VS 私营控制行业		国有控制行业 VS 私营控制行业	
	(1)	(2)	(3)	(4)	(5)	(6)	(7)	(8)
	POLS	Heckman	POLS	Heckman	POLS	Heckman	POLS	Heckman
$fdum^{as}$	-0.017** (-2.00)	-0.018** (-2.18)	-0.020** (-2.06)	-0.022** (-2.26)	-0.014 (-1.56)	-0.013 (-1.34)		
$pedum^{as}$							-0.013 (-0.83)	-0.008 (-1.39)
$\ln Z$	-0.069*** (-7.00)	-0.062*** (-5.79)	-0.068*** (-6.41)	-0.061*** (-5.36)	-0.076*** (-5.28)	-0.083*** (-4.92)	-0.075*** (-5.85)	-0.062*** (-4.47)
$\ln\mu$	0.092*** (3.86)	0.085*** (3.57)	0.083*** (3.41)	0.079*** (3.21)	0.207*** (3.04)	0.215*** (3.13)	0.090*** (2.95)	0.078** (2.53)
$\ln ex$	-0.001 (-0.24)	0.011 (1.56)	-0.002 (-0.83)	0.007 (1.05)	0.004 (1.03)	-0.004 (-0.36)	0.001 (0.17)	0.020** (2.20)
$\ln rd$	-0.001 (-0.39)	0.000 (0.00)	-0.001 (-0.36)	0.000 (-0.08)	0.002 (0.48)	0.001 (0.26)	-0.005 (-0.86)	-0.004 (-0.67)
$\ln size$	0.056*** (5.18)	0.050*** (4.47)	0.051*** (4.50)	0.046*** (3.99)	0.086*** (5.41)	0.093*** (5.18)	0.056*** (4.02)	0.047*** (3.24)
$\ln num$	-0.059*** (-6.54)	-0.054*** (-5.71)	-0.057*** (-6.01)	-0.053*** (-5.31)	-0.066*** (-4.21)	-0.073*** (-4.04)	-0.065*** (-5.54)	-0.057*** (-4.67)
$\ln mkt$	0.058*** (6.75)	0.049*** (4.91)	0.056*** (6.18)	0.048*** (4.63)	0.066*** (4.49)	0.076*** (4.03)	0.063*** (5.80)	0.048*** (3.82)
$\_cons$	0.615*** (5.98)	0.533*** (4.73)	0.578*** (5.38)	0.510*** (4.36)	0.716*** (5.00)	0.813*** (4.41)	0.646*** (4.82)	0.515*** (3.55)
D^{year}	YES	YES	YES	YES	YES	YES	YES	YES
Adj-R^2	0.375	0.378	0.374	0.376	0.439	0.370	0.386	0.397
N	504	504	449	449	226	226	333	333

注：***、**、* 分别表示在1%、5%、10%的显著性水平下显著，小括号内为 Z 值统计量。D^{year} 为年份虚拟变量。

表6-9　　外资控制行业与内资控制行业的价格变动差异（总产值）

	外资控制行业 VS 内资控制行业		外资控制行业 VS 国有控制行业		外资控制行业 VS 私营控制行业		国有控制行业 VS 私营控制行业	
	（1）	（2）	（3）	（4）	（5）	（6）	（7）	（8）
	POLS	Heckman	POLS	Heckman	POLS	Heckman	POLS	Heckman
λ		0.026 ** (2.13)		0.025 * (1.72)		-0.016 * (-1.91)		0.036 ** (2.20)
$fdum^{ot}$	-0.018 *** (-2.87)	-0.021 *** (-3.18)	-0.022 ** (-2.28)	-0.025 ** (-2.58)	-0.013 * (-1.80)	-0.012 (-1.62)		
$pedum^{ot}$							-0.015 (-1.19)	-0.007 (-1.45)
$\ln Z$	-0.069 *** (-7.10)	-0.060 *** (-5.74)	-0.068 *** (-6.33)	-0.060 *** (-5.05)	-0.075 *** (-5.32)	-0.082 *** (-5.08)	-0.079 *** (-6.16)	-0.065 *** (-4.65)
$\ln\mu$	0.092 *** (3.97)	0.085 *** (3.65)	0.078 *** (3.11)	0.074 *** (2.95)	0.262 *** (4.09)	0.268 *** (4.16)	0.098 *** (3.36)	0.085 *** (2.88)
$\ln ex$	0.001 (0.57)	0.015 ** (2.20)	0.001 (0.39)	0.013 * (1.74)	0.005 (1.32)	-0.003 (-0.35)	0.002 (0.80)	0.023 ** (2.34)
$\ln rd$	-0.002 (-0.46)	0.000 (0.02)	-0.003 (-0.74)	-0.002 (-0.37)	-0.001 (-0.24)	-0.002 (-0.50)	-0.005 (-0.88)	-0.003 (-0.53)
$\ln size$	0.056 *** (5.26)	0.049 *** (4.45)	0.047 *** (4.00)	0.043 *** (3.67)	0.079 *** (4.96)	0.087 *** (4.83)	0.057 *** (4.10)	0.049 *** (3.42)
$\ln num$	-0.060 *** (-6.62)	-0.054 *** (-5.69)	-0.057 *** (-5.76)	-0.051 *** (-5.03)	-0.071 *** (-4.81)	-0.079 *** (-4.68)	-0.067 *** (-5.78)	-0.060 *** (-4.92)
$\ln mkt$	0.057 *** (6.80)	0.046 *** (4.75)	0.056 *** (6.06)	0.047 *** (4.34)	0.068 *** (4.81)	0.077 *** (4.41)	0.065 *** (6.01)	0.050 *** (3.88)
$\_cons$	0.620 *** (6.09)	0.522 *** (4.69)	0.549 *** (4.95)	0.473 *** (3.98)	0.730 *** (5.16)	0.821 *** (4.73)	0.672 *** (5.00)	0.549 *** (3.79)
D^{year}	YES	YES	YES	YES	YES	YES	YES	YES
Adj-R^2	0.385	0.389	0.363	0.367	0.443	0.443	0.389	0.396
N	504	504	363	363	298	298	347	347

注：***、**、*分别表示在1%、5%、10%的显著性水平下显著，小括号内为 Z 值统计量。D^{year} 为年份虚拟变量。

表 6 - 10　不同控制程度的外资控制行业与内资控制行业的价格变动差异

	外资控制行业 VS 内资控制行业			外资控制行业 VS 国有控制行业			外资控制行业 VS 私营控制行业		
	(1)	(2)	(3)	(4)	(5)	(6)	(7)	(8)	(9)
	re	as	ot	re	as	ot	re	as	ot
λ	0.037 *** (2.89)	0.029 ** (2.32)	0.039 *** (3.04)	0.038 ** (2.43)	0.026 ** (1.98)	0.037 ** (2.45)	0.026 (1.17)	-0.013 (-0.49)	0.006 (0.25)
fdum	-0.071 ** (-2.36)	-0.072 ** (-2.36)	-0.072 *** (-2.68)	-0.085 ** (-2.34)	-0.089 ** (-2.18)	-0.084 *** (-2.72)	-0.061 (-0.90)	-0.068 (-1.17)	-0.065 (-1.64)
fdum × B1	0.050 (1.29)	0.053 (1.48)	0.052 (1.22)	0.061 (1.37)	0.066 (1.55)	0.060 (1.48)	0.042 (1.27)	0.046 (1.48)	0.046 (1.29)
fdum × B2	0.057 * (1.85)	0.057 ** (2.09)	0.055 ** (2.08)	0.074 * (1.90)	0.068 ** (2.10)	0.069 ** (2.37)	0.048 (1.05)	0.050 (1.27)	0.051 (1.14)
fdum × B3	0.057 * (1.68)	0.057 ** (2.07)	0.053 (1.56)	0.072 * (1.74)	0.066 ** (2.09)	0.066 * (1.84)	0.048 (1.01)	0.047 (1.15)	0.047 (1.02)
fdum × B4	0.043 (0.98)	0.042 * (1.94)	0.042 (1.44)	0.052 (1.00)	0.054 ** (2.00)	0.047 (1.62)	0.040 (0.47)	0.039 (1.30)	0.039 (1.13)
fdum × B5	0.036 (1.24)	0.039 (1.28)	0.038 (1.03)	0.041 (1.15)	0.041 (1.30)	0.042 (1.14)	0.036 (1.42)	0.038 (1.41)	0.036 (1.24)
fdum × B6	0.016 (0.64)	0.017 (0.37)	0.016 (0.61)	0.024 (0.67)	0.023 (0.43)	0.025 (0.89)	0.009 (0.26)	0.012 (0.28)	0.007 (0.35)
fdum × B7	0.041 (0.67)	0.041 (1.07)	0.045 (1.41)	0.036 (0.81)	0.033 (1.12)	0.037 (1.49)	0.035 (0.73)	0.037 (1.27)	0.039 (1.54)
lnZ	-0.054 *** (-4.92)	-0.054 *** (-4.90)	-0.055 *** (-5.00)	-0.048 *** (-3.83)	-0.053 *** (-4.43)	-0.052 *** (-4.23)	-0.067 *** (-3.54)	-0.077 *** (-3.78)	-0.078 *** (-3.97)
lnμ	0.069 *** (2.82)	0.068 *** (2.73)	0.072 *** (2.93)	0.057 ** (2.12)	0.059 ** (2.33)	0.056 ** (2.10)	0.127 ** (2.11)	0.205 *** (2.80)	0.282 *** (4.29)
lnex	0.023 *** (3.12)	0.017 ** (2.31)	0.024 *** (3.28)	0.023 *** (2.66)	0.014 * (1.81)	0.024 *** (2.80)	0.020 (1.42)	-0.001 (-0.03)	0.011 (0.81)
lnrd	-0.002 (-0.55)	-0.002 (-0.47)	-0.001 (-0.16)	-0.006 (-1.26)	-0.002 (-0.59)	-0.003 (-0.58)	0.000 (-0.09)	0.000 (-0.07)	-0.002 (-0.38)
lnsize	0.041 *** (3.55)	0.042 *** (3.57)	0.044 *** (3.76)	0.034 *** (2.72)	0.037 *** (3.06)	0.036 *** (2.87)	0.067 *** (3.24)	0.087 *** (4.12)	0.083 *** (3.80)
lnnum	-0.051 *** (-5.25)	-0.050 *** (-5.17)	-0.052 *** (-5.42)	-0.045 *** (-4.25)	-0.048 *** (-4.71)	-0.049 *** (-4.66)	-0.060 *** (-3.69)	-0.073 *** (-3.76)	-0.082 *** (-4.65)

续表

	外资控制行业 VS 内资控制行业			外资控制行业 VS 国有控制行业			外资控制行业 VS 私营控制行业		
	(1)	(2)	(3)	(4)	(5)	(6)	(7)	(8)	(9)
	re	as	ot	re	as	ot	re	as	ot
lnmkt	0.040 ***	0.042 ***	0.041 ***	0.035 ***	0.041 ***	0.040 ***	0.052 ***	0.074 ***	0.074 ***
	(3.99)	(4.16)	(4.10)	(3.16)	(3.83)	(3.63)	(2.96)	(3.56)	(3.99)
_cons	0.456 ***	0.455 ***	0.471 ***	0.386 ***	0.425 ***	0.403 ***	0.607 ***	0.750 ***	0.778 ***
	(3.89)	(3.88)	(4.03)	(3.04)	(3.47)	(3.23)	(2.99)	(3.36)	(3.66)
D^{year}	YES	YES	YES	YES	YES	YES	YES	YES	YES
Adj-R^2	0.391	0.380	0.397	0.375	0.379	0.381	0.450	0.428	0.443
N	504	504	504	398	449	363	273	226	298

注：***、**、* 分别表示在 1%、5%、10% 的显著性水平下显著，小括号内为 Z 值统计量。D^{year} 为年份虚拟变量。re、as、ot 分别表示主营业务收入、资产与总产值。

第五节　本章小结

本章利用 1999—2012 年中国 36 个工业行业数据，研究了外资控制行业与内资控制行业（包括国有控制行业和私营控制行业）价格变动的差异。结果表明：①外资控制行业与内资控制行业价格上涨率存在显著的差异，外资控制行业的年均价格上涨率比内资控制行业低 2.2%，并且外资控制行业的价格变动更为平均，行业内的价格变动差距较小。②将内资控制行业划分为国有控制行业和私营控制行业，我们发现外资控制行业的年均价格上涨率比国有控制行业、私营控制行业分别低 2.4%、1.9%，私营控制行业比国有控制行业的年均价格上涨率低 0.3%。③将外资控制行业按外资控制力程度进行分组，我们得出不同控制程度的外资控制行业与内资控制行业（包括国有控制行业和私营控制行业）的价格变动差距存在显著差异，并且无论外资控制力处于哪一组，外资控制行业与国有控制行业价格上涨率的差距均大于与内资控制行业、私营控制行业的差距，另外，外资控制力高的外资控制行业与内资控制行业（包括国有控制行业和私营控制行业）的价格变动差距更大也更显著。

第七章 外资控制行业与内资控制行业价格变动对国内物价总水平变动的影响

从产业链的角度来看，单个行业或多行业价格的变动会引起其他行业价格的变动，最终影响物价总水平的变动（廖明球和王明哲，2013）。因此，本章试图回答以下两个重要问题：第一，外资控制行业、内资控制行业价格变动传导到国内物价总水平，能引起后者多大幅度的变动？第二，外资控制行业、内资控制行业价格变动后，能在多长时间内传导到国内物价总水平？或者说外资控制行业、内资控制行业价格变动会对国内物价总水平变动产生何种动态影响？

目前主要有两种方法可用于研究单个行业或多行业价格变动对局部或总体物价变动的影响。

第一种是使用投入产出价格影响模型对其影响进行模拟。例如：赵笑宇（2006）从投入产出的角度考察了石油价格变动对价格总水平的影响机理及影响效应，得出结论认为油价波动通过增加下游商品的成本，形成成本推动型通货膨胀。任泽平等（2007）使用该模型测算了原油价格波动对其他部门价格变动及物价总水平变动的影响。李虹和谢明华（2010）使用投入产出价格影响模型证明了电价上调导致的各类价格指数是可预期和控制的，同时指出不同的电价上调方案不仅可以有效降低电价上调对价格指数的影响，而且可以有效降低对居民特别是农村居民生活的影响。韩一杰和刘秀丽（2011）运用改进的投入产出价格影响模

131

型，分别测算了猪肉价格上涨20%和50%两种状况下对物价总水平变动的影响程度，结果显示，猪肉价格上涨对物价总水平的影响较为显著，并且随着时间的推移影响程度不断增强。倪红珍等（2013）使用该模型分析了北京市水价变动对其他部门产品及服务业部门价格及水费率的影响效应，分析结果表明，北京市水价上涨对非供水部门产品价格的影响较小，主要对居民、行政事业以及高用水服务业部门产生较强的影响。

第二种是采用向量自回归（VAR）模型或如结构向量自回归（SVAR）模型、递归结构向量自回归（RSVAR）模型等向量自回归（VAR）模型的扩展模型对其动态关系进行研究。例如，林伯强和王锋（2009）基于递归SVAR模型，研究了能源价格上涨对国内物价总水平变动的影响，研究结果显示能源价格上涨在六个月后才会对生产者价格指数产生较明显的影响，而对消费者价格指数的影响并没有表现出来。吴振信等（2011）利用VAR模型分析了石油价格波动对物价水平的影响，结果表明石油价格上升通过拉动总需求以及推动成本增加两种渠道促进物价水平上升。缪仕国（2011）利用递归SVAR模型，研究了房价对物价的影响，发现房价对物价的冲击响应较大，并且在冲击之后4个月对物价的影响效应最大。谢卫卫和罗光强（2012）基于SVAR模型，对六类主要农产品价格波动与食品价格波动之间的关系进行了研究，结果发现这六类主要农产品的价格波动对食品价格波动的影响较小，并且存在着显著的差异，其中粮食和肉禽及其制品价格波动对食品价格波动的影响作用相对较强。杨祚和胡跃岷（2013）运用MS-VAR模型研究了房地产价格变动与物价总水平变动之间的关系，结果发现房地产价格变动对物价总水平具有正向影响，但影响效果较弱。

上述两种方法侧重点不同，但都存在着一定的缺陷。如使用投入产出价格影响模型虽然可以探讨各部门间价格变动的联动作用以及对价格总水平变动的传导机制，但无法对单一行业或多行业价格波动对物价总水平变动的动态效应进行识别（林伯强和王锋，2009），而采用向量自回归（VAR）模型或其扩展模型可以分析单一行业或多行业价格波动对物价总水平变动的影响，还能够用于估计部门价格弹性，但仍属于在局部均衡框架下进行分析（秦学志等，2011）。鉴于此，本章同时利用上述两种方法来对外资控制行业、内资控制行业价格变动对国内物价总水平变动的影响效应进行研究，首先，利用投入产出价格影响模型模拟了外资控制行业、内资控制行业价格变动对其他部门价格以及国内物价总水平变动的影响，随后利用递归结构向量自回归（RSVAR）模型及其脉冲响应函数、方差分解方法研究了外资控制行业、内资控制行业价格变动对国内物价总水平变动的动态影响。

第一节　研究方法

一　模拟方法——投入产出价格影响模型

投入产出价格影响模型可以测算部分行业的产品价格变动对其他产品价格或整体物价水平的影响（任泽平等，2007）。当外资控制行业、内资控制行业产品价格变动时，可利用投入产出价格影响模型测算外资控制行业、内资控制行业产品价格变动对其他各个部门价格产生的影响，进而测算出对国内物价总水平变动的影响。

（一）基本假设

投入产出价格影响模型是建立在三个假设条件上的：第一，投入产出价格影响模型通常只利用某年数据，没有考虑企业可能采取的降低物耗及成本的措施；第二，投入产出价格影响模型只利用了投入产出分析中的直接消耗系数、完全消耗系数数据，没有利用增加值、工资、生产税净额、营业盈余等方面的数据；第三，没有考虑市场供需变动对价格的影响（张红霞，2008）。

（二）模拟方法

（1）单个外资控制行业或内资控制行业价格变动对其他部门价格影响的测算模型

基于以上假设，设：国民经济中共有 n 个部门，其中第 k 部门产品

价格变动 Δp_k，则对其他 $n-1$ 个部门价格变动的影响存在直接影响与间接影响两种途径。以对其中第 j 部门产品价格的影响为例，其直接影响为：$\Delta p_k \times a_{kj}$，Δp_k 为第 k 部门产品价格变动幅度，a_{kj} 表示 j 部门产品生产对 k 部门产品的直接消耗系数，两者之积表示为 k 部门产品变动对 j 部门产品的价格的直接影响；间接影响为：$\sum_{I \neq k} \Delta p_i \times a_{ij}$，$\Delta p_i$ 为 i 部门产品价格变动幅度，a_{ij} 表示 j 部门产品生产对 i 部门产品的直接消耗系数，两者相乘后再按所有的 i（$i \neq k$）部门产品相加得到间接影响。这时第 k 部门产品价格变动 Δp_k，对 j 部门产品价格变动的总影响效应为：

$$\Delta p_j = \Delta p_k \times a_{kj} + \sum \Delta p_i \times a_{ij}$$

引入矩阵：

$$A_{n-1} = \begin{pmatrix} a_{11} & a_{12} & \cdots & a_{1,k-1} & a_{1,k+1} & \cdots a_{1n} \\ \vdots & \vdots & \ddots & \vdots & \vdots & \vdots \\ a_{k-1,1} & a_{k-1,2} & a_{k-1,k-1} & a_{k-1,k+1} & \cdots & a_{k-1,n} \\ a_{k+1,1} & a_{k+1,2} & a_{k+1,k-1} & a_{k+1,k+1} & \cdots & a_{k+1,n} \\ \vdots & \vdots & \vdots & \vdots & \ddots & \vdots \\ a_{n,1} & a_{a,2} & a_{n,k-1} & a_{n,k+1} & \cdots & a_{n,n} \end{pmatrix}$$

$$A_k = (a_{k1} a_{k2} \cdots a_{k,k-1} a_{k,k+1} \cdots a_{kn})_{1 \times (n-1)}$$

则有：

$$\Delta p_{n-1} = \Delta p_k A_k + \Delta p_{n-1} A_{n-1}$$

$$\Delta p_{n-1} (I - A_{n-1}) = \Delta p_k A_k$$

$$\Delta p_{n-1} = \Delta p_k A_k (I - A_{n-1})^{-1}$$

上式为第 k 部门产品价格变动 Δp_k 对其他 $n-1$ 个部门价格变动影响的理论模型。为了应用方便，在实际模拟中多采用以下简单公式：

$$\begin{pmatrix} \Delta p_1 \\ \Delta p_2 \\ \vdots \\ \Delta p_{k-1} \\ \Delta p_{k+1} \\ \vdots \\ \Delta p_{n-1} \\ \Delta p_n \end{pmatrix} = (I - A_{n-1}^T) \begin{pmatrix} a_{k1} \\ a_{k2} \\ \vdots \\ a_{k,k-1} \\ a_{k,k+1} \\ \vdots \\ a_{k,n-1} \\ a_{k,n} \end{pmatrix} \Delta p_k \qquad (7-1)$$

其中，I 为 $n-1$ 阶单位矩阵，A_{n-1}^T 是把投入产出表中原 n 阶直接消耗系数矩阵 A，去掉第 k 行和第 k 列后剩下的 $n-1$ 阶直接消耗系数矩阵的转置矩阵。可以利用式（7-1）测算出单个外资控制行业或内资控制行业价格变动对其他部门价格变动的影响幅度。

（2）外资控制行业或内资控制行业整体价格变动对其他部门价格影响的测算模型

多行业投入产出价格影响模型是在单行业投入产出价格影响模型基础上进行扩展。为了测算的方便，大多采用分块矩阵的方法进行计算。令：

$$\Delta p = \begin{pmatrix} \Delta p_1 \\ \Delta p_2 \end{pmatrix}$$

其中，$\Delta p_1 = \begin{pmatrix} \Delta p_1 \\ \Delta p_1 \\ \vdots \\ \Delta p_{n-k} \end{pmatrix}$，$\Delta p_2 = \begin{pmatrix} \Delta p_{n-k+1} \\ \Delta p_{n-k+2} \\ \vdots \\ \Delta p_n \end{pmatrix}$

Δp_{n-k+1}，$\cdots$，Δp_n，表示 k 种要调价的行业产品的价格变动幅度；Δp_1，$\cdots$，Δp_{n-k}，表示 $n-k$ 个部门产品受到调价影响后的价格变动幅度。

将 $(I - A_n^T)$ 进行分块：

$$(I - A_n^T) = \begin{bmatrix} I - A_{11}^T & -U \\ -V & I - A_{22}^T \end{bmatrix}$$

$I - A_{11}^T$ 为由 $n-k$ 行、$n-k$ 列组成的 a_{ij} 系数转置矩阵：

$$(I - A_{11}^T) = \begin{pmatrix} 1 - a_{11} \cdots & -a_{n-k,1} \\ \vdots & \vdots \\ -a_{1,n-k} & \cdots 1 - a_{n-k,n-k} \end{pmatrix}_{(n-k) \times (n-k)}$$

U 为由 $n-k$ 行、k 列组成的 a_{ij} 系数转置矩阵：

$$-U = \begin{pmatrix} -a_{n-k+1,1} & \cdots & -a_{n,1} \\ \vdots & & \vdots \\ -a_{n-k+1,n-k} & \cdots & -a_{k,n-k} \end{pmatrix}_{(n-k) \times k}$$

V 为由 k 行、$n-k$ 列组成的 a_{ij} 系数转置矩阵：

$$-V = \begin{pmatrix} -a_{1,n-k+1} & \cdots & -a_{n-k,n-k+1} \\ \vdots & & \vdots \\ -a_{1,n} & \cdots & -a_{k,n-k} \end{pmatrix}_{k \times (n-k)}$$

$I - A_{22}^T$ 为由 k 行、k 列组成的 a_{ij} 系数转置矩阵：

$$(I - A_{22}^T) = \begin{pmatrix} 1 - a_{n-k+1,n-k-1} \cdots & -a_{n,n-k+1} \\ \vdots & \vdots \\ -a_{n-k+1,n} & \cdots 1 - a_{n,n} \end{pmatrix}_{k \times k}$$

由分块矩阵得到多行业投入产出价格影响模型的计算公式为：

$$\begin{pmatrix} I - A_{11}^T & -U \\ -V & I - A_{22}^T \end{pmatrix} \begin{pmatrix} \Delta p_1 \\ \Delta p_2 \end{pmatrix} = \begin{pmatrix} 0 \\ 0 \end{pmatrix}$$

移项后，得到具体计算公式为：

$$\begin{pmatrix} \Delta p_1 \\ \Delta p_2 \\ \vdots \\ \Delta p_{n-k} \end{pmatrix} = (I - A_{11}^T)^{-1} \begin{pmatrix} a_{n-k+1,1} & \cdots \\ \vdots & \vdots \\ -a_{n-k+1,n-k} & \cdots \end{pmatrix} \begin{pmatrix} \Delta p_{n-k+1} \\ \Delta p_{n-k+2} \\ \vdots \\ \Delta p_n \end{pmatrix} \qquad (7-2)$$

运用式（7－2）可以计算 k 个行业产品价格变动对其余 $n-k$ 个部门产品价格变动幅度的影响。

在测算出外资控制行业、内资控制行业中各行业及外资控制行业、内资控制行业整体价格变动对其他部门产品价格影响的基础上，可进一步测算外资控制行业、内资控制行业中各行业及整体价格变动对物价总水平变动的影响。本书借鉴任泽平等（2007）的测算方法，利用投入产出表中的各部门居民消费、农村居民消费、城镇居民消费、工业品中间使用以及最终使用五个列向量所反映的消费和产出结构作为各部门权重，分别模拟出外资控制行业、内资控制行业中各行业及外资控制行业、内资控制行业整体价格变动对居民消费价格指数、农村居民消费价格指数、城镇居民消费价格指数、工业品出产价格指数以及 GDP 平减指数变动的影响效应。

具体计算过程为：

$$\Delta PI^i = (\sum_{j=1}^{n} \Delta P_j X_j^i) / (\sum_{j=1}^{n} X_j^i) \quad i = 1, 2, \cdots, 5 \qquad (7-3)$$

其中，ΔPI^1、ΔPI^2、ΔPI^3、ΔPI^4、ΔPI^5 分别表示居民消费者价格指数、农村居民消费者价格指数、城镇居民消费者价格指数、工业品出厂价格指数、GDP 平减指数的变动幅度。ΔP_j 为当外资控制行业或内资控制行业中各行业及外资控制行业或内资控制行业整体价格变动时，第 j 部门产品价格的变动幅度，$X_j^1, \cdots, X_j^5$ 分别表示第 j 部门产品用于各部门居民消费、农村居民消费、城镇居民消费、工业品中间使用以及最终使用的价值量。

二　动态影响——RSVAR 模型及其脉冲响应函数、方差分解

（一）递归结构向量自回归（RSVAR）模型

将一般的 VAR 模型拓展到经济计量领域经常用到的结构性动态模型，即结构向量自回归（SVAR）模型，结构向量自回归（SVAR）模型能够克服 VAR 模型无法对内生变量的同期关系进行刻画的缺点，并

能较好地反映变量之间的动态关系（易丹辉，2009）。Amisanot 和 Giannini（1997）在其专著中，比较透彻地总结了结构向量自回归（SVAR）模型的设立、识别、估计以及应用等内容。而递归结构向量自回归（RSVAR）模型又是结构向量自回归（SVAR）模型的一种特殊形式。

下面考虑 k 个变量 p 阶结构向量自回归模型 SVAR（q）的方差表达式为：

$$B_0 y_t = \Gamma_1 y_{t-1} + \Gamma_2 y_{t-2} + \cdots + \Gamma_p y_{t-p} + u_t \quad t = 1, 2, \cdots, T \quad (7-4)$$

其中：

$$B_0 = \begin{bmatrix} 1 & -b_{12} & \cdots & -b_{1k} \\ -b_{21} & 1 & \cdots & -b_{2k} \\ \vdots & \vdots & \ddots & \vdots \\ -b_{21} & -b_{22} & \cdots & 1 \end{bmatrix}, \Gamma_i = \begin{bmatrix} \gamma_{11}^{(i)} & \gamma_{12}^{(i)} & \cdots & \gamma_{1k}^{(i)} \\ \gamma_{21}^{(i)} & \gamma_{22}^{(i)} & \cdots & \gamma_{2k}^{(i)} \\ \vdots & \vdots & \ddots & \vdots \\ \gamma_{k1}^{(i)} & \gamma_{k2}^{(i)} & \cdots & \gamma_{kk}^{(i)} \end{bmatrix},$$

$$i = 1, 2, \cdots, p, u_t = \begin{bmatrix} u_{1t} \\ u_{2t} \\ \vdots \\ u_{kt} \end{bmatrix}$$

可以将式（7-4）表示为滞后算子形式：

$$B(L) y_t = u_t, E(u_t u_t^{'}) = I_k \quad\quad\quad (7-5)$$

其中，$B(L) = B_0 - \Gamma_1 L - \Gamma_2 L^2 - \cdots - \Gamma_P L^P$，$B(L)$ 是滞后算子 L 的 $k \times k$ 参数矩阵，$B_0 \neq I_k$。如果 B_0 是一个下三角矩阵，则结构向量自回归（SVAR）模型为递归结构向量自回归（RSVAR）模型。

递归结构向量自回归（RSVAR）模型按其建模特点，主要分为 K-型、C-型、AB-型三种类型，其中 AB-型为最通常的类型，K-型、C-型可视为 AB-型的特殊形式。因此我们将所建立的递归结构向量自回归（RSVAR）模型设定为 AB-型，即：

$$A \varepsilon_t = B \mu_t$$

ε_t 是二维向量，是简化式的残差。因此，可以通过创建矩阵指定 A、B 的模式表示其短期约束。由于本章分析研究外资控制行业以及内资控制行业价格变动对国内物价总水平变动的动态影像，因此，A、B 的模式可定义为：

$$ A = \begin{pmatrix} 1 & 0 \\ C(1) & 1 \end{pmatrix}, B = \begin{pmatrix} C(2) & 0 \\ 0 & C(3) \end{pmatrix} $$

可以采用极大似然法对矩阵 A、B 进行估计，进而利用附加的识别条件对递归结构向量自回归（RSVAR）模型进行识别。

（二）脉冲响应函数

由于递归结构向量自回归（RSVAR）模型是一种非理论性的模型，因此在分析递归结构向量自回归（RSVAR）模型时，往往不对一个变量对另一个变量的影响进行分析，而要考察当模型受到一个误差项的冲击时对整个系统的动态影响，则需要利用脉冲响应函数方法。

为了解决递归结构向量自回归（RSVAR）模型脉冲响应函数的非正交化问题，可以利用 Cholesky 分解将正定的协方差矩阵分解为 $\sum GQG'$，其中 G 为下三角矩阵。利用矩阵 G 可以构造一个 k 维向量 u_t，即 $u_t = G^{-1}\varepsilon_t$，因此 $VMA(\infty)$ 表示为：

$$ y_t = (I_k + C_1 L + C_2 L^2 + \cdots) $$
$$ \varepsilon_t = (I_k + C_1 L + C_2 L^2 + \cdots) G u_t = D(L) u_t $$

则导出的正交脉冲响应函数为：

$$ d_{ij}^{(q)} = \frac{\partial y_{i,i+q}}{\partial u_{it}} $$

上式表示在时期 t 时，其余变量以及前期变量保持不变的情况下，$y_{i,i+q}$ 对 y_{jt} 的冲击的反映。

同样由 y_j 的脉冲引起 y_i 的累积响应函数可表示为：

$$ \sum d_{ij}^{(q)} = \sum \frac{\partial y_{i,i+q}}{\partial u_{it}} $$

递归结构向量自回归（RSVAR）模型能够识别的短期约束及长期约

束在脉冲响应函数上的表现为：在短期，脉冲响应函数随着时间的增长将会消失；在长期，会对响应变量的值存在一个长期的影响。

（三）方差分解

脉冲响应函数描述的是递归结构向量自回归（RSVAR）模型中一个内生变量的冲击对其余内生变量的影响，而方差分解可以通过对每种结构冲击对内生变量变动的贡献度进行分析，进而对不同结构冲击的重要性进行评价与排序。其基本思想如下：

根据 $y_{it} = \sum_{j=1}^{k} (c_{ij}^{(0)} \varepsilon_{jt} + c_{ij}^{(1)} \varepsilon_{jt-1} + c_{ij}^{(2)} \varepsilon_{jt-2} + \cdots)$ 可知，括号内的内容为第 j 个扰动项 ε_j 从无限过去到现在对 y_i 影响的总和。

因此，为了测定各个扰动项对 y_i 的方差究竟产生多大程度的贡献，定义如下尺度：

$$RVC_{j \to i}(\infty) = \frac{\sum_{q=0}^{\infty} (c_{ij}^{(q)})^2 \sigma_{jj}}{\text{var}(y_{it})} = \frac{\sum_{q=0}^{\infty} (c_{ij}^{(q)})^2 \sigma_{jj}}{\sum_{j=1}^{k} \{ \sum_{q=0}^{\infty} (c_{ij}^{(q)})^2 \sigma_{jj} \}}, i,j = 1,2,\cdots,k$$

上式为相对方差贡献度，是根据第 j 个变量基于冲击的方差对 y_i 的方差的相对贡献度来观测第 j 个变量对第 i 个变量的影响程度。

实际中，不需要利用 $s = \infty$ 的 $c_{ij}^{(q)}$ 项的和来评价，只需取有限的 s 项。如果 $RVC_{j \to i}(s)$ 大时，表示第 j 个变量对第 i 个变量的影响程度较大，相反，如果 $RVC_{j \to i}(s)$ 小时，则表示第 j 个变量对第 i 个变量的影响程度较小。

第二节　外资控制行业价格变动对国内物价总水平变动的影响

一　外资控制行业价格变动对国内物价总水平变动的影响模拟

（一）外资控制行业价格变动对各部门价格变动的影响模拟

由于我国的投入产出表每五年才编制一次，在本书的样本期间内仅

存在 2002 年、2007 年与 2012 年三份投入产出表，如果利用单一年份的
数据来判断外资控制行业或内资控制行业，则可能导致不能准确评估两
者对国内物价总水平的影响，如若以 2002 年或 2012 年数据为计算依据，
则会低估外资控制行业，而高估内资控制行业对国内物价总水平的影响
（因为绝大多数行业在 2002 年与 2012 年的外资控制力都较低）。因此，
在这一章的模拟部分我们利用历年的平均外资控制力与平均内资控制力
来判断外资控制行业或内资控制行业。另外，国民经济行业分类（GB/T
4754—2002）与投入产出表的行业分类不一致，因此，我们将外资控制
行业的具体行业与中国 2007 年 42 部门投入产出表的部门进行匹配①，最
终得到 2007 年 42 部门投入产出表中有食品制造及烟草制品业（06），
服装皮革羽绒及其制品业（08），造纸印刷及文教用品制造业（10），化
学工业（12），电气、机械及器材制造业（18），通信设备、计算机及其
他电子设备制造业（19），仪器仪表及文化办公用机械制造业（20），工
艺品及其他制造业（21）8 个行业属于外资控制行业。然后利用式（7 -
1）、式（7 - 2）求出各外资控制行业以及外资控制行业整体涨价 1% 对
其他部门产品价格变动的影响（见表 7 - 1）。

表 7 - 1　　　　**各外资控制行业以及外资控制行业整体涨价**
1% 对其他部门产品价格变动的影响　　　单位:%

代码	06	08	10	12	18	19	20	21	外资控制行业
01	0.4565	0.0790	0.0072	0.0417	0.0320	0.0184	0.0302	0.1638	0.7216
02	0.0244	0.0216	0.0159	0.0377	0.0745	0.0239	0.0433	0.0584	0.2017
03	0.0155	0.0164	0.0101	0.0442	0.0647	0.0201	0.0335	0.0435	0.1600
04	0.0240	0.0249	0.0159	0.0389	0.0732	0.0294	0.0515	0.0585	0.1774
05	0.0273	0.0307	0.0166	0.0425	0.0706	0.0329	0.0568	0.0651	0.1509

① 需要说明的是，与 2012 年的投入产出表 42 部门的分类相比，本书以 2002 年国民经济
行业分类为标准的实证数据与 2007 年 42 部门投入产出表的匹配效果更佳，因此，这一章外资
控制行业与内资控制行业价格变动对国内物价总水平变动的影响模拟以 2007 年 42 部门投入产
出表作为研究依据。

内外资控制行业价格变动对中国物价水平的影响

代码	06	08	10	12	18	19	20	21	外资控制行业
06	1.0000	0.1119	0.0142	0.0459	0.0422	0.0249	0.0388	0.1155	1.0000
07	0.1360	0.5842	0.0202	0.0329	0.0699	0.0394	0.0667	0.2458	0.9413
08	0.0914	1.0000	0.0331	0.0269	0.0616	0.0346	0.0596	0.1551	1.0000
09	0.1068	0.0529	0.0459	0.0254	0.0837	0.0375	0.0619	0.1367	0.3312
10	0.0887	0.0758	1.0000	0.0355	0.0978	0.0520	0.0903	0.1246	1.0000
11	0.0206	0.0251	0.0339	0.1027	0.0648	0.0241	0.0392	0.0520	0.2453
12	0.0919	0.1303	0.0238	1.0000	0.2005	0.1292	0.2103	0.2176	1.0000
13	0.0368	0.0337	0.0239	0.0371	0.1010	0.0530	0.0951	0.0936	0.2825
14	0.0219	0.0232	0.0168	0.0469	0.4837	0.0677	0.0933	0.2106	0.8661
15	0.0310	0.0323	0.0174	0.0435	0.2881	0.0750	0.1147	0.1791	0.6537
16	0.0285	0.0354	0.0190	0.0476	0.2391	0.0562	0.1195	0.1107	0.4813
17	0.0309	0.0350	0.0376	0.0313	0.1634	0.0493	0.0938	0.1193	0.3330
18	0.0320	0.0382	0.0259	0.0325	1.0000	0.0852	0.1881	0.1353	1.0000
19	0.0314	0.0389	0.0312	0.0215	0.2667	1.0000	0.6118	0.0893	1.0000
20	0.0341	0.0410	0.0266	0.0250	0.1571	0.0406	1.0000	0.0943	1.0000
21	0.0921	0.0959	0.0235	0.0283	0.1238	0.0432	0.0768	1.0000	1.0000
22	0.0050	0.0055	0.0160	0.0070	0.0230	0.0066	0.0089	0.1164	0.0989
23	0.0332	0.0265	0.0188	0.0966	0.0568	0.0376	0.0521	0.0704	0.3012
24	0.0181	0.0177	0.0160	0.0373	0.0586	0.0208	0.0341	0.0447	0.1503
25	0.0215	0.0216	0.0137	0.0294	0.0480	0.0249	0.0395	0.0477	0.1289
26	0.0311	0.0298	0.0266	0.0316	0.1402	0.0431	0.0739	0.0947	0.2944
27	0.0488	0.0397	0.0508	0.0563	0.0665	0.0313	0.0502	0.0631	0.3007
28	0.0201	0.0208	0.0269	0.0214	0.0467	0.0188	0.0388	0.0393	0.1223
29	0.0166	0.0196	0.0383	0.0159	0.0392	0.0229	0.0712	0.0388	0.0733
30	0.0415	0.0327	0.0222	0.0310	0.0517	0.0425	0.0525	0.0503	0.2422
31	0.0688	0.0585	0.0825	0.0317	0.0361	0.0202	0.0369	0.0764	0.1705
32	0.0218	0.0217	0.0285	0.0226	0.0272	0.0312	0.0244	0.0301	0.1360
33	0.0084	0.0162	0.0158	0.0074	0.0174	0.0092	0.0184	0.0209	0.0606
34	0.0474	0.0556	0.0145	0.0339	0.0855	0.0369	0.1086	0.0744	0.1879
35	0.0421	0.0427	0.0202	0.0186	0.0717	0.0354	0.0820	0.0695	0.1232
36	0.0217	0.0218	0.0168	0.0188	0.0534	0.0210	0.0631	0.0430	0.0951
37	0.0413	0.0263	0.0170	0.0175	0.0488	0.0220	0.0483	0.0517	0.1149
38	0.0322	0.0414	0.0325	0.0176	0.0609	0.0275	0.0668	0.0610	0.0991
39	0.0222	0.0223	0.0382	0.0161	0.0360	0.0167	0.0320	0.0377	0.0742
40	0.0489	0.0637	0.0176	0.0121	0.1042	0.0590	0.0999	0.1056	0.0857

代码	06	08	10	12	18	19	20	21	外资控制行业
41	0.0319	0.0372	0.0308	0.0193	0.0468	0.0241	0.0472	0.0583	0.0764
42	0.0230	0.0222	0.0148	0.0156	0.0349	0.0154	0.0352	0.0382	0.0750

　　其中：01 表示农林牧渔业，02 表示煤炭开采和洗选业，03 表示石油和天然气开采业，04 表示金属矿采选业，05 表示非金属矿及其他矿采选业，06 表示食品制造及烟草制品业，07 表示纺织业，08 表示纺织服装鞋帽皮革羽绒及其制品业，09 表示木材加工及家具制造业，10 表示造纸印刷及文教体育用品制造业，11 表示石油加工、炼焦及核燃料加工业，12 表示化学工业，13 表示非金属矿物制品业，14 表示金属冶炼及压延加工业，15 表示金属制品业，16 表示通用、专用设备制造业，17 表示交通运输设备制造业，18 表示电气机械及器材制造业，19 表示通信设备、计算机及其他电子设备制造业，20 表示仪器仪表及文化办公用机械制造业，21 表示工艺品及其他制造业，22 表示废品废料，23 表示电力、热力的生产和供应业，24 表示燃气生产和供应业，25 表示水的生产和供应业，26 表示建筑业，27 表示交通运输及仓储业，28 表示邮政业，29 表示信息传输、计算机服务和软件业，30 表示批发和零售业，31 表示住宿和餐饮业，32 表示金融业，33 表示房地产业，34 表示租赁和商务服务业，35 表示研究与试验发展业，36 表示综合技术服务业，37 表示水利、环境和公共设施管理业，38 表示居民服务和其他服务业，39 表示教育，40 表示卫生、社会保障和社会福利业，41 表示文化、体育和娱乐业，42 表示公共管理和社会组织。

　　表 7-1 反映了各外资控制行业及外资控制行业整体涨价 1%，其他受涨价影响产品部门的价格变动幅度。从表 7-1 最后一列可知，若外资控制行业整体涨价 1%，受其影响较大的前 5 个部门分别是：纺织业价格上涨 0.9413%，金属冶炼及压延加工业价格上涨 0.8661%，农林牧渔业价格上涨 0.7216%，金属制品业价格上涨 0.6537%，通用、专用设备制造业价格上涨 0.4813%。说明在上述 5 个部门的生产过程中，对外资控制行业产品的需求相对较大，如果外资控制行业同时提价，对它们的冲击也相对较大。从各外资控制行业来看，受食品制造及烟草制品业涨价影响较大的前 5 个部门分别是：农林牧渔业，纺织业，木材加工及家具制造业，工艺品及其他制造业，化学工业；受服装皮革羽绒及其制品业涨价影响较大的前 5 个部门分别是：纺织业，化学工业，食品制造及烟草加工业，工艺品及其他制造业，农林牧渔业；受造纸印刷及文教

用品制造业涨价影响较大的前 5 个部门分别是：住宿和餐饮业，交通运输及仓储业，木材加工及家具制造业，信息传输、计算机服务和软件业，教育；受化学工业涨价影响较大的前 5 个部门分别是：石油加工、炼焦及核燃料加工业，电力、热力的生产和供应业，木材加工及家具制造业，信息传输、计算机服务和软件业，教育；受电气、机械及器材制造业涨价影响较大的前 5 个部门分别是：金属冶炼及压延加工业，金属制品业，通信设备、计算机及其他电子设备制造业，通用、专用设备制造业，化学工业；受通信设备、计算机及其他电子设备制造业涨价影响较大的前 5 个部门分别是：化学工业，电气机械及器材制造业，金属制品业，金属冶炼及压延加工业，仪器仪表及文化办公用机械制造业；受仪器仪表及文化办公用机械制造业涨价影响较大的前 5 个部门分别是：通信设备、计算机及其他电子设备制造业，化学工业，电气机械及器材制造业，通用、专用设备制造业，金属制品业；受工艺品及其他制造业涨价影响较大的前 5 个部门分别是：纺织业，化学工业，金属冶炼及压延加工业，金属制品业，农林牧渔业。

（二）外资控制行业价格变动对国内物价总水平变动的影响模拟

在计算了外资控制行业涨价对其余产品部门价格变动影响的基础上，再利用式（7-3），计算各外资控制行业以及外资控制行业整体涨价 1% 对国内物价总水平变动的影响程度，包括居民消费价格指数、农村居民消费价格指数、城镇居民消费价格指数、工业品出厂价格指数以及 GDP 平减指数，具体数值见表 7-2。

表 7-2　　　　　各外资控制行业以及外资控制行业整体涨价

1% 对国内物价总水平变动的影响　　　　　　　　单位：%

部门代码	居民消费价格指数	农村居民消费价格指数	城镇居民消费价格指数	工业品出厂价格指数	GDP 平减指数
06	0.2563	0.3029	0.2406	0.0986	0.1140

部门代码	居民消费价格指数	农村居民消费价格指数	城镇居民消费价格指数	工业品出厂价格指数	GDP 平减指数
08	0.1159	0.1042	0.1198	0.0851	0.0912
10	0.0302	0.0264	0.0315	0.0437	0.0339
12	0.0560	0.0580	0.0553	0.1608	0.0601
18	0.0800	0.0705	0.0832	0.1946	0.1583
19	0.0518	0.0467	0.0535	0.1169	0.1207
20	0.0680	0.0614	0.0701	0.1309	0.1322
21	0.1074	0.1074	0.1074	0.1362	0.1123
外资控制行业	0.4964	0.5339	0.4837	0.6258	0.5042

对表7-2的结果进行分析，可以得出以下结论：

（1）外资控制行业上涨引发了国内物价总水平的上涨，就其增长幅度来看，工业品出厂价格指数＞农村居民消费价格指数＞GDP平减指数＞居民消费价格指数＞城镇居民消费价格指数。工业品出厂价格指数的上涨幅度最大，为0.6258%，城镇居民消费价格指数涨幅最小，为0.4837%。上涨幅度反映了各类价格指数对外资控制行业价格变动的敏感程度，从表7-2可见，生产类价格指数要比消费类价格指数敏感，这是因为如果仅从外资控制行业的终端消费量来考察，外资控制行业的消费总量中工业消费比例远远大于居民生活消费，如果外资控制行业价格上涨，自然对消费比例较大部门的价格水平影响较大。所以，外资控制行业价格上涨对工业品出厂价格指数的影响应该最大，而对居民消费者价格指数的影响相对较小。由于GDP平减指数衡量的商品比居民消费价格指数覆盖面要广得多，但工业品出厂价格指数衡量的价格水平集中在工业品领域，因此外资控制行业价格上涨对GDP平减指数的影响程度介于对工业品出厂价格指数和居民消费价格指数的影响程度之间。另外，在消费价格指数内部，农村居民消费价格指数要比城市居民消费价格指数敏感。

（2）通过对各外资控制行业对国内物价总水平影响程度的比较，我们发现，各外资控制行业价格上涨相同幅度对每一种价格指数的影响程度是不同的。①各外资控制行业价格上涨 1% 对居民消费价格指数影响的大小次序为：06 食品制造及烟草制品业（0.2563%）＞08 服装皮革羽绒及其制品业（0.1159%）＞21 其他制造业（0.1074%）＞18 电气、机械及器材制造业（0.0800%）＞20 仪器仪表及文化办公用机械制造业（0.0680%）＞12 化学工业（0.0560%）＞19 通信设备、计算机及其他电子设备制造业（0.0518%）＞10 造纸印刷及文教用品制造业（0.0302%）。②各外资控制行业价格上涨 1% 对工业品出厂价格指数影响的大小次序为：18 电气、机械及器材制造业（0.1946%）＞12 化学工业（0.1608%）＞21 其他制造业（0.1362%）＞20 仪器仪表及文化办公用机械制造业（0.1309%）＞19 通信设备、计算机及其他电子设备制造业（0.1169%）＞06 食品制造及烟草制品业（0.0986%）＞08 服装皮革羽绒及其制品业（0.0851%）＞10 造纸印刷及文教用品制造业（0.0437%）。③各外资控制行业价格上涨 1% 对农村居民消费价格指数、城镇居民消费价格指数的影响大小次序与对居民消费者价格指数的影响次序大体一样，而对 GDP 平减指数影响的大小次序与对工业品出厂价格指数的影响次序比较相似。

各外资控制行业对工业品出厂价格指数与居民消费价格指数影响次序差异的原因在于：第一，工业部门消费了电气、机械及器材制造业与化学工业部门的大部分，而居民生活消费比例较小。以 2007 年投入产出表的数据为例，工业部门对电气、机械及器材制造业与化学工业的消费比例分别为 61.88%、75.47%，而居民生活消费的消费比例分别为 10.04%、3.68%。第二，居民生活消费了食品制造及烟草制品业、服装皮革羽绒及其制品业的大部分，而工业部门的消费比例较小。同样以 2007 年投入产出表的数据为例，居民生活对食品制造及烟草制品业、服装皮革羽绒及其制品业的消费比例为 43.06% 与 46.60%，远远大于外资控制行业整体的居民生活消费比例。

二　外资控制行业价格变动对国内物价总水平变动的动态影响

（一）数据选取

为了测算外资控制行业价格变动对国内物价总水平变动的动态影响，本章首先构造外资控制行业价格指数，由于居民消费价格指数是测度国内物价总水平变动的最可靠指标（周建和刘晒珍，2014），因此，本章选取居民消费价格指数作为国内物价总水平变动的衡量指标。选取的样本数据范围是1999年1月—2013年12月。在实证分析之前，首先将我们计算得到的同比外资控制行业价格指数以及居民消费价格指数转换成以1999年1月为基期的定基比数据。

居民消费价格指数数据来自中经网统计数据库，外资控制行业价格指数的构造数据来自于国泰安数据服务中心的中国工业行业统计数据库。

外资控制行业价格指数以及居民消费价格指数的具体状况如图7-1所示：

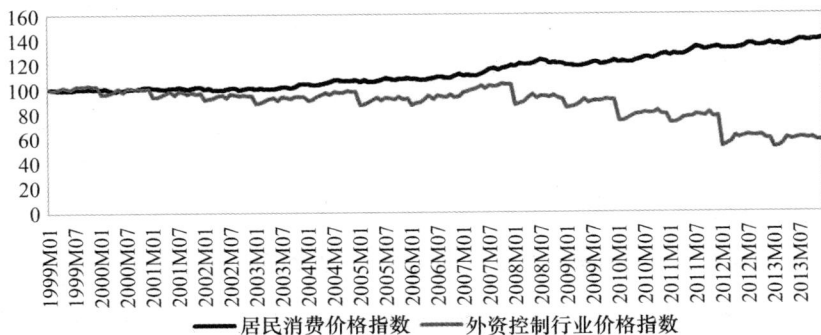

图7-1　1999年1月—2013年12月外资控制行业价格指数与居民消费价格指数状况图

从图7-1可以看出，外资控制行业价格总体上呈下降趋势，而居民消费价格指数呈上升趋势。并且外资控制行业价格变动表现出明显的阶段性特征，1999—2007年外资控制行业价格变动幅度较小，并与居民消费价格的变动幅度差距较小，外资控制行业月度价格指数平均为95.95，较居民消费价格指数低 8.17。2007 年后一系列相关政策的实施，增加了国外投资企业的经营成本，使原来的外资控制行业竞争程度加深，从而导致外资控制行业价格急速下降，与居民消费价格的变动差距不断增大，2008—2013 年外资控制行业月度价格指数平均仅为 75.34，较居民消费价格指数低 52.24。

（二）模型估计

（1）数据平稳性检验

时间序列数据在进行实证分析之前要首先进行平稳性检验以考察变量是否平稳。为了消除时间序列中存在的异方差现象，对外资控制行业价格指数、居民消费价格总指数分别取对数。记为：$\ln FPI$、$\ln CPI$。数据平稳性检验结果见表 7 – 3。

表 7 – 3 　　　　　　　　　　数据平稳性检验

变量	检验形式（C，T，L）	ADF 检验值	5% 显著水平下的临界值	结论
$\ln FPI$	（C，T，12）	− 1.1085	− 3.4370	不平稳
$\ln CPI$	（C，T，12）	− 2.9401	− 3.4370	不平稳
$\Delta \ln FPI$	（0，0，11）	− 2.9117	− 1.9427	平稳
$\Delta \ln CPI$	（0，0，11）	− 2.3608	− 1.9427	平稳

注：Δ 表示一阶差分，检验类型（C，T，L）中的 C、T、L 分别表示 ADF 检验模型中的常数项、时间趋势和滞后阶数。

通过表 7 – 3 可以看出，两个变量都含有单位根，即为非平稳序列，而两个变量的一阶差分序列在 5% 的显著性水平上都拒绝原假设，即为平稳序列，说明两变量是一阶单整的，即为 I（1）。因此，我们以两个变量的一阶差分 $\Delta \ln FPI$、$\Delta \ln CPI$ 构建 RSVAR 模型，而一阶差分正好表示各价格指数的变动状况。

（2）格兰杰因果关系检验

格兰杰因果关系检验的基本思想：如果甲是乙的原因，则甲先于乙出现，因此我们可以通过格兰杰因果关系检验对外资控制行业价格变动与居民消费价格变动的影响方向进行验证，由于格兰杰因果关系检验依赖于滞后期的选择，所以本书分别选取 1—5 期的滞后阶数对 $\Delta \ln FPI$、$\Delta \ln CPI$ 两个时间序列进行格兰杰因果关系检验，结果见表 7 - 4。

表 7 - 4　　　　　　　　　　　格兰杰因果关系检验

原假设	滞后阶数	F 统计量	概率	结论
原假设 I	1	1.2223	0.2704	接受原假设
原假设 II		7.8581	0.0056	拒绝原假设
原假设 I	2	13.1330	0.0000	拒绝原假设
原假设 II		4.2564	0.0157	拒绝原假设
原假设 I	3	9.7059	0.0000	拒绝原假设
原假设 II		1.7527	0.1582	接受原假设
原假设 I	4	7.0822	0.0000	拒绝原假设
原假设 II		2.0243	0.0933	拒绝原假设
原假设 I	5	6.5712	0.0000	拒绝原假设
原假设 II		2.0734	0.0713	拒绝原假设

注：原假设 I 为 $\Delta \ln FPI$ 不是 $\Delta \ln CPI$ 的 Granger 原因；原假设 II 为 $\Delta \ln CPI$ 不是 $\Delta \ln FPI$ 的 Granger 原因。

检验结果表明，当滞后阶数为 1 时，只有 $\Delta \ln CPI \rightarrow \Delta \ln FPI$ 是成立的；当滞后阶数为 2 时，$\Delta \ln CPI \rightarrow \Delta \ln FPI$ 与 $\Delta \ln FPI \rightarrow \Delta \ln CPI$ 均成立；当滞后阶数为 3 时，只有 $\Delta \ln FPI \rightarrow \Delta \ln CPI$ 是成立的；当滞后阶数为 4 阶以上时，$\Delta \ln CPIFPI \rightarrow \Delta \ln FPI$ 与 $\Delta \ln FPI \rightarrow \Delta \ln CPI$ 均成立。因此，我们认为在短期居民消费价格变动先行于外资控制行业价格变动，在长期两者表现出较强的因果关系。

（3）模型滞后阶数选择

在构建 RSVAR 模型时，一个重要的问题就是模型滞后阶数的确定。滞后期太少不能完全反映变量之间的动态关系，滞后期太多则会导致自由度减少，从而影响模型估计的有效性。滞后 1—4 阶 RSVAR 模型最优

自回归阶数 p 的检验结果（见表 7 - 5）表明：除 SC 信息准则外，似然比检验统计量（LR）、最终预测误差（FPE）、AIC 信息准则及 HQ 信息准则四种方法均推荐的最佳滞后阶数为 3 阶，因此我们确定本书 RSVAR 模型最佳滞后阶数为 3 阶。

表 7 - 5   模型滞后阶数选择标准

滞后阶数	LR 值	FPE 值	AIC 值	SC 值	HQ 值
0	NA	1.22e – 07	– 10.2396	– 10.2034 *	– 10.2249
1	11.8392	1.20e – 07	– 10.2627	– 10.1542	– 10.2187
2	27.2265	1.07e – 07	– 10.3772	– 10.1963	– 10.3038
3	19.0928 *	9.97e – 08 *	– 10.4451 *	– 10.1919	– 10.3424 *
4	6.3107	1.01e – 07	– 10.4374	– 10.1119	– 10.3054

注：带 * 数值所在行显示的滞后阶数为该数值所在列检验方法推荐的最佳滞后阶数。

（4）RSVAR 模型估计与稳定性检验

在滞后 3 期，对 $\Delta\ln FPI$ 与 $\Delta\ln CPI$ 模型之间协整关系进行检验，Johansen 协整检验的 Tranc 统计和 Max-Eigen 统计均表明 $\Delta\ln FPI$ 与 $\Delta\ln CPI$ 之间只存在唯一的协整关系（见表 7 - 6）。因此，可以构造具有长期均衡协整关系的 RSVAR（3）模型，RSVAR（3）模型估计结果见表 7 - 7。对变量 $\Delta\ln FPI$ 与 $\Delta\ln CPI$ 的 RSVAR（3）模型残差进行平稳性检验，结果说明 RSVAR（3）模型是稳定的（见表 7 - 8）。

表 7 - 6   协整关系检验

H0：rank = r	Tranc 统计	5% 临界值	概率	Max-Eigen 统计	5% 临界值	概率
r = 0 *	121.7377	15.4947	0.0001	74.6588	14.2646	0.0000
$r \leq 1$ *	47.0789	3.8414	0.0000	47.0789	3.8415	0.0000

注：* 表示 5% 的显著性水平下拒绝不存在协整关系的原假设。

表 7 - 7　　　　　　　　　　RSVAR（3）模型估计结果

	$\Delta\ln CPI$	$\Delta\ln FPI$
$\Delta\ln CPI(-1)$	0.003 (0.079) [0.033]	-0.857 (0.463) [-1.851]
$\Delta\ln CPI(-2)$	-0.229 (0.076) [-3.023]	-0.456 (0.443) [-1.029]
$\Delta\ln CPI(-3)$	-0.176 (0.077) [-2.278]	-0.151 (0.452) [-0.334]
$\Delta\ln FPI(-1)$	-0.019 (0.014) [-1.419]	-0.068 (0.080) [-0.844]
$\Delta\ln FPI(-2)$	0.059 (0.014) [4.303]	0.014 (0.081) [0.171]
$\Delta\ln FPI(-3)$	0.037 (0.014) [2.616]	-0.174 (0.083) [-2.086]
_cons	0.003 (0.001) [4.703]	-0.001 (0.004) [-0.322]
R^2	0.189	0.087

注：小括号里是标准差，中括号里是 t 值。

表 7 - 8　　　RSVAR（3）模型残差序列单位根检验结果

序列	检验形式（C，T，L）	ADF 检验值	5% 显著水平下的临界值	结论
$\Delta\ln CPI$ 残差	(0, 0, 0)	-13.1407	-1.9427	平稳
$\Delta\ln FPI$ 残差	(0, 0, 11)	-2.8512	-1.9428	平稳

注：检验类型（C，T，L）中的 C、T、L 分别表示 ADF 检验模型中的常数项、时间趋势和滞后阶数。

（三）脉冲响应

基于 RSVAR 模型的脉冲响应分析如图 7-2、图 7-3 所示。图 7-2

Accumulated Response of DLCPI to Structural
One S.D. Innovations

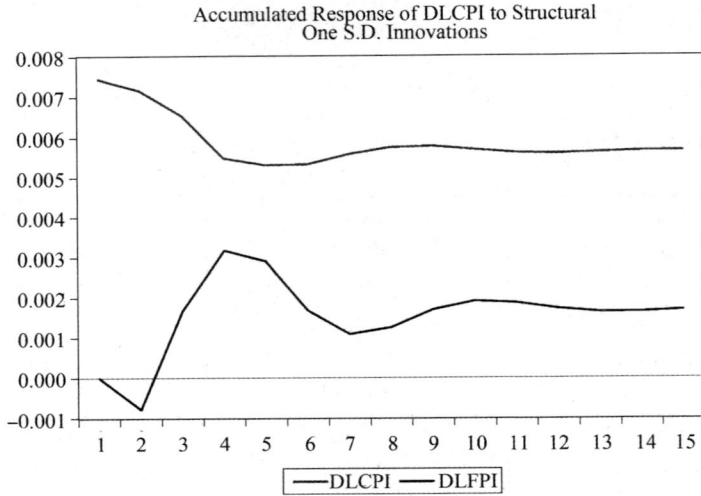

图 7-2　$\Delta \ln CPI$ 对 $\Delta \ln CPI$ 和 $\Delta \ln FPI$ 冲击的响应函数

Accumulated Response of DLFPI to Structural
One S.D. Innovations

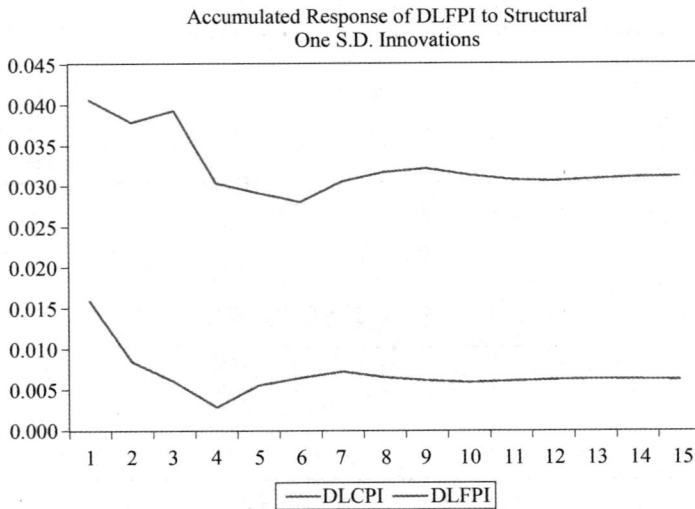

图 7-3　$\Delta \ln FPI$ 对 $\Delta \ln CPI$ 和 $\Delta \ln FPI$ 冲击的响应函数

为 $\Delta\ln CPI$ 对 $\Delta\ln CPI$ 和 $\Delta\ln FPI$ 冲击的响应函数，图 7 - 3 为 $\Delta\ln FPI$ 对 $\Delta\ln CPI$ 和 $\Delta\ln FPI$ 冲击的响应函数，为了更准确地对脉冲响应进行描述，我们计算出 1—15 期的累计脉冲响应函数值，具体结果见表 7 - 9。

表 7 - 9　　　　　　　　第 1—15 期的累计脉冲响应函数值　　　　　单位:%

时期	1	2	3	4	5
$\Delta\ln CPI$ 对 $\Delta\ln CPI$	0.7447	0.7158	0.6537	0.5485	0.5315
$\Delta\ln CPI$ 对 $\Delta\ln FPI$	− 0.0000	− 0.0787	0.1666	0.3172	0.2908
$\Delta\ln FPI$ 对 $\Delta\ln CPI$	1.5861	0.8405	0.5978	0.2827	0.5529
$\Delta\ln FPI$ 对 $\Delta\ln FPI$	4.0579	3.7838	3.9255	3.0337	2.9144
时期	6	7	8	9	10
$\Delta\ln CPI$ 对 $\Delta\ln CPI$	0.5336	0.5585	0.5751	0.5782	0.5693
$\Delta\ln CPI$ 对 $\Delta\ln FPI$	0.1678	0.1090	0.1256	0.1695	0.1915
$\Delta\ln FPI$ 对 $\Delta\ln CPI$	0.6443	0.7184	0.6480	0.6120	0.5866
$\Delta\ln FPI$ 对 $\Delta\ln FPI$	2.8025	3.0578	3.1703	3.2168	3.1345
时期	11	12	13	14	15
$\Delta\ln CPI$ 对 $\Delta\ln CPI$	0.5614	0.5597	0.5629	0.5660	0.5668
$\Delta\ln CPI$ 对 $\Delta\ln FPI$	0.1871	0.1722	0.1634	0.1639	0.1690
$\Delta\ln FPI$ 对 $\Delta\ln CPI$	0.6038	0.6189	0.6289	0.6247	0.6187
$\Delta\ln FPI$ 对 $\Delta\ln FPI$	3.0798	3.0615	3.0877	3.1101	3.1180

从图 7 - 2 和表 7 - 9 可见，国内物价总水平变动对自身在第 1—15 期内均产生正向的冲击效果，在第 1 期达到最大值 0.7447%，随后有所下降，在第 4 期后逐渐稳定在 0.55% 左右，这说明国内物价总水平变动在短期和长期对自身均有明显的正向冲击作用。外资控制行业价格变动对国内物价总水平变动的冲击效应呈现出较明显的波动性，在第 1—2 期内产生负向的冲击效果，于第 3 期转为正向冲击，在第 4 期达到最大值，为 0.3172%，第 4 期以后冲击的影响波动逐渐减小，大约在第 9 期后稳

定在 0.16%—0.20%。因此可以推断，外资控制行业价格变动在第 4 期会对国内物价总水平变动产生较明显影响。从图 7 - 3 和表 7 - 9 可见，国内物价总水平变动对外资控制行业价格变动在第 1—15 期内均产生正向的冲击效果，在第 1 期达到最大值 1.5861%，随后有所下降，在第 4 期为最小值 0.2827%，在第 5 期后逐渐稳定在 0.60% 左右，这说明国内物价总水平变动在短期和长期对外资控制行业价格变动均有明显的正向冲击作用。外资控制行业价格变动对自身在第 1—15 期内均产生正向的冲击效果，在第 1 期达到最大值 4.0579%，随后有所下降，在第 5 期后逐渐稳定在 3.00% 左右，这说明外资控制行业价格变动在短期和长期对自身均有明显的正向冲击作用。

（四）方差分解分析

方差分解可以更直观地描述冲击在外资控制行业价格与国内物价总水平动态变化中的相对重要性。我们基于以上 RSVAR 模型估计结果进行了方差分解，分解结果见图 7 - 4、图 7 - 5。

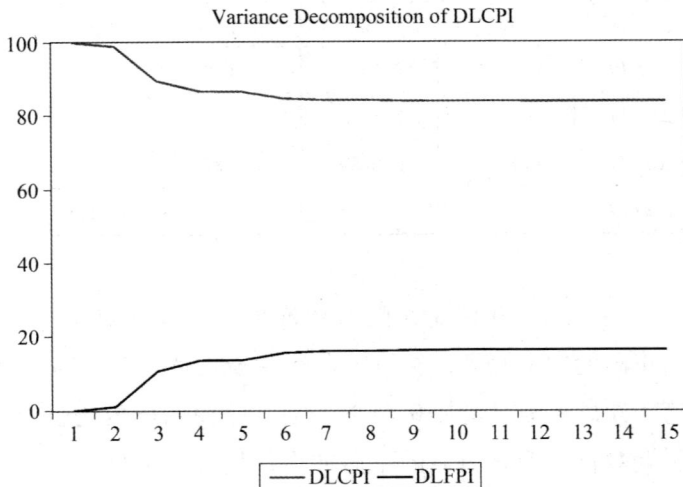

图 7 - 4　$\Delta \ln CPI$ 的方差分解

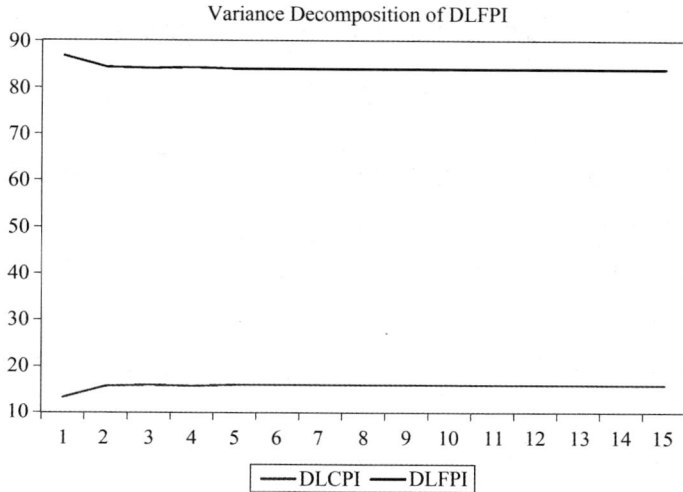

图 7 - 5　$\Delta \ln FPI$ 的方差分解

从图 7 - 4 $\Delta \ln CPI$ 方差分解结果来看，国内物价总水平变动在第 1 期主要受前期自身水平的影响，外资控制行业价格变动对国内物价总水平变动的冲击（对预测误差的贡献度）在第 2 期才显现出来，且这种冲击相对于国内物价总水平变动自身的影响较小，此后呈现逐步增强态势，但从第 9 期开始，冲击影响趋于稳定，稳定在 16% 左右。表明外资控制行业价格变动冲击对国内物价总水平变动的影响较弱。这可能是因为居民消费价格指数既包括了第二产业的部分生活用工业品，也包括了第一产业的食品和第三产业的服务产品，因此，外资控制行业价格变动对国内物价总水平变动的影响有限。从图 7 - 5 $\Delta \ln FPI$ 方差分解结果来看，外资控制行业价格变动从第 1 期起就受到自身和国内物价总水平变动冲击的影响，受自身变动的影响在第 1 期相对强些，在第 2—5 期逐渐减弱，而受国内物价总水平变动的影响在第 1 期相对较弱，在第 2—5 期逐渐增强，第 5 期后，两者的贡献基本稳定，其中自身变动的贡献稳定在 84% 左右，国内物价总水平变动的贡献稳定在 16% 左右。

第三节　内资控制行业价格变动对国内物价 总水平变动的影响

一　内资控制行业价格变动对国内物价总水平变动的影响模拟

（一）内资控制行业价格变动对各部门价格变动的影响模拟

我们将 2007 年内资控制行业的具体行业与中国 2007 年 42 部门投入产出表的部门进行匹配，最终得到 2007 年 42 部门投入产出表中有煤炭开采和洗选业（02），石油和天然气开采业（03），金属矿采选业（04），非金属矿及其他矿采选业（05），纺织业（07），木材加工及家具制造业（09），石油加工、炼焦及核燃料加工业（11），非金属矿物制品业（13），金属冶炼及压延加工业（14），金属制品业（15），通用、专用设备制造业（16），交通运输设备制造业（17），废品废料（22），电力、热力的生产和供应业（23），燃气生产和供应业（24），水的生产和供应业（25）16 个行业属于内资控制行业，其中煤炭开采和洗选业（02），石油和天然气开采业（03），石油加工、炼焦及核燃料加工业（11），金属冶炼及压延加工业（14），交通运输设备制造业（17），电力、热力的生产和供应业（23），燃气生产和供应业（24），水的生产和供应业（25）8 个行业属于国有控制行业，其余 8 个行业属于私营控制行业。然后利用式（7 - 1）、式（7 - 2）求出各内资控制行业及内资控制行业整体涨价 1% 对其他部门产品价格变动的影响（见表 7 - 10、表 7 - 11）。

表 7 - 10 反映了各内资控制行业涨价 1%，其他受涨价影响产品部门的价格变动幅度。从表 7 - 10 可知，受煤炭开采和洗选业涨价影响较大的前 5 个部门分别是：通用、专用设备制造业，电力、热力的生产和供应业，金属冶炼及压延加工业，金属制品业，电气机械及器材制造业；受石油和天然气开采业涨价影响较大的前 5 个部门分别是：电力、热力的生产和供应业，通用、专用设备制造业，金属冶炼及压延加工业，金属制品业，电气机械及器材制造业；受金属矿采选业涨价影响较大的前

表 7－10　各内资控制行业涨价 1% 对其他部门产品价格变动的影响（%）

单位：%

	02	03	04	05	07	09	11	13	14	15	16	17	22	23	24	25
01	0.025	0.016	0.028	0.035	0.208	0.175	0.012	0.028	0.011	0.025	0.018	0.021	0.006	0.007	0.023	0.026
02	1.000	0.043	0.058	0.050	0.034	0.039	0.077	0.097	0.041	0.087	0.053	0.050	0.008	0.129	0.110	0.052
03	0.036	1.000	0.060	0.054	0.025	0.027	0.587	0.043	0.021	0.077	0.041	0.043	0.006	0.023	0.547	0.048
04	0.052	0.053	1.000	0.069	0.041	0.043	0.034	0.062	0.193	0.091	0.049	0.053	0.011	0.016	0.073	0.083
05	0.044	0.043	0.069	1.000	0.050	0.048	0.033	0.128	0.031	0.074	0.041	0.049	0.010	0.016	0.064	0.063
06	0.027	0.022	0.036	0.043	0.125	0.106	0.022	0.037	0.018	0.035	0.027	0.029	0.008	0.013	0.033	0.035
07	0.036	0.036	0.059	0.075	1.000	0.111	0.027	0.063	0.023	0.057	0.039	0.048	0.013	0.013	0.044	0.059
08	0.035	0.034	0.053	0.066	0.063	0.104	0.023	0.054	0.022	0.051	0.037	0.052	0.011	0.016	0.051	0.053
09	0.050	0.042	0.059	0.067	0.084	1.000	0.024	0.063	0.022	0.089	0.055	0.062	0.011	0.014	0.045	0.055
10	0.040	0.042	0.062	0.079	0.089	0.088	0.028	0.095	0.027	0.081	0.056	0.057	0.013	0.017	0.049	0.063
11	0.048	0.054	0.122	0.095	0.033	0.036	1.000	0.077	0.071	0.078	0.048	0.045	0.008	0.067	0.368	0.058
12	0.068	0.081	0.142	0.232	0.244	0.192	0.074	0.179	0.051	0.130	0.097	0.129	0.045	0.025	0.103	0.148
13	0.055	0.055	0.079	0.109	0.052	0.060	0.038	1.000	0.046	0.091	0.059	0.060	0.013	0.024	0.067	0.072
14	0.116	0.120	0.072	0.069	0.034	0.072	0.027	0.088	1.000	0.604	0.358	0.216	0.022	0.021	0.073	0.066
15	0.100	0.085	0.096	0.078	0.044	0.084	0.031	0.100	0.030	1.000	0.215	0.137	0.016	0.022	0.068	0.098
16	0.137	0.136	0.149	0.133	0.055	0.070	0.044	0.096	0.056	0.269	1.000	0.213	0.013	0.032	0.062	0.071
17	0.077	0.075	0.086	0.094	0.053	0.064	0.031	0.072	0.031	0.196	0.123	1.000	0.013	0.037	0.080	0.076
18	0.093	0.084	0.087	0.089	0.057	0.070	0.030	0.077	0.022	0.256	0.220	0.160	0.018	0.079	0.060	0.067
19	0.051	0.048	0.063	0.072	0.059	0.058	0.026	0.060	0.022	0.100	0.126	0.091	0.013	0.021	0.047	0.059
20	0.058	0.065	0.069	0.080	0.064	0.063	0.029	0.065	0.026	0.107	0.101	0.092	0.014	0.042	0.055	0.066
21	0.049	0.046	0.061	0.072	0.072	0.080	0.025	0.063	0.022	0.114	0.089	0.067	0.013	0.015	0.048	0.056

续表

	02	03	04	05	07	09	11	13	14	15	16	17	22	23	24	25
22	0.006	0.006	0.009	0.020	0.010	0.011	0.004	0.025	0.051	0.023	0.022	0.009	1.000	0.002	0.007	0.008
23	0.122	0.138	0.250	0.140	0.060	0.063	0.068	0.140	0.093	0.133	0.080	0.055	0.014	1.000	0.095	0.339
24	0.032	0.016	0.059	0.054	0.027	0.030	0.320	0.045	0.023	0.066	0.040	0.037	0.006	0.028	1.000	0.049
25	0.043	0.046	0.076	0.059	0.038	0.038	0.026	0.054	0.030	0.053	0.039	0.033	0.008	0.011	0.042	1.000
26	0.060	0.057	0.066	0.073	0.045	0.053	0.026	0.048	0.025	0.156	0.103	0.081	0.012	0.022	0.061	0.057
27	0.083	0.047	0.098	0.111	0.044	0.060	0.037	0.077	0.046	0.071	0.055	0.042	0.012	0.034	0.118	0.044
28	0.030	0.025	0.039	0.040	0.024	0.028	0.014	0.032	0.018	0.049	0.034	0.021	0.005	0.014	0.045	0.030
29	0.025	0.023	0.030	0.030	0.023	0.026	0.015	0.027	0.020	0.045	0.039	0.031	0.005	0.018	0.022	0.031
30	0.033	0.027	0.039	0.044	0.036	0.043	0.025	0.046	0.028	0.049	0.046	0.047	0.008	0.018	0.041	0.031
31	0.034	0.028	0.043	0.047	0.077	0.069	0.019	0.035	0.017	0.040	0.029	0.025	0.006	0.012	0.031	0.039
32	0.034	0.022	0.028	0.031	0.029	0.028	0.014	0.039	0.020	0.025	0.022	0.018	0.006	0.043	0.041	0.071
33	0.010	0.008	0.012	0.013	0.013	0.015	0.004	0.013	0.005	0.018	0.014	0.011	0.002	0.005	0.013	0.012
34	0.041	0.035	0.051	0.056	0.047	0.054	0.024	0.052	0.021	0.068	0.064	0.054	0.009	0.024	0.050	0.048
35	0.035	0.035	0.047	0.056	0.054	0.052	0.020	0.046	0.021	0.058	0.052	0.052	0.010	0.016	0.037	0.045
36	0.035	0.034	0.044	0.044	0.029	0.030	0.014	0.033	0.015	0.049	0.044	0.037	0.006	0.020	0.033	0.030
37	0.028	0.027	0.039	0.045	0.043	0.039	0.016	0.035	0.016	0.049	0.034	0.031	0.007	0.015	0.038	0.088
38	0.038	0.033	0.045	0.056	0.048	0.046	0.019	0.046	0.019	0.055	0.042	0.035	0.010	0.024	0.042	0.051
39	0.025	0.021	0.033	0.036	0.028	0.027	0.013	0.029	0.014	0.035	0.027	0.023	0.005	0.011	0.029	0.035
40	0.046	0.047	0.077	0.109	0.105	0.088	0.036	0.085	0.030	0.082	0.053	0.072	0.019	0.018	0.058	0.073
41	0.027	0.024	0.038	0.046	0.047	0.044	0.016	0.039	0.016	0.041	0.032	0.030	0.007	0.014	0.033	0.038
42	0.021	0.020	0.030	0.032	0.027	0.026	0.011	0.027	0.013	0.034	0.024	0.020	0.005	0.010	0.031	0.028

5 个部门分别是：电力、热力的生产和供应业，通用、专用设备制造业，化学工业，石油加工、炼焦及核燃料加工业，交通运输及仓储业；受非金属矿及其他矿采选业涨价影响较大的前 5 个部门分别是：化学工业，电力、热力的生产和供应业，通用、专用设备制造业，交通运输及仓储业，卫生、社会保障和社会福利业；受纺织业涨价影响较大的前 5 个部门分别是：化学工业，农林牧渔业，食品制造及烟草制品业，卫生、社会保障和社会福利业，造纸印刷及文教体育用品制造业；受木材加工及家具制造业涨价影响较大的前 5 个部门分别是：化学工业，农林牧渔业，纺织业，食品制造及烟草制品业，纺织服装鞋帽皮革羽绒及其制品业；受石油加工、炼焦及核燃料加工业涨价影响较大的前 5 个部门分别是：石油和天然气开采业，燃气生产和供应业，煤炭开采和洗选业，化学工业，电力、热力的生产和供应业；受非金属矿物制品业涨价影响较大的前 5 个部门分别是：化学工业，电力、热力的生产和供应业，非金属矿及其他矿采选业，金属制品业，煤炭开采和洗选业；受金属冶炼及压延加工业涨价影响较大的前 5 个部门分别是：金属矿采选业，电力、热力的生产和供应业，石油加工、炼焦及核燃料加工业，通用、专用设备制造业，废品废料；受金属制品业涨价影响较大的前 5 个部门分别是：金属冶炼及压延加工业，通用、专用设备制造业，电气机械及器材制造业，交通运输设备制造业，建筑业；受通用、专用设备制造业涨价影响较大的前 5 个部门分别是：金属冶炼及压延加工业，电气机械及器材制造业，金属制品业，通信设备、计算机及其他电子设备制造业，交通运输设备制造业；受交通运输设备制造业涨价影响较大的前 5 个部门分别是：金属冶炼及压延加工业，通用、专用设备制造业，电气机械及器材制造业，金属制品业，化学工业；受废品废料涨价影响较大的前 5 个部门分别是：化学工业，金属冶炼及压延加工业，卫生、社会保障和社会福利业，电气机械及器材制造业，金属制品业；受电力、热力的生产和供应业涨价影响较大的前 5 个部门分别是：煤炭开采和洗选业，电气机械及器材制造业，石油加工、炼焦及核燃料加工业，金融业，仪器仪表及文化办公用机械制造业；受燃气生产和供应业涨价影响较大的前5个部门分别是：石油和天然气开采业，石油加工、炼焦及核燃料加工业，交通运输及仓储业，煤炭开采和洗选业，化学工业；受水的生产和供应业涨价影响较大的前5个部门分别是：电力、热力的生产和供应业，化学工业，金属制品业，水利、环境和公共设施管理业，金属矿采选业。

表7-11　内资控制行业整体涨价1%对其他部门产品价格变动的影响　　单位:%

部门	代码	内资控制行业涨价	国有控制行业涨价	私营控制行业涨价
		（1）	（2）	（3）
农林牧渔业	01	0.5129	0.0733	0.4938
煤炭开采和洗选业	02	1.0000	1.0000	0.3121
石油和天然气开采业	03	1.0000	1.0000	0.2426
金属矿采选业	04	1.0000	0.2538	1.0000
非金属矿及其他矿采选业	05	1.0000	0.1199	1.0000
食品制造及烟草制品业	06	0.4140	0.1095	0.3764
纺织业	07	1.0000	0.1378	1.0000
纺织服装鞋帽皮革羽绒及其制品业	08	0.2984	0.1620	0.2445
木材加工及家具制造业	09	1.0000	0.1516	1.0000
造纸印刷及文教体育用品制造业	10	0.4650	0.1567	0.4577
石油加工、炼焦及核燃料加工业	11	1.0000	1.0000	0.4086
化学工业	12	1.3503	0.3904	1.1617
非金属矿物制品业	13	1.0000	0.1633	1.0000
金属冶炼及压延加工业	14	1.0000	1.0000	1.1456
金属制品业	15	1.0000	0.1892	1.0000
通用、专用设备制造业	16	1.0000	0.4464	1.0000
交通运输设备制造业	17	1.0000	1.0000	0.4993
电气机械及器材制造业	18	0.4817	0.2637	0.6981
通信设备、计算机及其他电子设备制造业	19	0.4003	0.1747	0.4277
仪器仪表及文化办公用机械制造业	20	0.4371	0.2331	0.4158
工艺品及其他制造业	21	0.3000	0.1211	0.4122
废品废料	22	1.0000	0.0652	1.0000

部门	代码	内资控制行业涨价	国有控制行业涨价	私营控制行业涨价
		（1）	（2）	（3）
电力、热力的生产和供应业	23	1.0000	1.0000	0.8036
燃气生产和供应业	24	1.0000	1.0000	0.2419
水的生产和供应业	25	1.0000	1.0000	0.2974
建筑业	26	0.1536	0.1233	0.3426
交通运输及仓储业	27	0.5304	0.2311	0.4616
邮政业	28	0.1311	0.0635	0.1924
信息传输、计算机服务和软件业	29	0.1795	0.0958	0.1797
批发和零售业	30	0.3758	0.1712	0.2762
住宿和餐饮业	31	0.3454	0.1127	0.3095
金融业	32	0.3614	0.2162	0.1865
房地产业	33	0.0777	0.0321	0.0784
租赁和商务服务业	34	0.3142	0.1442	0.3156
研究与试验发展业	35	0.2877	0.1248	0.2882
综合技术服务业	36	0.2313	0.1144	0.2189
水利、环境和公共设施管理业	37	0.2406	0.1324	0.2243
居民服务和其他服务业	38	0.2937	0.1325	0.2798
教育	39	0.1490	0.0696	0.1684
卫生、社会保障和社会福利业	40	0.5765	0.2080	0.5113
文化、体育和娱乐业	41	0.2466	0.0992	0.2340
公共管理和社会组织	42	0.1305	0.0595	0.1541

表7－11反映了内资控制行业整体涨价1%，其他受涨价影响产品部门的价格变动幅度。从第（1）列可知，若内资控制行业整体涨价1%，如果除去调价行业本身，受其影响较大的前5个部门分别是：化学工业（1.3503%），卫生、社会保障和社会福利业（0.5765%），交通运输及仓储业（0.5304%），农林牧渔业（0.5129%），电气机械及器材制造业（0.4817%）。说明在上述5个部门的生产过程中，对内资控制行业产品的需求相对较大。将内资控制行业划分为国有控制行业与私营控制行业，从第（2）列可知，若国有控制行业整体涨价1%，如果除去调价行业本身，

受其影响较大的前 5 个部门分别是：通用、专用设备制造业（0.4464%），化学工业（0.3904%），电气、机械及器材制造业（0.2637%），金属矿采选业（0.2538%），仪器仪表及文化办公用机械制造业（0.2331%），说明上述 5 个部门的生产对国有控制行业产品的需求较大；从第（3）列可知，若私营控制行业整体涨价 1%，如果除去调价行业本身，受其影响较大的前 5 个部门分别是：化学工业（1.1617%），金属冶炼及压延加工业（1.1456%），电力、热力的生产和供应业（0.8036%），电气、机械及器材制造业（0.6981%），卫生、社会保障和社会福利业（0.5113%），说明上述 5 个部门的生产对私营控制行业产品的需求较大。

（二）内资控制行业价格变动对国内物价总水平变动的影响模拟

在计算了内资控制行业涨价对其余产品部门价格变动影响的基础上，再利用式（7-3），计算各内资控制行业以及内资控制行业整体涨价 1% 对国内物价总水平变动的影响程度，包括居民消费价格指数、农村居民消费价格指数、城镇居民消费价格指数、工业品出厂价格指数以及 GDP 平减指数，具体数值见表 7-12。

表 7-12 　　　　各内资控制行业以及内资控制行业整体涨价

1% 对国内物价总水平变动的影响　　　　　　　单位：%

部门代码	居民消费价格指数	农村居民消费价格指数	城镇居民消费价格指数	工业品出厂价格指数	GDP 平减指数
02	0.0395	0.0383	0.0399	0.0914	0.0564
03	0.0334	0.0297	0.0347	0.1059	0.0525
04	0.0513	0.0462	0.0530	0.1138	0.0669
05	0.0575	0.0520	0.0594	0.1030	0.0740
07	0.0893	0.1054	0.0838	0.1248	0.0908
09	0.0849	0.0935	0.0820	0.0981	0.0811
11	0.0314	0.0253	0.0334	0.0890	0.0316
13	0.0516	0.0463	0.0534	0.1046	0.0639
14	0.0224	0.0203	0.0231	0.1675	0.0429
15	0.0618	0.0533	0.0647	0.1943	0.1289

部门代码	居民消费价格指数	农村居民消费价格指数	城镇居民消费价格指数	工业品出厂价格指数	GDP 平减指数
16	0.0457	0.0399	0.0477	0.1622	0.1409
17	0.0655	0.0566	0.0686	0.1278	0.1191
22	0.0095	0.0086	0.0098	0.0305	0.0120
23	0.0422	0.0367	0.0440	0.0922	0.0299
24	0.0476	0.0413	0.0497	0.0955	0.0549
25	0.0547	0.0479	0.0569	0.0885	0.0580
内资控制行业	0.4352	0.4339	0.4357	0.8430	0.4790
国有控制行业	0.1905	0.1671	0.1984	0.4786	0.2346
私营控制行业	0.3767	0.3817	0.3751	0.7404	0.4768

对表 7 - 12 的结果进行分析，可以得出以下结论：

（1）内资控制行业上涨引发了国内物价总水平的上涨，就其增长幅度来看，工业品出厂价格指数 > GDP 平减指数 > 城镇居民消费价格指数 > 居民消费者价格指数 > 农村居民消费价格指数。工业品出厂价格指数的上涨幅度最大，为 0.8430%，农村居民消费价格指数涨幅最小，为 0.4339%。上涨幅度反映了各类价格指数对内资控制行业价格变动的敏感程度，由表 7 - 12 可见，生产类价格指数（工业品出厂价格指数）要比消费类价格指数（居民消费价格指数）敏感，这是因为内资控制行业消费总量中，工业消费比例远远大于居民生活消费，如果内资控制行业价格上涨，自然对消费比例较大部门的价格水平影响较大。所以，内资控制行业价格上涨对工业品出厂价格指数的影响应该最大，而对居民消费价格指数的影响相对较小。由于 GDP 平减指数衡量的商品要比居民消费价格指数覆盖面广得多，但工业品出厂价格指数衡量的价格水平集中在工业品领域，因此内资控制行业价格上涨对 GDP 平减指数的影响程度介于对工业品出厂价格指数和居民消费价格指数的影响程度之间。另外，在消费价格指数内部，城市居民消费价格指数要比农村居民消费价格指数敏感。

（2）将内资控制行业划分为国有控制行业与私营控制行业，通过国有控制行业与私营控制行业对国内物价总水平影响程度的比较，我们发现，国有控制行业与私营控制行业价格上涨相同幅度对每一种价格指数的影响程度是不同的。①国有控制行业价格上涨引发的国内物价总水平上涨，就其增长幅度来看，工业品出厂价格指数（0.4786%）＞GDP平减指数（0.2346%）＞城镇居民消费价格指数（0.1984%）＞居民消费价格指数（0.1905%）＞农村居民消费价格指数（0.1671%）。②私营控制行业上涨引发的国内物价总水平上涨，就其增长幅度来看，工业品出厂价格指数（0.7404%）＞GDP平减指数（0.4768%）＞农村居民消费价格指数（0.3817%）＞居民消费价格指数（0.3767%）＞城镇居民消费价格指数（0.3751%）。上述结果说明，相比国有控制行业，私营控制行业价格上涨引发的国内物价总水平的上涨幅度更高，这主要是因为从总体上看，私营控制行业与其他行业的关联程度更高。另外，国有控制行业价格上涨引发城镇居民消费价格指数的上涨幅度大于农村居民消费价格指数，而私营控制行业上涨引发农村居民消费价格指数的上涨幅度大于城镇居民消费价格指数，这一差异结果产生的原因在于国有控制行业与私营控制行业在居民生活消费内部比重不同，其中私营控制行业农村居民消费占居民生活消费的比重是24.15%，比国有控制行业高将近4个百分点。

（3）通过对各内资控制行业对国内物价总水平影响程度的比较，我们发现，各内资控制行业价格上涨相同幅度对每一种价格指数的影响程度是不同的。①各内资控制行业价格上涨1%对居民消费价格指数影响的大小次序为：07纺织业（0.0893%）＞09木材加工及家具制造业（0.0849%）＞17交通运输设备制造业（0.0655%）＞15金属制品业（0.0618%）＞05非金属矿及其他矿采选业（0.0575%）＞25水的生产和供应业（0.0547%）＞13非金属矿物制品业（0.0516%）＞04金属矿采选业（0.0513%）＞24燃气生产和供应业（0.0476%）＞16通用、专用设备制造业（0.0457%）＞23电力、热力的生产和供应业

（0.0422%）＞02 煤炭开采和洗选业（0.0395%）＞03 石油和天然气开采业（0.0334%）＞11 石油加工、炼焦及核燃料加工业（0.0314%）＞14 金属冶炼及压延加工业（0.0224%）＞22 废品废料（0.0095%）。②各内资控制行业价格上涨 1% 对工业品出厂价格指数影响的大小次序为：15 金属制品业（0.1943%）＞14 金属冶炼及压延加工业（0.1675%）＞16 通用、专用设备制造业（0.1622%）＞17 交通运输设备制造业（0.1278%）＞07 纺织业（0.1248%）＞04 金属矿采选业（0.1138%）＞03 石油和天然气开采业（0.1059%）＞13 非金属矿物制品业（0.1046%）＞05 非金属矿及其他矿采选业（0.1030%）＞09 木材加工及家具制造业（0.0981%）＞24 燃气生产和供应业（0.0955%）＞23 电力、热力的生产和供应业（0.0922%）＞02 煤炭开采和洗选业（0.0914%）＞11 石油加工、炼焦及核燃料加工业（0.0890%）＞25 水的生产和供应业（0.0885%）＞22 废品废料（0.0305%）。③各内资控制行业价格上涨 1% 对农村居民消费者价格指数、城镇居民消费者价格指数的影响大小次序与对居民消费价格指数的影响次序大体一样，而对 GDP 平减指数影响的大小次序与对工业品出厂价格指数的影响次序比较相似。

二　内资控制行业价格变动对国内物价总水平变动的动态影响

（一）数据选取

为了测算内资控制行业价格变动对物价总水平变动的动态影响，本章首先构造内资控制行业价格指数，同时选取居民消费价格指数作为国内物价总水平变动的衡量指标。选取的样本数据范围是 1999 年 1 月到 2013 年 12 月。在实证分析之前，首先将我们计算得到的同比内资控制行业价格指数以及居民消费价格指数转换成以 1999 年 1 月为基期的定基比数据。

居民消费价格指数数据来自中经网统计数据库，内资控制行业价格指数的构造数据来自国泰安数据服务中心的中国工业行业统计数据库。

内资控制行业月度价格指数与居民消费价格指数的具体状况如

图 7 - 6 所示：

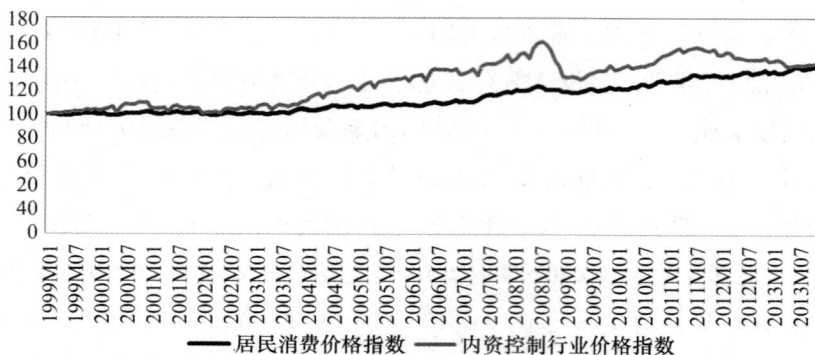

图 7 - 6　1999 年 1 月—2013 年 12 月内资控制行业价格指数与
居民消费价格指数状况图

从图 7 - 6 可以看出，1999—2013 年内资控制行业价格指数与居民消费价格指数总体上均呈上升趋势。从其上涨幅度来看，居民消费价格上涨 40.06%，内资控制行业价格上涨 42.93%，这说明内资控制行业价格上涨幅度大于居民消费价格的上涨幅度。

（二）模型估计

（1）数据平稳性检验

对内资控制行业价格指数、居民消费价格指数分别取对数。记为：$\ln DPI$ 与 $\ln CPI$。数据平稳性检验结果见表 7 - 13。

表 7 - 13　　　　　　　　　　数据平稳性检验

变量	检验形式（C，T，L）	ADF 检验值	5% 显著水平下的临界值	结论
$\ln DPI$	（C，T，12）	- 1.4723	- 3.4370	不平稳
$\ln CPI$	（C，T，12）	- 2.9401	- 3.4370	不平稳
$\Delta \ln DPI$	（0，0，11）	- 3.4370	- 1.9427	平稳
$\Delta \ln CPI$	（0，0，11）	- 2.3608	- 1.9427	平稳

注：Δ 表示一阶差分，检验类型（C，T，L）中的 C、T、L 分别表示 ADF 检验模型中的常数项、时间趋势和滞后阶数。

通过表7-13可以看出，两个变量都含有单位根，即为非平稳序列，而两个变量的一阶差分序列在5%的显著性水平上都拒绝原假设，即为平稳序列，说明两变量是一阶单整的，即为I（1）。因此，我们以两个变量的一阶差分$\Delta\ln DPI$、$\Delta\ln CPI$构建RSVAR模型，而且一阶差分正好表示各价格指数的变动状况。

（2）格兰杰因果关系检验

分别选取1—5期的滞后阶数对$\Delta\ln DPI$、$\Delta\ln CPI$两个时间序列进行格兰杰因果关系检验，结果见表7-14。检验结果表明，当滞后阶数为1—3时，只有$\Delta\ln CPI \rightarrow \Delta\ln DPI$是成立的；当滞后阶数为3阶以上时，$\Delta\ln DPI \rightarrow \Delta\ln CPI$与$\Delta\ln CPI \rightarrow \Delta\ln DPI$均成立。因此，我们认为在短期居民消费价格变动先行于内资控制行业价格变动，在长期两者表现出较强的因果关系。

表7-14　　　　　　　　　　**格兰杰因果关系检验**

原假设	滞后阶数	F统计量	概率	结论
原假设Ⅰ	1	0.4783	0.4901	接受原假设
原假设Ⅱ		4.2088	0.0417	拒绝原假设
原假设Ⅰ	2	0.1430	0.8668	接受原假设
原假设Ⅱ		4.2601	0.0156	拒绝原假设
原假设Ⅰ	3	0.1610	0.9224	接受原假设
原假设Ⅱ		4.6435	0.0038	接受原假设
原假设Ⅰ	4	4.1314	0.0032	拒绝原假设
原假设Ⅱ		12.6446	5.E-09	拒绝原假设
原假设Ⅰ	5	3.3241	0.0069	拒绝原假设
原假设Ⅱ		12.4667	3.E-10	拒绝原假设

注：原假设Ⅰ为$\Delta\ln DPI$不是$\Delta\ln CPI$的Granger原因；原假设Ⅱ为$\Delta\ln CPI$不是$\Delta\ln DPI$的Granger原因。

（3）模型滞后阶数选择

滞后1—4阶RSVAR模型最优自回归阶数p的检验结果（见表7-

15）表明：似然比检验统计量（LR）、最终预测误差（FPE）、AIC 信息准则、SC 信息准则及 HQ 信息准则五种方法均推荐的最佳滞后阶数为 4 阶，因此我们确定本书 RSVAR 模型最佳滞后阶数为 4 阶。

表 7 - 15 模型滞后阶数选择标准

滞后阶数	LR 值	FPE 值	AIC 值	SC 值	HQ 值
0	NA	2.56e - 08	- 11.8063	- 11.7702	- 11.7916
1	6.7047	2.57e - 08	- 11.7996	- 11.6911	- 11.7556
2	9.1146	2.55e - 08	- 11.8075	- 11.6266	- 11.7341
3	8.8961	2.54e - 08	- 11.8147	- 11.5615	- 11.7120
4	72.7587 *	1.71e - 08 *	- 12.2073 *	- 11.8818 *	- 12.0753 *

注：带 * 数值所在行显示的滞后阶数为该数值所在列检验方法推荐的最佳滞后阶数。

（4）RSVAR 模型估计与稳定性检验

在滞后 4 期，对 $\Delta \ln DPI$ 与 $\Delta \ln CPI$ 模型之间协整关系进行检验，Johansen 协整检验的 Tranc 统计和 Max-Eigen 统计均表明 $\Delta \ln DPI$ 与 $\Delta \ln CPI$ 之间只存在唯一的协整关系（见表 7 - 16）。因此，可以构造具有长期均衡协整关系的 RSVAR（4）模型，RSVAR（4）模型估计结果见表 7 - 17。对变量 $\Delta \ln DPI$ 与 $\Delta \ln CPI$ 的 RSVAR（4）模型残差进行平稳性检验，结果说明 RSVAR（4）模型是稳定的（见表 7 - 18）。

表 7 - 16 协整关系检验

H0：rank = r	Tranc 统计	5% 临界值	概率	Max-Eigen 统计	5% 临界值	概率
r = 0 *	84.24791	15.4947	0.0000	62.77767	14.2646	0.0000
r ≤ 1 *	21.47024	3.8414	0.0000	21.4702	3.8415	0.0000

注：* 表示 5% 的显著性水平下拒绝不存在协整关系的原假设。

表 7 - 17　　　　　　　　　　　RSVAR（4）模型估计结果

	$\Delta\ln CPI$	$\Delta\ln DPI$
$\Delta\ln CPI(-1)$	-0.022 (0.076) [-0.296]	0.472 (0.164) [2.861]
$\Delta\ln CPI(-2)$	-0.151 (0.075) [-1.993]	0.534 (0.164) [3.252]
$\Delta\ln CPI(-3)$	-0.197 (0.076) [-2.574]	-0.409 (0.166) [-2.459]
$\Delta\ln CPI(-4)$	-0.194 (0.079) [-2.458]	0.955 (0.171) [5.572]
$\Delta\ln DPI(-1)$	-0.009 (0.031) [-0.307]	-0.101 (0.068) [-1.495]
$\Delta\ln DPI(-2)$	0.030 (0.031) [0.975]	-0.074 (0.068) [-1.096]
$\Delta\ln DPI(-3)$	0.039 (0.031) [1.263]	0.024 (0.067) [0.363]
$\Delta\ln DPI(-4)$	0.119 (0.030) [3.933]	0.260 (0.066) [3.950]
_cons	0.002 (0.001) [4.091]	-0.001 (0.001) [-0.849]
R^2	0.142	0.344

注：小括号里是标准差，中括号里是 t 值。

表 7 – 18　　　　　　RSVAR（4）模型残差序列单位根检验结果

序列	检验形式（C，T，L）	ADF 检验值	5% 显著水平下的临界值	结论
$\Delta \ln CPI$ 残差	（0，0，13）	– 2. 728104	– 1. 942818	平稳
$\Delta \ln DPI$ 残差	（0，0，12）	– 3. 541934	– 1. 942805	平稳

注：检验类型（C，T，L）中的 C、T、L 分别表示 ADF 检验模型中的常数项、时间趋势和滞后阶数。

（三）脉冲响应

基于 RSVAR 模型的脉冲响应分析如图 7 – 7、图 7 – 8 所示。图 7 – 7 为 $\Delta \ln CPI$ 对 $\Delta \ln CPI$ 和 $\Delta \ln DPI$ 冲击的响应函数，图 7 – 8 为 $\Delta \ln DPI$ 对 $\Delta \ln CPI$ 和 $\Delta \ln DPI$ 冲击的响应函数，为了更准确地对脉冲响应进行描述，我们计算出第 1—15 期的累计脉冲响应函数值，具体结果见表 7 – 19。

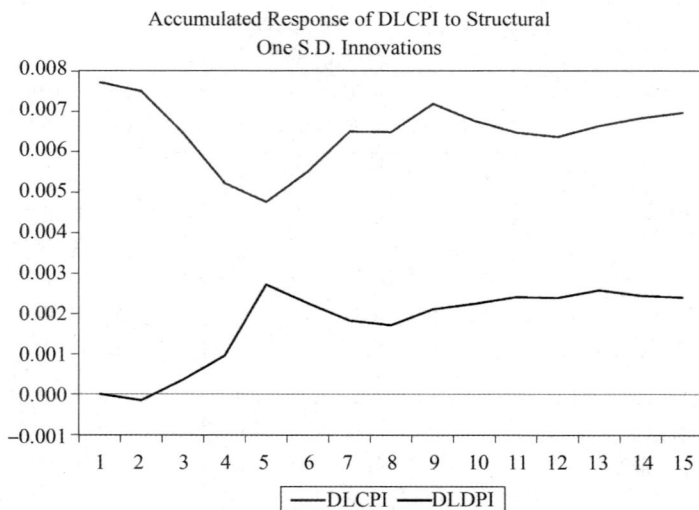

图 7 – 7　$\Delta \ln CPI$ 对 $\Delta \ln CPI$ 和 $\Delta \ln DPI$ 冲击的响应函数

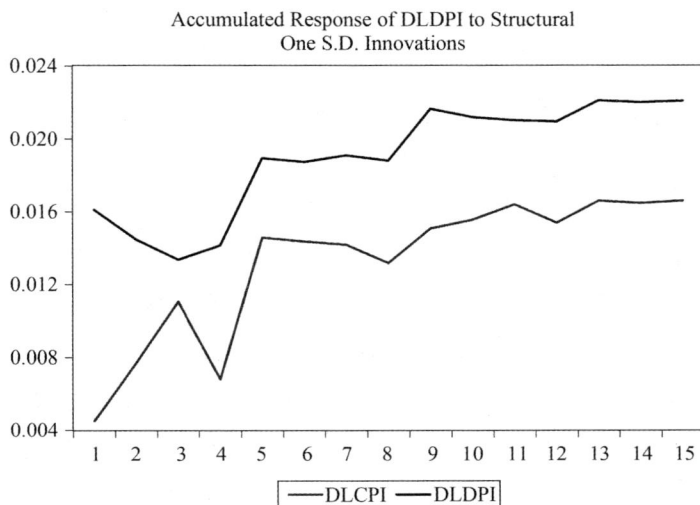

Accumulated Response of DLDPI to Structural
One S.D. Innovations

图 7 - 8　ΔlnDPI 对 ΔlnCPI 和 ΔlnDPI 冲击的响应函数

表 7 - 19　　　　　　**第 1—15 期的累计脉冲响应函数值**　　　　单位：%

时期	1	2	3	4	5
ΔlnCPI 对 ΔlnCPI	0.7722	0.7504	0.6451	0.5221	0.4759
ΔlnCPI 对 ΔlnDPI	− 0.0000	− 0.0155	0.0358	0.0963	0.2728
ΔlnDPI 对 ΔlnCPI	0.4517	0.7702	1.1064	0.6816	1.4578
ΔlnDPI 对 ΔlnDPI	1.6116	1.4476	1.3365	1.4154	1.8945
时期	6	7	8	9	10
ΔlnCPI 对 ΔlnCPI	0.5515	0.6492	0.6478	0.7197	0.6761
ΔlnCPI 对 ΔlnDPI	0.2263	0.1834	0.1720	0.2116	0.2252
ΔlnDPI 对 ΔlnCPI	1.4368	1.4189	1.3184	1.5084	1.5560
ΔlnDPI 对 ΔlnDPI	1.8740	1.9099	1.8805	2.1646	2.1192
时期	11	12	13	14	15
ΔlnCPI 对 ΔlnCPI	0.6468	0.6361	0.6637	0.6837	0.6970
ΔlnCPI 对 ΔlnDPI	0.2419	0.2402	0.2591	0.2456	0.2414

时期	11	12	13	14	15
$\Delta \ln DPI$ 对 $\Delta \ln CPI$	1.6416	1.5398	1.6603	1.6479	1.6605
$\Delta \ln DPI$ 对 $\Delta \ln DPI$	2.1025	2.0949	2.2103	2.2012	2.2092

从图 7 - 7 和表 7 - 19 可见，国内物价总水平变动对自身在第 1—15 期内均产生正向的冲击效果，在第 1 期达到最大值 0.7722%，随后有所下降，在第 4 期降为最小值 0.4759%，第 4 期后逐渐增大，直到第 7 期稳定在 0.65% 左右，这说明国内物价总水平变动在短期和长期对自身均有明显的正向冲击作用。内资控制行业价格变动对国内物价总水平变动的冲击效应呈现出较明显的波动性，在第 1—2 期内产生负向的冲击效果，于第 3 期转为正向冲击，在第 5 期达到最大值，为 0.2728%，第 5 期以后冲击的影响波动逐渐减小，大约在第 9 期后稳定在 0.21%—0.26%。因此可以推断，内资控制行业价格变动在第 5 期会对国内物价总水平变动产生较明显影响。由图 7 - 8 和表 7 - 19 可见，国内物价总水平变动对内资控制行业价格变动在第 1—15 期内均产生正向的冲击效果，在第 1 期为 0.4517%，随后除第 4 期外均逐渐增大，在第 15 期达到考察期内的最大值 1.6605%，这说明国内物价总水平变动在短期和长期对内资控制行业价格变动均有明显的正向冲击作用。内资控制行业价格变动对自身在第 1—15 期内均产生正向的冲击效果，在第 1 期为 1.6116%，随后有所下降，在第 3 期降为最小值 1.3365%，第 3 期后逐期增大，在第 15 期达到考察期内的最大值 2.2092%，这说明内资控制行业价格变动在短期和长期对自身均有明显的正向冲击作用。

（四）方差分解分析

方差分解可以更直观地描述冲击在内资控制行业价格与国内物价总水平动态变化中的相对重要性。我们基于以上 RSVAR 模型估计结果进行了方差分解，分解结果见图 7 - 9、图 7 - 10。

从图 7 - 9 $\Delta \ln CPI$ 方差分解结果来看，国内物价总水平变动在第 1

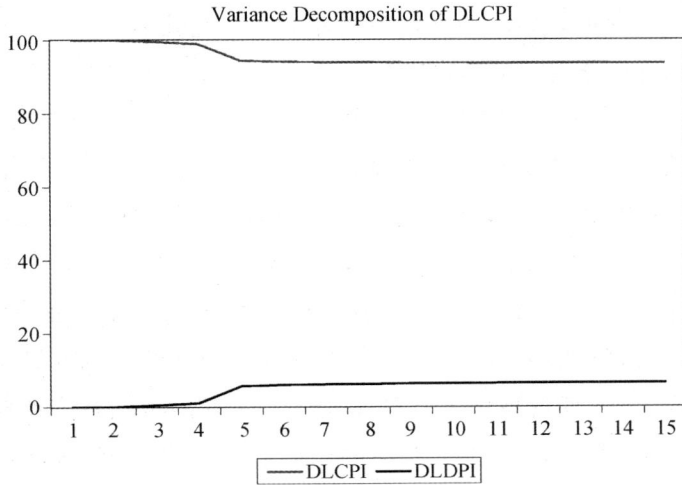

图 7 - 9　ΔlnCPI 的方差分解

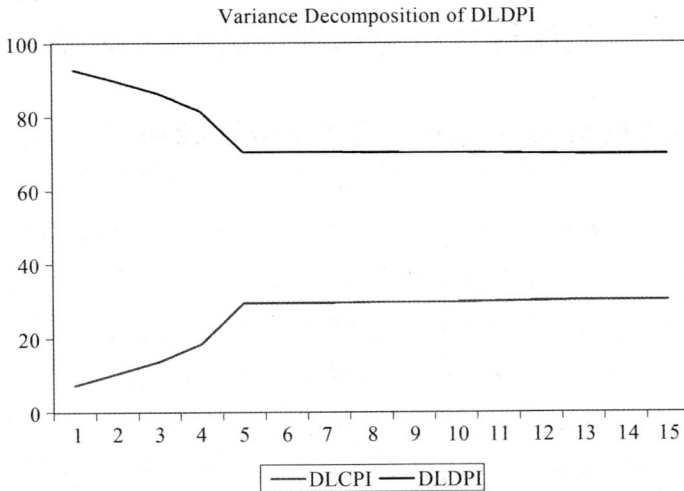

图 7 - 10　ΔlnDPI 的方差分解

期主要受前期自身水平的影响，内资控制行业价格变动对国内物价总水平变动的冲击（对预测误差的贡献度）在第 2 期才显现出来，且这种冲击相对于国内物价总水平变动自身的影响非常微弱，此后呈现逐步增强

173

态势，但从第 9 期开始，冲击影响趋于稳定，稳定在 6.3% 左右，表明内资控制行业价格变动冲击对国内物价总水平变动的影响非常微弱。这可能是因为居民消费价格指数既包括了第二产业的部分生活用工业品，也包括了第一产业的食品和第三产业的服务产品，因此，内资控制行业价格变动对国内物价总水平变动的影响有限。从图 7 - 10 $\Delta \ln DPI$ 方差分解结果来看，内资控制行业价格变动从第 1 期起就受到自身和国内物价总水平变动冲击的影响，受自身变动的影响在第 1 期相对强些，在第 2—5 期逐渐减弱。而受国内物价总水平变动的影响在第 1 期相对较弱，在第 2—5 期逐渐增强，第 5 期后，两者的贡献基本稳定，其中自身变动的贡献稳定在 70% 左右，国内物价总水平变动贡献稳定在 30% 左右。

第四节　外资控制行业与内资控制行业价格变动对国内物价总水平变动的影响比较

一　基于投入产出价格影响模型的模拟结果比较

通过对表 7 - 2 与表 7 - 12 中外资控制行业与内资控制行业（包括国有控制行业、私营控制行业）整体涨价 1% 对国内物价总水平的影响效应进行对比发现，对于本书所列举的五个价格指数，除工业品出厂价格指数外，其影响的大小次序均为：外资控制行业 > 内资控制行业 > 私营控制行业 > 国有控制行业，对工业品出厂价格指数的影响次序为：内资控制行业 > 私营控制行业 > 外资控制行业 > 国有控制行业。出现该结果的原因在于外资控制行业产品更接近于生活资料市场，而内资控制行业产品更接近于生产资料市场，如在最终消费中，外资控制行业产品占最终消费总价值量的 31.65%，内资控制行业产品仅占 8.35%，与之相反，在工业品的中间使用中，外资控制行业产品占工业品中间使用价值量的 29.32%，而内资控制行业产品占到 53.26%。另外，我们还将各行业涨价 1% 对国内物价总水平的影响效应进行排序（见表 7 - 20）。

表 7－20

工业各行业涨价 1% 对国内物价总水平的影响及排序状况表

代码	居民消费价格指数	排名	农村居民消费价格指数	排名	城镇居民消费价格指数	排名	工业品出厂价格指数	排名	GDP 平减指数	排名
02	0.0395	19	0.0383	18	0.0399	19	0.0914	19	0.0564	17
03	0.0334	20	0.0297	20	0.0347	20	0.1059	12	0.0525	19
04	0.0513	15	0.0462	15	0.0530	15	0.1138	11	0.0669	13
05	0.0575	10	0.0520	11	0.0594	10	0.1030	14	0.0740	12
06	0.2563	1	0.3029	1	0.2406	1	0.0986	15	0.1140	7
07	0.0893	4	0.1054	4	0.0838	4	0.1248	9	0.0908	10
08	0.1159	2	0.1042	2	0.1198	2	0.0851	22	0.0912	9
09	0.0849	5	0.0935	5	0.0820	6	0.0981	16	0.0811	11
10	0.0302	22	0.0264	21	0.0315	22	0.0437	23	0.0339	21
11	0.0314	21	0.0253	22	0.0334	21	0.0890	20	0.0316	22
12	0.0560	11	0.0580	8	0.0553	12	0.1608	5	0.0601	15
13	0.0516	14	0.0463	14	0.0534	14	0.1046	13	0.0639	14
14	0.0224	23	0.0203	23	0.0231	23	0.1675	3	0.0429	20
15	0.0618	9	0.0533	10	0.0647	9	0.1943	2	0.1289	4
16	0.0457	17	0.0399	17	0.0477	17	0.1622	4	0.1409	2
17	0.0655	8	0.0566	9	0.0686	8	0.1278	8	0.1191	6
18	0.0800	6	0.0705	6	0.0832	5	0.1946	1	0.1583	1
19	0.0518	13	0.0467	13	0.0535	13	0.1169	10	0.1207	5
20	0.0680	7	0.0614	7	0.0701	7	0.1309	7	0.1322	3
21	0.1074	3	0.1074	3	0.1074	2	0.1362	6	0.1123	8
22	0.0095	24	0.0086	24	0.0098	24	0.0305	24	0.0120	24
23	0.0422	18	0.0367	19	0.0440	19	0.0922	18	0.0299	23
24	0.0476	16	0.0413	16	0.0497	16	0.0955	16	0.0549	18
25	0.0547	12	0.0479	12	0.0569	12	0.0885	11	0.0580	16

由表7-20发现，从总体上看，单个外资控制行业对国内物价总水平的影响效应要大于单个内资控制行业，八个外资控制行业中，仅有造纸印刷及文教体育用品制造业和通信设备、计算机及其他电子设备制造业两个外资控制行业排名相对较靠后，其余六个外资控制行业对国内物价总水平的影响效应均排在全部工业行业的前列。将内资控制行业划分为国有控制行业和私营控制行业，则总体来说，单个私营控制行业对国内物价总水平的影响效应要大于单个国有控制行业。由于居民消费价格指数是测度国内物价总水平变动的最可靠指标，并且消费价格指数的可比性要优于其余价格指数（周建和刘晒珍，2014；徐强，2006），因此，我们以居民消费价格指数作为国内物价总水平变动的衡量指标。结果发现，外资控制行业、内资控制行业、国有控制行业与私营控制行业价格分别上涨1%，会导致国内物价总水平分别上涨0.496%、0.435%、0.191%、0.376%，这一结果说明外资控制行业价格上涨对国内物价总水平上涨的影响幅度最大，内资控制行业次之，随后是私营控制行业，影响幅度最小的是国有控制行业。

二 基于 RSVAR 模型及其脉冲响应函数、方差分解的动态影响结果比较

通过对外资控制行业与内资控制行业价格变动对国内物价总水平变动的动态影响进行对比（见表7-9、图7-4、图7-5与表7-19、图7-9、图7-10）发现，虽然国内物价总水平变动在短期主要受前期自身水平的影响，但是外资控制行业价格变动对国内物价总水平变动的冲击作用更加明显，稳定在16%左右，内资控制行业价格变动的冲击作用则稳定在6.3%左右。此外，外资控制行业价格变动大致在滞后4个月会对国内物价总水平变动产生较明显影响，而内资控制行业价格变动大致在滞后5个月才会对国内物价总水平变动产生较明显的影响。上述结果说明：相较内资控制行业，外资控制行业价格变动对国内物价总水平变动的冲击效应更加明显，并且能在更短的时间内对国内物价总水平

的变动产生较明显的影响。

第五节 本章小结

本章利用投入产出价格影响模型和递归结构向量自回归（RSVAR）模型及脉冲响应函数、方差分解两种方法对外资控制行业、内资控制行业价格变动对国内物价总水平变动的影响效应进行研究。研究结果表明：①外资控制行业价格上涨对国内物价总水平上涨的影响幅度最大，内资控制行业次之，随后是私营控制行业，影响幅度最小的是国有控制行业，其中，外资控制行业价格上涨1%引发国内物价总水平上涨0.496%，内资控制行业价格上涨1%引发国内物价总水平上涨0.435%，私营控制行业、国有控制行业价格上涨1%分别引发国内物价总水平上涨0.376%、0.191%。②相较内资控制行业，外资控制行业价格变动对国内物价总水平变动的冲击效应更加明显，并且能在更短的时间内对国内物价总水平的变动产生较明显的影响，其中外资控制行业价格变动对国内物价总水平变动的冲击作用稳定在16%左右，并且在滞后4个月会对国内物价总水平变动产生较明显的影响，而内资控制行业价格变动的冲击作用则稳定在6.3%左右，并且在滞后5个月才会对国内物价总水平变动产生较明显的影响。

第八章　主要结论与研究展望

本章是全书研究工作的总结，主要包括研究结论、政策建议以及对未来研究进行展望。

第一节　主要结论

本书从外资控制的角度，首先分析了外资进入对中国工业价格变动的影响机理与效应，在此基础上从行业异质角度对控制结构变化与中国工业行业价格变动的关系进行实证分析，并比较了外资控制行业价格变动与内资控制行业价格变动的差异，最后分析了外资控制行业与内资控制行业价格变动对国内物价总水平变动的影响。本研究的主要结论如下：

第一，通过构建一个包含外资企业进入的两国一般均衡模型，分析了外资进入通过劳动生产率与垄断势力进而对工业行业价格变动的影响机理及效应。并利用中国工业行业的相关数据，对其影响机理及影响效应进行验证。研究发现：①无论是从短期看还是从长期看，外资进入都是通过提高劳动生产率及削弱垄断势力影响中国工业行业的价格变动；在短期，外资进入通过提高劳动生产率对中国工业行业价格的上涨产生了较强的抑制作用，而在长期，外资进入则通过削弱垄断势力对中国工业行业价格上涨产生了较强的抑制作用。②1999年以来，外资进入使中国工业行业整体价格年均下降0.011%，其中通过劳动生产率渠道使中国工业行业价格年均下降0.009%，通过垄断势力渠道使中国工业行业价格年均下降 0.002%。另外,1999—2012 年,外资进入使中国工业劳动生产率增长了 33.531%,使中国工业垄断势力下降了 1.867%,并通过提高劳动生产率及减弱垄断势力使中国工业价格降低了 2.759%。③外资进入对中国不同工业行业价格变动的影响效应存在着较大差异,具体而言,外资进入对资源密集型行业、技术密集型行业及资本密集型行业的价格上涨均产生抑制作用,其中对资源密集型行业价格上涨的抑制作用最为明显,随后依次是技术密集型行业与资本密集型行业,而劳动密集型行业由于外资进入程度的大幅下降而价格上涨。

第二,将工业各行业内不同所有制类型企业的生产率及垄断势力差距作为行业异质的衡量指标,分析了行业异质、控制结构变化与中国工业行业价格变动的关系。分析结果发现:①以内资控制力提高为特征的控制结构变化会促进中国工业行业价格上涨,以外资控制力提高为特征的控制结构变化会抑制中国工业行业价格上涨。②随着外资企业与内资企业的生产率差距逐渐缩小,以内资控制力提高为特征的控制结构变化对中国工业行业价格上涨的促进作用逐渐减弱,以外资控制力提高为特征的控制结构变化对中国工业行业价格上涨的抑制作用逐渐减弱。③随着外资企业与内资企业的垄断势力差距逐渐减小,以内资控制力提高为特征的控制结构变化对中国工业行业价格上涨的促进作用逐渐增强,以外资控制力提高为特征的控制结构变化对中国工业行业价格上涨的抑制作用逐渐减弱。④将内资控制力划分为国有控制力与私营控制力两个组成部分,则国有控制力与私营控制力的上升均会促进中国工业行业价格上涨,并且相比私营控制力,国有控制力上升对中国工业行业价格上涨的促进作用更明显。⑤随着外资企业与私营企业的生产率差距逐渐减小,会减弱(增强)国有(私营)控制力对中国工业行业价格上涨的促进作用,随着外资企业与国有企业的生产率差距逐渐减小,会增强(减弱)国有(私营)控制力对中国工业行业价格上涨的促进作用。⑥随着外资企业与国有企业垄断势力差距逐渐缩小,会减弱(增强)国有(私营)控制力对中国工业行业价格上涨的促进作用,随着外资企业与私营企业垄断势力差距逐渐缩小，会增强（减弱）国有（私营）控制力对中国工业行业价格上涨的促进作用。

　　第三，在界定外资控制行业及内资控制行业的基础上，利用1999—2012年中国36个工业行业数据，对外资控制行业及内资控制行业的价格变动差异进行了实证研究。结果发现：①外资控制行业与内资控制行业的价格上涨率存在显著的差异，外资控制行业的年均价格上涨率比内资控制行业低2.2%，并且外资控制行业的价格变动更为平均，行业内的价格变动差距较小。②将内资控制行业划分为国有控制行业和私营控制行业，我们发现外资控制行业的年均价格上涨率比国有控制行业、私营控制行业分别低2.4%、1.9%，私营控制行业比国有控制行业的年均价格上涨率低0.3%。③将外资控制行业按外资控制力程度不同进行分组，得出不同控制程度的外资控制行业与内资控制行业（包括国有控制行业和私营控制行业）的价格变动差距存在显著差异，并且无论外资控制力处于哪一组，外资控制行业与国有控制行业价格上涨率的差距均大于与内资控制行业、私营控制行业的差距，另外，外资控制力高的外资控制行业与内资控制行业（包括国有控制行业和私营控制行业）的价格变动差距更大也更显著。

　　第四，利用投入产出价格影响模型和递归结构向量自回归（RSVAR）模型及脉冲响应函数、方差分解两种方法对外资控制行业与内资控制行业价格变动对国内物价总水平变动的影响效应进行研究。研究结果表明：①外资控制行业价格上涨对国内物价总水平上涨的影响幅度最大，内资控制行业次之，随后是私营控制行业，影响幅度最小的是国有控制行业，其中外资控制行业价格上涨1%引发国内物价总水平上涨0.496%，内资控制行业价格上涨1%引发国内物价总水平上涨0.435%，私营控制行业、国有控制行业价格上涨1%分别引发国内物价总水平上涨0.376%、0.191%。②相较内资控制行业，外资控制行业价格变动对国内物价总水平变动的冲击效应更加明显，并且能在更短的时间内对国内物价总水平的变动产生较明显的影响，其中，外资控制行业价格变动对国内物价总水平变动的冲击作用稳定在16%左右，并且在滞后4个月会对国内物价总水平变动产生较明显的影响，而内资控制行业价格变动的冲击作用则稳定在6.3%左右，并且在滞后5个月才会对国内物价总水平变动产生较明显的影响。

第二节　政策含义

本书研究结论表明外资进入可以通过提高劳动生产率及削弱垄断势力有效抑制中国工业行业价格上涨，并且外资控制行业的价格上涨幅度显著低于内资控制行业，但本书还发现，如果外资控制行业价格上涨，则对国内物价总水平上涨的影响相较内资控制行业更明显，而且影响速度也更快。因此，本书研究结论的政策含义可以概括为两方面：一方面要进一步提高外资利用水平、提升外资质量；另一方面要强化对外资企业的垄断及价格监管。本书的具体政策建议是：

（一）进一步提高外资利用水平、提升外资质量

国家主席习近平在海南启幕的博鳌亚洲论坛2015年年会上强调，随着中国经济发展步入新常态，中外经济合作也在同步提升，意味着给世界各国及各国企业提供新的合作契机。中国将越来越开放，中国利用外资的政策不会变，对外商投资企业合法权益的保障不会变，为各国企业在华投资兴业提供更好的服务的方向不会变。本书研究结论也表明，外资进入促进了中国工业行业劳动生产率的提高，削弱了中国工业一些行业的垄断势力，从整体上降低了中国工业行业的价格和抑制了通货膨胀，从而提高了社会福利水平。因此，改革开放以来中国实行的积极引进和利用外资政策是完全正确的。鉴于此，在"十三五"期间，一定要积极贯彻中央提出的"创新、协调、绿色、开放、共享"五大发展理念，进一步解放思想，加大开放力度，积极引进和利用外资。具体来讲，要努力抓好以下两项工作：一是要进一步提高外资利用水平。近年来，中国多次修订《外商投资产业指导目录》，不断拓宽市场开放领域，但与外

国投资者的要求还存在着一些差距，因此，可以在加强对外资监管的前提下，通过在我国沿海、沿边、内陆等不同地区设立若干自由贸易园区，以开放促改革、促发展，实现外资利用方式的不断创新，从而拓宽利用外资渠道，进一步提高外资利用水平。二是要提升引进和利用的外资质量。中国的人均 GDP 已达到中等收入国家水平，目前面临的主要挑战之一是如何跨越中等收入陷阱，而跨越中等收入陷阱的关键则是提高企业的科技创新能力和国际竞争力，因此，在未来引进和利用外资时，一定要积极引进具有中高端技术水平的外资企业，这样不但可以有效提高企业劳动生产率，而且可以有效削弱国内某些工业行业的垄断势力，从而有效降低工业行业的价格水平。

（二）强化对外资企业的垄断及价格监管

近年来，外资企业操纵价格现象逐渐凸显，遭遇反垄断调查的外资企业数量也不断增多。2013 年 1 月 4 日国家发展改革委对韩国三星、LG、中国台湾地区奇美、友达、中华映管和瀚宇彩晶 6 家大型液晶面板企业的价格垄断行为进行处罚，这是中国对境外企业价格垄断开出的首张罚单。2014 年以来，我国反垄断执法更是力度空前，国家发展改革委相继对克莱斯勒（中国）汽车销售有限公司、美国高通公司及德国奔驰公司等大型外资企业开出反垄断罚单。然而，现阶段反垄断的执法效果还不够显著，与消费者的期待还存在较大的差距，同时在反垄断的执法工作中也存在着诸多问题（李剑，2011）。因此，为了逐步消除外资企业面向中国消费者及企业客户制定的产品价格，通常高于全球其余市场的不合理现象，我国政府有关部门应通过加强价格法制建设、严格成本监审及建立价格监测系统等方式不断强化对外资企业的垄断及价格监管。具体来讲，要努力抓好以下几项工作：一是加强价格监管法制建设。加快推进《价格法》的修订，细化并完善《反垄断法》，建议国家反垄断委员会逐步出台《反垄断法实施细则》《反垄断指南》等配套法规对反垄断执法工作予以细化，完善以《反垄断法》为核心，相关法律、法规、规章、指南相配套的反垄断法律体系，尤其是要注意《价格法》等相关法律、法规、规章、指南与《反垄断法》的协调。二是严格成本监审，强化成本约束机制。逐步建立面向外资企业的科学定价审核体系，规范计入定价成本的项目，此外，要定期审查潜在垄断外资企业的成本变化情况，及时掌握企业的相关情况，为反垄断实践提供准确依据。三是建立针对外资企业的价格监测系统。加大对潜在垄断外资企业的监测力度，通过跟踪相关企业的价格走势，制定针对性的监测措施。

第三节　研究局限及未来研究展望

虽然本书从理论、实证两个方面对外资控制行业与内资控制行业价格变动以及对中国国内物价总水平变动的影响进行了初步探讨，所得出的结论为中国因地制宜地设计相关的外资与反垄断政策具有重要的理论与现实意义。但是由于论文篇幅限制，加之部分数据匮乏等原因，有许多地方还有待进一步深入研究与完善。未来，随着相关数据资料的进一步完善，可从以下几方面进一步深化该领域的研究：

第一，行业控制是一个复合型概念，其内涵和外延都难以严格界定。本书主要是从市场控制的角度对行业控制的概念进行界定。既有研究发现技术控制、品牌控制、产业链控制等都有可能成为行业控制的方式。由于数据可获得性受限，本书并没有对其余行业控制的方式进行深入探讨。若能获得其余行业控制方式的相关数据，并对不同控制方式的价格变动效应进行对比，则文章内容将更加全面。

第二，定价是微观企业的行为。然而由于企业层面价格数据缺失，本书只能退而求其次，利用工业行业层面数据就外资进入的价格变动效应进行分析，但使用行业层面数据存在的最大缺陷是无法为行业价格的变动提供微观层面的证据。因此，未来如果可以获得企业层面的价格数据，则研究内容将更加切合实际。

第三，本书的研究是以整体的外资进入作为研究对象，忽视了不同来源国外资的异质性，如来自于欧美等发达国家外资的进入目的及进入后对我国经济、社会的影响与来自于发展中国家的外资存在明显的区别（李立新和金润圭，2002；郭熙保和罗知，2009；程鹏和柳卸林，2010）。未来，笔者将进一步加强相关理论储备并收集相关数据，对不同来源国外资进入的价格变动效应进行专题研究，或许会得出更多有价值的结论。

参考文献

一 中文参考文献

阿思奇：《投资规模与通货膨胀》，《经济研究》1992 年第 9 期。

柏培文：《我国城镇不同行业职工工资分配公平性测度》，《统计研究》
 2010 年第 3 期。

北京交通大学中国产业安全研究中心：《中国产业外资控制报告（2009）》，
 北京交通大学出版社 2010 年版。

卜伟：《我国产业外资控制与对策研究》，《管理世界》2011 年第 5 期。

陈丹丹、任保平：《需求冲击与通货膨胀——基于中国的经验研究》，
 《当代财经》2008 年第 6 期。

陈德泉、王彩芬、吴泽海：《论外资流入与通货膨胀》，《商业经济与管
 理》1997 年第 4 期。

陈菁泉：《汇改后我国国际贸易与通货膨胀关系的理论与实证研究》，
 《宏观经济研究》2013 年第 3 期。

陈克新：《原材料价格上涨不会引发严重通货膨胀》，《数量经济技术经
 济研究》2003 年第 6 期。

陈柳：《外资优惠政策与外资企业垄断》，《产业经济研究》2006 年第
 2 期。

陈学彬：《对我国经济运行中的菲利普斯曲线关系和通胀预期的实证分
 析》，《财经研究》1996 年第 8 期。

陈甫军、杨振：《制造业外资进入与市场势力波动：竞争还是垄断》，

《中国工业经济》2012 年第 10 期。

陈宗胜、高玉伟：《我国公有经济规模测度与深化混合经济改革潜力》，《经济社会体制比较》2015 年第 1 期。

程贵：《政府干预、投资扩张与通货膨胀》，《兰州商学院学报》2011 年第 6 期。

程贵：《中国式财政分权、地方政府投资冲动与通货膨胀》，《宁夏社会科学》2012 年第 5 期。

程鹏、柳卸林：《外资对区域经济可持续增长影响的差异性研究——基于广东和江苏的实证研究》，《中国工业经济》2010 年第 9 期。

辞海编辑委员会：《辞海》，上海辞书出版社 1989 年版。

崔建军、王利辉：《产能过剩与通货膨胀压力并存悖论之解析》，《现代经济探讨》2015 年第 1 期。

崔晶莉：《外资对我国商业地产价格的影响研究》，硕士学位论文，西安建筑科技大学，2009 年。

戴雅芳：《我国地方政府财政支出的通货膨胀效应研究》，硕士学位论文，厦门大学，2014 年。

邓永亮：《汇率水平与汇率波动对通货膨胀的影响研究》，《财贸研究》2010 年第 6 期。

樊纲：《当前宏观经济的焦点问题与政策分析》，《经济研究》1995 年第 2 期。

范志勇：《成本推动型通货膨胀的含义、甄别和反通货膨胀政策：一个文献研究》，《世界经济》2010 年第 1 期。

范志勇：《中国通货膨胀是工资成本推动型吗?》，《经济研究》2008 年第 8 期。

费兆奇：《货币增长是否导致了通货膨胀?》，《国际金融研究》2012 年第 7 期。

傅强、朱映凤、袁晨：《中国通货膨胀主要影响因素的判定与阐释》，《中国工业经济》2011 年第 5 期。

高伟刚：《人民币汇率变动对中国贸易价格和通货膨胀的影响研究——基于汇率传递的视角》，博士学位论文，南开大学，2014 年。

郭鹏辉、钱争鸣：《潜在产出、产出缺口与通货膨胀率关系研究》，《统计与信息论坛》2009 年第 4 期。

郭琪：《财政扩张与通货膨胀：基于中国数据的经验解释》，《山东社会科学》2011 年第 5 期。

郭树龙：《中国工业市场势力研究》，博士学位论文，南开大学，2013 年。

郭天宝、梁秉茹：《"十二五"期间吉林省利用外资问题研究》，《商场现代化》2011 年第 9 期。

郭熙保、罗知：《外资特征对中国经济增长的影响》，《经济研究》2009 年第 5 期。

郭雄、李亚琼：《我国的产出缺口与通货膨胀》，《统计与决策》2006 年第 2 期。

国家统计局课题组：《对国有经济控制力的量化分析》，《统计研究》2001 年第 1 期。

韩一杰、刘秀丽：《中国猪肉价格波动对其他部门产品价格及 CPI 的影响测算》，《中国农村经济》2011 年第 5 期。

郝大明：《国有企业公司制改革效率的实证分析》，《经济研究》2006 年第 7 期。

郝云宏：《对于国家控制国有经济和国民经济命脉的理性思考》，《经济经纬》1999 年第 2 期。

何维达、何昌：《当前中国三大产业安全的初步估算》，《中国工业经济》2002 年第 2 期。

贺力平、樊纲、胡嘉妮：《消费者价格指数与生产者价格指数：谁带动谁?》，《经济研究》2008 年第 11 期。

胡小平、申晓梅、谭孝平：《我国通货膨胀的治理》，《金融研究》1994 年第 5 期。

胡援成、张朝洋：《美元贬值对中国通货膨胀的影响：传导途径及其效应》，《经济研究》2012 年第 4 期。

黄贵新：《外商直接投资与中国通货膨胀关系的实证研究》，硕士学位论文，湖南大学，2010 年。

黄桂田、赵留彦：《供给冲击、需求冲击与经济周期效应——基于中国数据的实证分析》，《金融研究》2010 年第 6 期。

黄建康、徐晖、杨峻：《我国食品制造业外资控制状况及对策》，《现代经济探讨》2013 年第 8 期。

黄新飞、舒元：《基于 VAR 模型的 FDI 与中国通货膨胀的经验分析》，《世界经济》2007 年第 10 期。

江小涓：《跨国投资、市场结构与外商投资企业的竞争行为》，《经济研究》2002 年第 9 期。

金碚、黄群慧：《"新型国有企业"现象初步研究》，《中国工业经济》2005 年第 6 期。

金重仁：《试论社会主义经济中的通货膨胀问题》，《经济研究》1987 年第 6 期。

孔丹凤：《中国的货币政策、财政政策与物价稳定》，《山东大学学报》（哲学社会科学版）2012 年第 4 期。

匡大伟：《我国地方政府投资对通货膨胀影响的实证研究》，硕士学位论文，上海师范大学，2013 年。

郎咸平：《新帝国主义在中国》，东方出版社 2010 年版。

李崇新：《关于国有经济控制力核算的探讨》，《统计与信息论坛》2001 年第 3 期。

李钢、何然：《国有经济的行业分布与控制力提升：由工业数据测度》，《改革》2014 年第 1 期。

李海舰：《外资进入与国家经济安全》，《中国工业经济》1997 年第 8 期。

李虹、谢明华：《电价波动与通货膨胀：基于煤电价格联动政策效应的分析》,《经济学动态》2010 年第 12 期。

李剑:《反垄断私人诉讼困境与反垄断执法的管制化发展》,《法学研究》
　　2011 年第 5 期。

李江:《财政分权、地方政府投资与通货膨胀——来自中国转型期的证
　　据》,《经济问题》2012 年第 3 期。

李立新、金润圭:《在华外商不同来源体 FDI 区位因素比较分析》,《中
　　国软科学》2002 年第 7 期。

李孟刚:《产业安全理论的研究》,博士学位论文,北京交通大学,
　　2006 年。

李孟刚:《产业安全理论研究》,经济科学出版社 2006 年版。

李敏婕、周一帆、刘桂荣:《FDI 与通货膨胀:基于货币供给内生性的实
　　证研究》,《金融经济》2009 年第 18 期。

李全根:《食油价格异常波动的成因与对策研究》,《东南大学学报》(哲
　　学社会科学版) 2009 年第 4 期。

李小龙、余宇新:《地方政府投资、信贷扩张与通胀关系实证研究》,
　　《商业时代》2012 年第 12 期。

李晓钟、王莹、胡卉君:《我国国产汽车与进口汽车价格差异性研究》,
　　《价格理论与实践》2014 年第 7 期。

李泳:《我国农业产业外资控制力研究》,《公共管理与政策评论》2014
　　年第 1 期。

李子奈、叶阿忠:《高等计量经济学》,清华大学出版社 2000 年版。

廖明球、王明哲:《多产品价格影响模型及其应用研究》,《统计研究》
　　2013 年第 2 期。

林伯强、王锋:《能源价格上涨对中国一般价格水平的影响》,《经济研
　　究》2009 年第 12 期。

刘辉:《中国近两轮 CPI 上涨的特点及原因分析》,硕士学位论文,华南
　　理工大学,2013 年。

刘金全、谢卫东:《中国经济增长与通货膨胀的动态相关性》,《世界经

济》2003 年第 6 期。

刘军：《物价水平、外资利用与就业形势——互动机理与中国表现》，《上海经济研究》2014 年第 9 期。

刘霖、靳云汇：《货币供应、通货膨胀与中国经济增长——基于协整的实证分析》，《统计研究》2005 年第 3 期。

刘瑞宝：《中国本轮通货膨胀的市场结构诱因——基于对中国国有垄断企业行为的分析》，《中南财经政法大学研究生学报》2008 年第 5 期。

刘小玄：《民营化改制对中国产业效率的效果分析——2001 年全国普查工业数据的分析》，《经济研究》2004 年第 8 期。

刘小玄、李双杰：《制造业企业相对效率的度量和比较及其外生决定因素》，《经济学》（季刊）2008 年第 3 期。

刘晓西：《外资流入是否会形成通货膨胀效应》，《改革》1995 年第 3 期。

刘志国、范亚静：《垄断条件下价值形成与我国高物价水平形成原因分析》，《经济体制改革》2012 年第 2 期。

龙少波、陈璋、张军：《超额工资、外部成本渠道与中国通货膨胀非线性关系研究》，《经济理论与经济管理》2014 年第 11 期。

隆国强：《论新时期进一步提高利用外资质量与水平》，《国际贸易》2007 年第 10 期。

卢颖超：《开放经济条件下通货膨胀动态特征及成因识别研究》，博士学位论文，吉林大学，2015 年。

鲁晓东、连玉君：《中国工业企业全要素生产率估计：1999—2007》，《经济学》（季刊）2012 年第 2 期。

吕江林：《利率到位：治理我国当前通货膨胀的关键一环》，《当代财经》1995 年第 4 期。

罗毅丹、徐俊武：《过剩产能与通货膨胀的关系分析——基于包含随机波动的 TVP 模型考察》，《中南财经政法大学学报》2010 年第 2 期。

马龙：《成因变迁、刘易斯拐点与通货膨胀》，博士学位论文，南开大学，2012 年。

马龙、刘澜飚：《我国货币供应对通货膨胀解释能力的实证研究》，《经济学动态》2012 年第 4 期。

马松林：《入世十年农副食品加工业外资控制研究》，《产业与科技论坛》2012 年第 5 期。

缪仕国：《物价稳定与房价：货币政策视角》，《当代经济科学》2011 年第 4 期。

倪红珍、王浩、赵博等：《基于投入产出价格影响模型的水价调整影响》，《系统工程理论实践》2013 年第 2 期。

聂辉华、贾瑞雪：《中国制造业企业生产率与资源误置》，《世界经济》2011 年第 7 期。

诺伯特·维纳：《控制论》，郝季仁译，北京大学出版社 2007 年版。

欧瑞秋、李捷瑜、李广众等：《部分民营化与国有企业定位》，《世界经济》2014 年第 5 期。

欧阳志刚、潜力：《国际因素对中国通货膨胀的非线性传导效应》，《经济研究》2015 年第 6 期。

潘申彪、蒋贤品：《FDI、工业产出的所有制结构变化与长江三角洲地区工业发展——基于 FEDER 非均衡框架的分析》，《国际贸易问题》2012 年第 5 期。

裴长洪：《外商直接投资与中国通货膨胀关系的理论分析》，《战略与管理》1995 年第 3 期。

裴长洪：《中国公有制主体地位的量化估算及其发展趋势》，《中国社会科学》2014 年第 1 期。

彭方平、樊海潮、连玉君等：《我国通货膨胀类型的甄别——来自企业层面的经验证据》，《经济研究》2012 年第 8 期。

彭小兵、张保帅：《FDI 对东道国通货膨胀影响分析——基于中国的实证研究》，《国际贸易问题》2009 年第 1 期。

钱宥妮：《菲利普斯曲线在中国经济中的实证研究——基于产出缺口的分

析》，《财经研究》2005 年第 6 期。

乔海曙、王军华：《投资与通货膨胀关系的实证检验》，《统计与决策》
　　2006 年第 20 期。

秦学志、张康、胡友群等：《基于投入产出原理的 CPI 价格——消费驱动
　　模型》，《经济科学》2011 年第 4 期。

屈新英：《我国原油进口定价权现状及对经济的影响》，《北方经济》（综
　　合版）2009 年第 1 期。

任碧云、林晨、刘洪伟：《中国通货膨胀的国际传导途径及应对之策——
　　基于 2001—2011 年数据的实证分析》，《中央财经大学学报》2012 年
　　第 12 期。

任立民：《货币供应量与经济增长、通货膨胀、资产价格的协整研究》，
　　硕士学位论文，厦门大学，2008 年。

任泽平、潘文卿、刘起运：《原油价格波动对中国物价的影响——基于投
　　入产出价格模型》，《统计研究》2007 年第 11 期。

邵敏、包群：《地方政府补贴企业行为分析：扶持强者还是保护弱者？》，
　　《世界经济文汇》2011 年第 1 期。

盛毅：《用行业集中度确定国有经济控制力的数量界限》，《经济体制改
　　革》2010 年第 6 期。

石俊华：《跨国公司投资对中国市场结构演进的影响》，《北京交通大学
　　学报》（社会科学版）2009 年第 1 期。

石林松、孙皓、宋平平：《我国通货膨胀与产出缺口的关系研究》，《经
　　济纵横》2012 年第 9 期。

宋鹏程、杨其静：《开放经济中的国有企业民营化——基于产品异质的一
　　个博弈模型》，《产业经济研究》2006 年第 2 期。

孙丹、何俊芳：《国际市场初级产品价格波动向国内的传导——基于
　　ECM 模型的实证分析与原因探究》，《兰州学刊》2009 年第 7 期。

孙婉洁、臧旭恒：《试析外资流入对我国通货膨胀的影响》，《经济研究》
　　1995 年第 9 期。

孙早、王文：《产业所有制结构变化对产业绩效的影响——来自中国工业的经验证据》，《管理世界》2011 年第 8 期。

索寒雪：《发改委"振兴"服务业 抵御外资价格操控》，《中国经营报》2014 年 8 月 11 日第 2 版。

陶士贵：《影响通货膨胀的新因素：外资流入与外汇占款》，《财经研究》1995 年第 3 期。

田娟、王鹏飞：《我国通货膨胀与产能过剩并存现象分析》，《中南财经政法大学学报》2008 年第 5 期。

田涛：《货币超发还是输入通胀？——基于 MS-VAR 模型的视角》，《南京财经大学学报》2013 年第 4 期。

王飞：《我国货币供给是否是通货膨胀的格兰杰原因：新的解释》，《上海金融》2015 年第 4 期。

王皓：《合资模式对市场势力来源的影响：以中国轿车行业为例》，《金融研究》2013 年第 8 期。

王江、周雅、郑广超：《工业企业国有经济控制力研究》，《北方经济》（综合版）2009 年第 10 期。

王玲、涂勤：《中国制造业外资生产率溢出的条件性研究》，《经济学》（季刊）2007 年第 1 期。

王水平：《基于产业控制力视角的中国零售业安全评估》，《财贸研究》2010 年第 6 期。

王学庆：《价格竞争是见效最快的竞争办法——探析国美的低价营销策略》，《价格理论与实践》2004 年第 6 期。

王轶君：《成本渠道理论与通货膨胀治理：来自中国 1992—2009 年的证据》，《上海金融》2011 年第 3 期。

王宇雯：《输入型通货膨胀的传导及对策研究》，博士学位论文，复旦大学，2011 年。

王煜：《中国的产出缺口与通货膨胀》，《数量经济技术经济研究》2005 年第 1 期。

王争：《中国制造业企业的生产率与贸易研究——来自微观数据的证据》，博士学位论文，浙江大学，2010 年。

王志乐：《经济发展方式的转变与跨国公司的积极作用》，《国际经济合作》2010 年第 3 期。

吴海兵、李丹：《中国制造业内外资企业的全要素生产率增长比较》，《系统工程》2012 年第 10 期。

吴剑飞、方勇：《中国的通货膨胀：一个新开放宏观模型及其检验》，《金融研究》2010 年第 5 期。

吴敬琏：《中国经济体制改革面临的局势与选择——整体协调改革的基本思维和几种实施构想》，《管理世界》1988 年第 4 期。

吴振信、薛冰、王书平：《基于 VAR 模型的油价波动对我国经济影响分析》，《中国管理科学》2011 年第 1 期。

谢建国：《外商直接投资与中国的出口竞争力——一个中国的经验研究》，《世界经济研究》2003 年第 7 期。

谢敏：《开放市场经济条件下中国国有经济控制力研究》，博士学位论文，南开大学，2010 年。

谢太峰、王子博：《论我国近期的产出缺口与通货膨胀》，《经济与管理研究》2008 年第 8 期。

谢卫卫、罗光强：《中国农产品价格与食品价格波动的相关性——基于 SVAR 模型的实证分析》，《湖南农业大学学报》（社会科学版）2012 年第 6 期。

徐国祥、苏月中：《上海国有经济控制力定量评估与发展对策研究》，《财经研究》2003 年第 8 期。

徐能毅：《投资生成型通货膨胀的形成方式及原因》，《陕西师范大学学报》（哲学社会科学版）1997 年第 4 期。

徐强：《GDP 缩减指数是测度通货膨胀的可靠指标吗?》，《统计研究》2006 年第 5 期。

徐文昕：《国有企业预算软约束影响通货膨胀率的实证分析》，《现代商贸工业》2008年第7期。

许志伟、樊海潮、薛鹤翔：《公众预期、货币供给与通货膨胀动态——新凯恩斯框架下的异质性预期及其影响》，《经济学》（季刊）2015年第4期。

杨春雷：《工资水平对通货膨胀影响时序变化的实证研究》，《经济与管理》2008年第11期。

杨宏志、陈欣：《国有企业与非国有企业及我国的结构性通货膨胀》，《信阳师范学院学报》（哲学社会科学版）1998年第2期。

杨辉建：《物价上涨与信贷投放的相关分析》，《金融纵横》2004年第5期。

杨继生：《通胀预期、流动性过剩与中国通货膨胀的动态性质》，《经济研究》2009年第1期。

杨宽宽、许剑毅、周学文等：《国有经济控制力的现状及趋势》（上），《中国经贸导刊》2003年第18期。

杨丽萍、陈松林、王红：《货币供应量、银行信贷与通货膨胀的动态关系研究》，《管理世界》2008年第6期。

杨振兵：《FDI是否会迅速逃离：基于工业行业根植性的视角》，《当代经济科学》2014年第4期。

杨祚、胡跃岷：《我国房地产价格与物价总水平关联性的实证分析——来自MS-VAR模型的经验证据》，《价格理论与实践》2013年第9期。

叶宏庆、刘坤、董新兴：《政策性补贴、融资价格歧视与企业过度投资》，《产业经济评论》2015年第2期。

易丹辉：《数据分析与Eviews应用》，中国人民大学出版社2009年版。

殷波：《货币超发是中国通货膨胀的根源吗？》，《国际金融研究》2012年第3期。

殷华方、潘镇、鲁明泓：《中国外商直接投资产业政策测量和有效性研究：1979—2003》，《管理世界》2006年第7期。

于津平、梁琦：《不完全竞争行业最优外资规模研究》，《数量经济技经济研究》2006 年第 12 期。

余永定：《谨防通胀威胁经济稳定》，《第一财经日报》2007 年 12 月 7 日第 7 版。

袁晓军：《改革开放以来中国通货膨胀的原因及特征》，《统计与信息论坛》2009 年第 1 期。

张车伟、薛欣欣：《国有部门与非国有部门工资差异及人力资本贡献》，《经济研究》2008 年第 4 期。

张红霞：《对投入产出价格影响模型的发展和改进》，《系统工程理论与实践》2008 年第 1 期。

张军：《"投资过热"与通货膨胀》，《互联网周刊》2004 年第 12 期。

张礼卿：《关于外资流入的经济学分析》，《国际经济评论》1998 年第 2 期。

张明、谢家智：《产出缺口与中国地区通货膨胀》，《当代经济科学》2012 年第 3 期。

张倩肖、董皓、赵万东：《外资企业与内资企业全要素生产率差异研究》，《当代经济科学》2014 年第 6 期。

张素芹：《我国的输入型通货膨胀：理论和实证研究》，博士学位论文，南开大学，2013 年。

张伟进，《方振瑞：我国通货膨胀成因解析——基于开放经济体 DSGE 模型的研究》，《南方经济》2014 年第 12 期。

张雪慧、林平：《外资纵向兼并下竞争效果评估》，《山东大学学报》（哲学社会科学版）2014 年第 1 期。

张延群：《超额工资、过剩流动性、进口价格与中国通货膨胀因素的量化分析》，《金融研究》2012 年第 9 期。

张宗斌：《论引进外资与保护民族品牌》，《社会科学辑刊》1999 年第 4 期。

赵华荃：《关于公有制主体地位的量化分析和评价》，《当代经济研究》2012 年第 3 期。

赵笑宇：《石油价格变动对价格总水平的影响分析》，《中央财经大学学报》2006 年第 2 期。

赵旭：《中国商业银行市场势力、效率及其福利效应》，《财经研究》2011 年第 3 期。

郑群峰：《我国资本配置效率空间计量研究——基于投资主体结构变迁的视角》，《商业经济与管理》2010 年第 12 期。

中国人民银行营业管理部课题组、杨国中、李宏瑾：《基于生产函数法的潜在产出估计、产出缺口及与通货膨胀的关系：1978—2009》，《金融研究》2011 年第 3 期。

周嘉、余升国：《产出缺口和通货膨胀的动态分析——基于改革开放以来数据的分析》，《当代经济》2012 年第 20 期。

周建、刘晒珍：《哪种价格指数为中国货币政策提供了更多的通货膨胀信息?》，《财经研究》2014 年第 6 期。

周其仁：《通胀之源：被动超发货币》，《IT 时代周刊》2010 年第 23 期。

周天勇：《中国通胀形成的原因探析》，《当代经济》2011 年第 16 期。

周学文：《如何认识并测算"国有经济"和"国有经济控制力"》，《中国统计》1999 年第 8 期。

周耀东：《余晖：国有垄断边界、控制力和绩效关系研究》，《中国工业经济》2012 年第 6 期。

朱光华：《陈国富：中国所有制结构变迁的理论解析》，《经济学家》2001 年第 3 期。

朱映凤：《中国通货膨胀的门限效应及主要影响因素研究》，硕士学位论文，重庆大学，2011 年。

左小蕾：《关注输入型成本推动通货膨胀的因素》，《中国金融》2008 年第 8 期。

二　英文参考文献

Akinboade O. A., Niedermeier E. W., "Labour costs and inflation in South

Africa: an econometric study", *Journal for Studies in Economic and Econometrics*, 2002, 26 (2): 1 – 17.

Amisano G., Giannini C., "Topics in Structural VAR Econometrics", Berlin: Springer-Verlag, 1997.

Auer R. A., Fischer A. M., "The effect of low-wage import competition on US inflationary pressure", *Journal of Monetary Economics*, 2010, 57 (4): 491 – 503.

AuerR. A., Degen K., Fischer A. M., "Low-wage import competition, inflationary pressure, and industry dynamics in Europe", *European Economic Review*, 2013, 59 (4): 141 – 166.

Bailliu J., Fujii E., "Exchange rate pass-through and the inflation environment in industrialized countries: an empirical investigation", *SSRN Working Paper Series*, 2004.

Beltas A., Jones T., "Money, inflation and causality in a financially repressed economy: Algeria, 1970 – 88", *Applied Economics*, 1993, 25 (4): 473 – 480.

Biswas B., Saunders P. J., "Money and price level in India: an empirical analysis", *Indian Economic Journal*, 1990, 35 (2): 103 – 113.

Bjornland H. C., Brubakk L., Jore A. S., "Forecasting inflation with an uncertain output gap", *Empirical Economics*, 2008, 35 (3): 413 – 436.

Bolt W., Van E. P., "Output Gap and Inflation in the EU", *Netherlands Central Bank*, 2000.

Bonato L., "Money and inflation in the Islamic Republic of Iran", *Washington: International Monetary Fund*, 2007.

Branson W. H., Marston R. C., "Price and output adjustment in Japanese manufacturing", *NBER Working Paper*, 1989.

Brouwer G., Ericsson N. R., "Modeling inflation in Australia", *Journal of Business and Economic Statistics*, 1998, 16 (4): 433 – 449.

Budina N. , Maliszewski W. , Menil G. , Turlea G. , "Money, inflation and output in Romania, 1992 – 2000", *Journal of International Money and Finance*, 2006, 25 (2): 330 – 347.

Cavelaars P. , "Does competition enhancement have permanent inflation effects?", *Kyklos*, 2003, 56 (1): 69 – 94.

Chen N. , Imbs J. , Scott A. , "The dynamics of trade and competition", *Journal of International Economics*, 2009, 77 (1): 50 – 62.

Chor D. , "Subsidies for FDI: implications from a model with heterogeneous firms", *Journal of International Economics*, 2009, 78 (1): 295 – 316.

Claus I. , "Is the output gap a useful indicator of inflation", *Reserve Bank of New Zealand Discussion Paper*, 2000.

Coe R. J. , Mcdermott C. J. , "Does the gap work in Asia", *International Monetary Fund Working Papers*, 1997.

Corbo V. , McNelis P. D. , "The pricing of manufactured goods during trade liberalization: Evidence from Chile, Israel, and Korea", *The Review of Economics and Statistics*, 1989, 71 (3): 491 – 499.

Darrat A. F. , "Money, inflation, and causality in the North African countries: an empirical investigation", *Journal of Macroeconomics*, 1987, 8 (1): 87 – 103.

Dornbusch R. , "Exchange rates and prices", *American Economic Review*, 1987, 77 (1): 93 – 106.

Dunstan A. , Hargreaves D. , Karagedikli O. , "The impact of fiscal policy on the business cycle", *Reserve Bank of New Zealand Discussion Paper*, 2007.

Edwards S. , "Coffee, money and inflation in Colombia", *World Development*, 1984, 12 (11): 1107 – 1117.

Epifani P. , Gancia G. , "Trade, markup heterogeneity and misallocations", *Journal of International Economics*, 2011, 83 (1): 1 – 13.

Federico S. , "Industry dynamics and competition from low-wage countries: evidence on Italy", *Oxford Bulletin of Economics and Statistics*, 2014, 76 (3): 389 – 410.

Feinberg R. M. , "The interaction of foreign exchange and market power effects on German domestic prices", *Journal of Industrial Economics*, 1986, 35 (1): 61 – 70.

Fisher I. , "The purchasing power of money", *New York: Macmillan*, 1911.

Fountas S. , Ioannidis A. , Karanasos M. , "Inflation, inflation uncertainty and a common European monetary policy", *The Manchester School*, 2004, 72 (2): 221 – 242.

Friedman B. M. , Kuttner K. N. , "Money, income, prices, and interest rates", *American Economic Review*, 1992, 82 (3): 472 – 492.

Friedman M. , "Nobel lecture: inflation and unemployment", *Journal of Political Economy*, 1977, 85 (3): 451 – 472.

Friedman M. , "The role of monetary policy", *American Economic Review*, 1968, 58 (1): 1 – 17.

Gordon R. J. , Hall R. E. , "Understanding inflation in the 1980s", *Brookings Papers on Economic Activity*, 1985, 16 (1): 263 – 302.

Heckman J. J. , "Sample selection bias as a specification error", *Econometrica: Journal of the econometric society*, 1979, 47 (1): 153 – 161.

Holzman F. D. , "Inflation: cost-push and demand-pull", *American Economic Review*, 1960, 50 (1): 20 – 42.

Horvath R. , Komarek L. , Rozsypal F. , "Does money help predict inflation? An empirical assessment for Central Europe", *Economic systems*, 2011, 35 (4): 523 – 536.

Ibrahim M. H. , Shah M. E. , "Bank lending, macroeconomic conditions and financial uncertainty: evidence from Malaysia", *Review of Development Finance*, 2012, 2 (3): 156 – 164.

Ihrig J. E. , Marazzi M. , Rothenberg A. D. , "Exchange-rate pass-through in the G – 7 countries", *FRB International Finance Discussion Paper*, 2006.

Ito T. , Sasaki Y. N. , Sato K. , "Pass-through of exchange rate changes and macroeconomic shocks to domestic inflation in East Asian countries", *Research Institute of Economy , Trade and Industry (RIETI) , Japan Discussion Paper Series*, 2005.

Katria S. , Bhutto N. A. , Butt F. , et al. , "Trade off between inflation and unemployment", *International Conference on Business Management*, 2011.

Keynes J. M. , "The general theory of employment, interest, and money", *London: Macmillan*, 1936.

Khundrakpam J. K. , "Economic reforms and exchange rate pass-through to domestic prices in India", *Bank for International Settlements Discussion Paper*, 2007.

Kibritcioglu A. , "Causes of inflation in Turkey: a literature survey with special reference to theories of inflation", *Economics Bulletin*, 2001, 28 (21): 43 – 76.

Kumar S. , Webber D. J. , Perry G. , "Real wages, inflation and labour productivity in Australia", *Applied Economics*, 2012, 44 (23): 2945 – 2954.

Lucas R. E. , "Econometric policy evaluation: a critique", In *Carnegie-Rochester conference series on public policy*, 1976.

Malesevic L. , "Cointegration approach to analysing inflation in Croatia", *Financial theory and practice*, 2009, 33 (2): 201 – 218.

Marazzi M. , Sheets N. , "Declining exchange rate pass-through to US import prices: The potential role of global factors", *Journal of International Money and Finance*, 2007, 26 (6): 924 – 947.

Mehra Y. P. , "Predicting the recent behavior of inflation using output gap-based phillips curves", *FRB Richmond Economic Quarterly*, 2004, 90 (3): 65 – 88.

Mehra Y. P. , "Wage growth and the inflation process: An empirical note", *A-*

merican Economic Review, 1991, 81 (4): 931 – 937.

Melitz M. J. , "The impact of trade on intra-industry reallocations and aggregate industry productivity", *Econometrica*, 2003, 71 (6): 1695 – 1725.

Melitz M. J. , Ottaviano G. P. , "Market size, trade, and productivity", *The Review of Economic Studies*, 2008, 75 (1): 295 – 316.

Michaelides P. , Milios J. , "TFP change, output gap and inflation in the Russian Federation (1994 – 2006)", *Journal of economics and business*, 2009, 61 (4): 339 – 352.

Mills T. C. , Wood G. E. , "Wages and prices in the UK", *Applied Economics*, 2002, 34 (17): 2143 – 2149.

Mohammadi O. , "Does minimum wage cause inflation in Iran?", *International Journal of Social Sciences & Education*, 2014, 4 (Special Issue): 68 – 73.

Moriyama K. , Naseer A. , "Forecasting inflation in Sudan", *Washington: International Monetary Fund*, 2009.

Mumtaz H. , Oomen O. , Wang J. , "Exchange rate pass-through into UK import prices: evidence from disaggregated data", *Staff Papers*, 2011.

Murakozy B. , Russ K. N. , "Competition with multinational firms", *Lehas Discussion Papers*, 2015.

Nikolic M. , "Money growth-inflation relationship in postcommunist Russia", *Journal of Comparative Economics*, 2000, 28 (1): 108 – 133.

Okun A. M. , "Efficient disinflationary policies", *American Economic Review*, 1978, 68 (2): 348 – 352.

Ophem H. , "A modified switching regression model for earnings differentials between the public and private sectors in the Netherlands", *The Review of Economics and Statistics*, 1993, 75 (2): 215 – 224.

Oyinlola M. A. , Adeniyi O. A. , Omisakin O. A. , "Responsiveness of trade flows to changes in exchange rate and relative prices: evidence from Nigeria", *International Journal of Economic Sciences and Applied Research*,

2010, 3（2）: 123 – 141.

Phillips A. W., "The relation between unemployment and the rate of change of money wage rates in the United Kingdom, 1861 – 1957", *Economica*, 1958, 25（2）: 283 – 299.

Piovarciova B., "Unit labor costs and price level in Slovakia: an application of cointegration analysis", *Master Degree Thesis of Central European University*, 2009.

Przybyla M., Roma M., "Does product market competition reduce inflation? evidence from EU countries and sectors", *ECB Working Paper*, 2005.

Qayyum A., "Money, inflation, and growth in Pakistan", *The Pakistan Development Review*, 2006, 45（2）: 203 – 212.

Samuelson P. A., Solow R. M., "Analytical aspects of anti-inflation policy", *American Economic Review*, 1960, 50（2）: 177 – 194.

Taylor J. S., Spriggs J., "Effects of the monetary macro-economy on Canadian agricultural prices", *Canadian Journal of Economics*, 1989, 22（2）: 278 – 289.

Togay S., Kose N., "Money-price relationships under a currency board system: the case of Argentina", *Journal of Applied Economics*, 2013, 16（2）: 373 – 390.

Zanetti A., "Do wages lead inflation? Swiss evidence", *Swiss Journal of Economics and Statistics*, 2007, 143（1）: 67 – 92.

附　　录

附表 1　　　　　　外资进入对国内企业平均绩效以及外资企业与
国内企业绩效差距的影响

因变量	内资企业平均绩效	外资企业与内资企业绩效比值
$\Delta \ln f_{i,t}$	0.201 *** (3.74)	− 0.081 * (− 1.84)
$\ln f_{i,t-1}$	0.191 *** (5.21)	0.019 (1.09)
$\ln F_{i,t-1}$	− 0.256 *** (− 5.58)	− 0.412 (− 10.18)
$\_cons$	− 1.181 *** (− 4.81)	0.070 (0.72)
Adj-R^2	0.742	0.264
N	468	468

注:***、**、*分别表示在1%、5%、10%的显著性水平下显著,小括号内为 Z 值统计量。

附表2

外资进入对劳动生产率与垄断势力的影响效应（工业各行业）

行业	初始劳动生产率	外资进入后劳动生产率（短期）	短期增长率(%)	外资进入后劳动生产率（长期）	长期增长率(%)	初始垄断势力	外资进入后垄断势力（短期）	短期增长率(%)	外资进入后垄断势力（长期）	长期增长率(%)
6	15.573	16.450	5.634	192.696	1137.407	1.352	1.350	-0.172	1.137	-15.910
7	111.582	113.674	1.875	261.743	134.574	1.451	1.450	-0.058	1.368	-5.704
8	33.517	34.674	3.452	159.146	374.825	1.316	1.314	-0.106	1.182	-10.175
9	40.757	41.954	2.936	153.812	277.387	1.320	1.319	-0.091	1.205	-8.742
10	30.271	29.688	-1.926	12.399	-59.041	1.332	1.333	0.061	1.417	6.341
13	58.460	58.459	-0.002	58.419	-0.071	1.116	1.116	0.000	1.116	0.005
14	50.613	50.575	-0.076	48.874	-3.436	1.258	1.258	0.002	1.261	0.241
15	65.457	65.767	0.474	81.310	24.219	1.498	1.498	-0.015	1.476	-1.483
16	293.023	263.663	-10.020	2.304	-99.214	2.087	2.094	0.331	2.914	39.625
17	34.364	34.208	-0.454	27.884	-18.857	1.133	1.133	0.014	1.149	1.450
18	40.451	39.878	-1.417	21.011	-48.059	1.157	1.158	0.045	1.211	4.616
19	51.265	50.636	-1.226	29.101	-43.235	1.126	1.127	0.039	1.171	3.978
20	43.455	42.006	-3.335	9.162	-78.916	1.156	1.157	0.106	1.287	11.319
21	44.388	43.708	-1.533	21.848	-50.780	1.201	1.202	0.048	1.261	5.004
22	54.933	54.991	0.106	57.673	4.987	1.199	1.199	-0.003	1.195	-0.335
23	30.194	30.039	-0.512	23.859	-20.979	1.275	1.276	0.016	1.296	1.635
24	50.220	49.739	-0.958	32.287	-35.708	1.167	1.168	0.030	1.203	3.090

内外资控制行业价格变动对中国物价水平的影响

续表

行业	初始劳动生产率	外资进入后劳动生产率（短期）	短期增长率（%）	外资进入后劳动生产率（长期）	长期增长率（%）	初始垄断势力	外资进入后垄断势力（短期）	短期增长率（%）	外资进入后垄断势力（长期）	长期增长率（%）
25	93.435	95.828	2.562	298.339	219.302	1.190	1.189	-0.079	1.098	-7.686
26	49.768	50.284	1.036	79.873	60.488	1.223	1.223	-0.032	1.184	-3.206
27	71.064	71.911	1.192	122.396	72.234	1.535	1.534	-0.037	1.479	-3.676
28	99.411	99.869	0.461	122.794	23.522	1.183	1.183	-0.014	1.166	-1.445
29	46.931	46.829	-0.216	42.489	-9.465	1.201	1.202	0.007	1.210	0.687
30	64.578	63.648	-1.441	33.179	-48.622	1.168	1.169	0.045	1.223	4.694
31	40.231	39.788	-1.102	24.191	-39.869	1.228	1.228	0.035	1.272	3.566
32	51.241	52.352	2.167	137.057	167.474	1.133	1.132	-0.067	1.058	-6.553
33	57.039	57.071	0.056	58.530	2.614	1.160	1.160	-0.002	1.158	-0.178
34	54.434	53.327	-2.035	21.184	-61.084	1.172	1.173	0.064	1.250	6.717
35	29.395	29.621	0.768	41.760	42.065	1.247	1.247	-0.024	1.217	-2.390
36	29.849	30.211	1.213	51.910	73.910	1.223	1.222	-0.038	1.177	-3.740
37	44.813	45.240	0.955	69.312	54.671	1.214	1.214	-0.030	1.178	-2.960
39	66.010	65.621	-0.589	50.339	-23.740	1.239	1.239	0.019	1.262	1.884
40	123.285	124.355	0.868	183.287	48.670	1.188	1.187	-0.027	1.156	-2.695
41	37.220	36.804	-1.118	22.219	-40.304	1.214	1.215	0.035	1.258	3.618
44	80.775	79.073	-2.107	30.397	-62.367	1.182	1.183	0.067	1.264	6.964
45	16.579	17.068	2.947	62.889	279.325	1.005	1.004	-0.091	0.917	-8.775
46	32.605	34.308	5.224	337.515	935.160	1.378	1.376	-0.159	1.173	-14.870

附表 3　　　外资进入通过劳动生产率与垄断势力对价格的影响效应　　单位：%

行业	通过劳动生产率影响价格（短期）	通过垄断势力影响价格（短期）	外资进入影响价格总效应（短期）	通过劳动生产率影响价格（长期）	通过垄断势力影响价格（长期）	外资进入影响价格总效应（长期）
6	− 0.593	− 0.124	− 0.717	− 20.144	− 35.331	− 55.475
7	− 0.201	− 0.042	− 0.243	− 7.341	− 13.734	− 21.075
8	− 0.368	− 0.077	− 0.445	− 13.003	− 23.656	− 36.659
9	− 0.314	− 0.066	− 0.379	− 11.198	− 20.557	− 31.755
10	0.211	0.044	0.255	8.309	16.726	25.035
13	0.000	0.000	0.000	0.006	0.012	0.019
14	0.008	0.002	0.010	0.313	0.608	0.921
15	− 0.051	− 0.011	− 0.062	− 1.921	− 3.688	− 5.609
16	1.153	0.239	1.392	54.235	131.551	185.786
17	0.049	0.010	0.060	1.886	3.687	5.573
18	0.155	0.032	0.187	6.033	12.020	18.052
19	0.134	0.028	0.162	5.194	10.309	15.503
20	0.369	0.077	0.446	14.935	30.961	45.896
21	0.168	0.035	0.203	6.544	13.069	19.613
22	− 0.012	− 0.002	− 0.014	− 0.434	− 0.840	− 1.274
23	0.056	0.012	0.067	2.128	4.164	6.292
24	0.105	0.022	0.126	4.029	7.955	11.984
25	− 0.274	− 0.057	− 0.331	− 9.861	− 18.222	− 28.083
26	− 0.112	− 0.023	− 0.135	− 4.142	− 7.870	− 12.012
27	− 0.128	− 0.027	− 0.155	− 4.745	− 8.990	− 13.736
28	− 0.050	− 0.010	− 0.060	− 1.871	− 3.594	− 5.466
29	0.024	0.005	0.028	0.893	1.738	2.631
30	0.158	0.033	0.190	6.136	12.231	18.367
31	0.120	0.025	0.145	4.653	9.214	13.867
32	− 0.232	− 0.049	− 0.281	− 8.422	− 15.674	− 24.095
33	− 0.006	− 0.001	− 0.007	− 0.231	− 0.446	− 0.677
34	0.223	0.047	0.270	8.806	17.766	26.571
35	− 0.083	− 0.017	− 0.100	− 3.091	− 5.903	− 8.993
36	− 0.131	− 0.027	− 0.158	− 4.828	− 9.143	− 13.971
37	− 0.103	− 0.022	− 0.125	− 3.825	− 7.278	− 11.103
39	0.064	0.013	0.077	2.453	4.808	7.261

内外资控制行业价格变动对中国物价水平的影响

续表

行业	通过劳动生产率影响价格（短期）	通过垄断势力影响价格（短期）	外资进入影响价格总效应（短期）	通过劳动生产率影响价格（长期）	通过垄断势力影响价格（长期）	外资进入影响价格总效应（长期）
40	-0.094	-0.020	-0.113	-3.484	-6.641	-10.124
41	0.122	0.025	0.148	4.721	9.351	14.072
44	0.231	0.048	0.280	9.132	18.452	27.585
45	-0.315	-0.066	-0.381	-11.239	-20.627	-31.866
46	-0.551	-0.115	-0.666	-18.860	-33.300	-52.160

后　记

　　本书是在我的博士论文基础上修改而成的。从博士论文答辩到如今的付梓成书，猛然间发现已过去了快四年之久。

　　时光如梭，回首在西安交通大学度过的四年多的时间，要感谢的老师、同学及亲人太多太多。而所有人中，最应该首先感谢的莫过于我博士阶段的导师－－冯根福教授。与冯老师的初次联系还要源自 2010 年的冬天，当时的我还是在榆林一所学校任职的新老师，一次无意间在阅读西安交大的网页时看到了博士的招生简章，随即心中的"博士梦"再次的浮现，但是考虑到自己的学习情况，一方面是担心没有导师要我，而难以考上西安交大，另外也担心毕业要求很高的西安交大，即便考上了也难以毕业。经过长时间的心里斗争后，"博士梦"还是战胜了心里的胆怯与犹豫。于是，怀着忐忑的心情写了一份自己的学习与科研情况，将其发给了冯老师。没想到的是并非如自己所想象的没有回复或者我的名额已满这些回复内容，而是非常欢迎我报考他的博士研究生。随后，我怀着感激的心情在工作之余投入到复习英语、经济学课程之中，也顺利的通过了西安交大的招考。在进校后的四年多时间里，冯老师更是在如何做人、如何做学问等各个方面无不影响着我，可以说冯老师不仅是我的学业导师，更像是一位人生导师。博士毕业论文从选题、开题、框架的构建、乃至文字的表达等各个环节，无不凝结着冯老师的心血与智慧，因此，博士论文和这本专著的完成，不仅是我在博士阶段的科研成果，更是冯老师的指导成果。在此向冯老师表示最诚挚的谢意！

其次，我要感谢我的硕士导师孔祥利教授，是孔老师将我引入经济学的学术殿堂，并且在博士期间，孔老师还多次给我打电话关心我的学习和生活状况。博士毕业之时，孔老师也时常询问我的毕业论文送审以及找工作情况，并给予我很多的帮助，在此向您表示衷心的感谢。

再次，感谢西北大学的王满仓教授、西安交通大学经济与金融学院的孙早教授、杨秀云教授、宋林教授等诸多老师，从博士论文的选题、开题直到答辩，均得到老师们的帮助、指引和启迪。同时感谢匿名评审专家提出的建设性修改意见。

最后，我要特别感谢我的爱人谢慧明女士。在我博士期间没有收入的情况下是你肩负着家庭支出的全部，在我毕业论文写作焦头烂额的时候，是你的一句"不要急，慢慢来"，给了我莫大的鼓励。还有我的两个女儿毛雨萱、毛筱萱，感谢上天，将你们赐予我们这个家庭，虽然你们的出生增加了爸爸的很多任务，在晚上熬夜写论文的时候还必须注意听你的哭闹，好给你们喂奶和换尿不湿。在后记写作之时你们正好在爸爸的书房外哭闹，好像是要提醒爸爸在写致谢时千万不要忘记你们。

再次对所有给予我帮助和关心的老师、同学和亲人表示最衷心的感谢！

由于笔者水平所限，本书一定存在不少错误与缺点，敬请读者和朋友批评指正。

毛毅

2020 年 3 月于西安石油大学